桃太郎像（岡山市）

備中国分寺（総社市）

造山古墳（岡山市）

閑谷学校（備前市）

桃とぶどう（県名産）

大原美術館(倉敷市)

後楽園(岡山市)

瀬戸大橋(倉敷市)

●日本のことばシリーズ　33●

岡山県のことば

編集委員　　編　者
平 山 輝 男　　吉 田 則 夫
大 島 一 郎
大 野 眞 男
久 野 　 眞
久 野 マリ子
杉 村 孝 夫

明 治 書 院

はしがき

　本書,「日本のことばシリーズ」(全48巻) は, 先に長い年月の地道な調査の上に成った『現代日本語方言大辞典』を基礎として, 更に各地域のことば・生活のありようを, いっそう詳しく生きたことばとしてとらえることを目指したものであります。

　『現代日本語方言大辞典』の大著は, わが国における方言使用の実態を大観するという構想のもとに刊行され, 幸いに好評のうちに迎えられました。そして無事刊行のあと, 私どもは言語生活という面で見ると, 日本は広いということを改めて認識いたしました。それは, 各地域を担当された執筆者の方々の, それぞれの地のことばの全容を一つにまとめ, 更にもっと細かくより生きたことばとしてとらえたいという声の大きさによっても, その思いを強くいたしました。これが, 『日本のことばシリーズ』成立の由来であります。

　本書では, 各地域のことばの特色を, 地域性・生活習慣なども考慮に入れて解説し, その地域独特のことば (俚言) も新たに多数採集し, 生活の中のことばとして表現する場面にも目を向け, 地域のことばの全容を体系的にまとめました。また, 分かりやすい解説を心掛けつつ, 地域語の研究にも役立てるよう内容を高水準に保つように意を用いました。方言に興味を持つ方のみならず, 歴史・民俗などの分野でも参考になるものと思います。

　本書によって各地のことばに対する理解がいっそう深まり, この書が

それぞれの地域に伝わる豊かな表現を，生活の中で生かしていくことに
役立てられることを願っております。

　また，本シリーズを通して，日本のことばの全容を更に明確に詳しく
とらえられるようになることを確信しております。

　　平成9年1月

　　　　　　　　　　　　　　　　編集委員代表　平山輝男

もくじ

◆口絵◆

はしがき ……………………………平山輝男…… i

I 総　論 ………………………………… 1

岡山県方言の概観……………………………… 2

言語要素の特徴………………………………… 5

研究史と今後の課題………………………………10

II 県内各地の方言 …………………………15

旧赤磐郡熊山町方言…………………………………16

旧御津郡建部町方言…………………………………20

小田郡矢掛町方言……………………………………23

III 方言基礎語彙 …………………………27

IV 俚　言 ……………………………………131

Ⅴ　生活の中のことば　……………………141

　岡山県方言にみられる成句表現　……………142

　ことわざの中の岡山弁　………………………151

　民謡の中の岡山弁　……………………………154

　わらべ歌の中の岡山弁　………………………157

Ⅵ　岡山県方言と文学　……………………161

　文学作品に現れた岡山県方言　………………162

　横溝正史の「岡山もの」にみられる

　　岡山弁の諸相　………………………………165

参考文献　………………………………………176

あとがき　………………………………………177

俚言索引　………………………………………178

I

総　論

岡山県方言の概観

　岡山県の地勢は，北から南へ，中国山地，吉備高原，岡山平野，瀬戸内海島嶼へと連なる。旧国境の備前・備中・美作の三つの地域から成り，東から吉井川・旭川・高梁川の三大河川が中国山地から瀬戸内海に注いでいる。旧国境の自然地理的環境はさほど隔絶したものではなく，かつて吉備と呼ばれた地域の一体感が歴史社会的環境として通底している観もある。

　現在の岡山県は，平成の大合併を経て 27 の市町村から成る。そのうち，中山間地域と目されるのは 22 市町村で，面積では約 75% を占めるが人口では約 30% である（平 22 年国勢調査による）。中山間地域における少子高齢化状況に対して，人口の約 7 割は岡山市・倉敷市を中心とする県南部の都市に集中している。

　岡山県方言は，強力な関西方言の西端と，陸続きであるにもかかわらず，境界を成して，中国方言の入り口に位置している。西隣の広島県備後地方の方言に緩やかに連続し，瀬戸内海を隔てた四国方言とは方言区画の上で対立している。もっとも，笠岡諸島の南端，真鍋島の言葉には香川県の方言との関係が認められるし，兵庫・岡山県境の特に沿岸部には関西方言の影響が認められる。また，中国地方東西の山間地域は，山陽系の方言と山陰系の方言との微妙な関わりを見せる。

　岡山県方言の地域差は，概して緩やかなものであり，隣接県との接境地域は別として，ほぼ，備前・備中・美作の地域の差に重なるとするのが通説である。なお，県南の備前，備中にわたる岡山平野の言葉には共通面が認められる。

　さらに県内方言の下位区分を見てみよう。鏡味明克(1980)「岡山県の方言の区画図」の解説によれば，おおよそ次のようになる。

　　〈岡山県方言的地域〉
　　　　県南方言＝備前方言(備前主部，玉野，児島，邑久)
　　　　　　　　　備中南部方言(備中主部，笠岡諸島)
　　　　県北方言＝美作方言(美作東部・西部，真庭北部，英田北部)
　　　　　　　　　備中北部方言(新見・阿哲，高梁・上房・川上)
　　〈隣県方言的地域〉

兵庫県的地域(三石東部，寒河)
香川県的地域(向日比，下津井，真鍋島，六島)

　因みに，1960年代半ばの言語地理学的調査に基づく今石元久(2000)の方言分派図(図1)及び1950年代初めの臨地調査に基づく虫明吉治郎(1954)のアクセント区画図(図2)を挙げておく。(A～Iについては P6 参照)

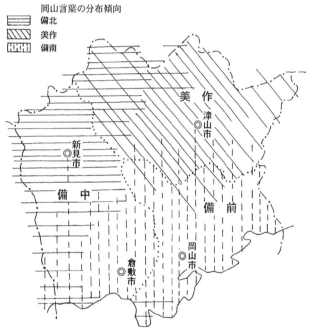

● 図1 ● 今石元久『岡山言葉の地図』(2000)

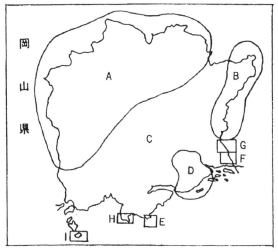

●図2● 虫明吉治郎「岡山県の方言」(1982)

　岡山県の県庁所在地、岡山市は2009年、政令指定都市となった中国地方有数の中核都市である。古くから山陽本線が阪神方面への物資や人の交流をもたらしたこと、1988年、瀬戸大橋の架橋によって、対岸の香川県のみならず四国への玄関口ともなったこと、近年の高速道路網の整備によって、山陰地方と山陽地方との交通の利便性が格段に進化したことなどが相俟って、交通の要衝、結節点としての機能がさらに高まっている。とりわけ岡山市は周辺からの人びとの流入が多いものの、言葉の上では地域共通語的な位置を占めている。既述した通り、県内の地域差が緩やかなものであり、また、岡山市が県内第2の都市である倉敷市と隣接し多くの人口を擁していることも一因であろう。

　地元の民放テレビ局は、岡山県と海を隔てた香川県を傘下にエリアとしていて、両県の意識の上での親近性が認められる。しかしながら、言葉の上では棲み分けている観があり、笠岡諸島など一部を除き、その影響はみられない。なお、兵庫県姫路市方面から岡山市の高校・大学へ通う者、香川県方面から倉敷市の高校・大学へ通う者が少なからず居て、方言区画をまたいで生活する彼等若年層の言語使用の実態は興味深い。

言語要素の特徴

1. 音声・アクセント

①連母音の同化現象(融合現象)が備前・備中の県南部を中心に盛んである。

ai＞eː	赤い＞アケー[akeː]	ae＞eː	蛙＞ケール[keːru]
oi＞eː	白い＞シレー[çireː]	oe＞eː	覚えた＞オベータ[obeːta]
ui＞iː	渋い＞シビー[çibiː]	ei＞eː	お礼＞オレー[oreː]

異なる母音が連続する場合，前母音より後母音が狭い音環境で同化する。

老年層には ai＞æː，ae＞æː の同化がみられる。

[akæː](赤い)，[kæːru](蛙)

②助詞のハ格・ヲ格・ヘ格・ニ格は，前接語の母音と融合して音変化する。

	ハ　格	ヲ　格	ニ・ヘ格
山[jama]	ヤマー[〜aː]	ヤマー[〜aː]	ヤメー[〜eː]
柿[kaki]	カキャー[〜jaː]	カキュー[〜juː]	カキー[〜iː]
肉[niku]	ニカー[〜aː]	ニクー[〜uː]	ニキー[〜iː]
酒[sake]	サキャー[〜jaː]	サキョー[〜joː]	サケー[〜eː]
箱[hako]	ハカー[〜aː]	ハコー[〜oː]	ハケー[〜eː]

③母音の無声化現象(無声子音間の狭母音[i] [u]は声を伴わない)は目立たない。

④いわゆるガ行鼻濁音(語中・語尾のガ行子音は鼻音[ŋ])は無く，破裂音の[g]で発音する。

⑤口蓋化の傾向が備前・備中の県南部域に遺存している。

セ[se]＞シェ[çe]　お世話＞オシェワ[oçewa]

ゼ[ʣe]＞ジェ[ʤe]　風邪＞カジェ[kaʤe]

⑥動詞連用形の音便現象にユータ(言った)，モロータ(もらった)，ヨーダ(呼んだ)，ノーダ(飲んだ)などの「ウ音便」，テレァーテ[teræːte](照らして)，ヒヤケァータ[çijakæːta](冷やかした)などの「イ音便」がみられる。

6

⑦アクセントについては，虫明吉治郎氏による1950年代前半の全県調査にもとづく区画があり，それによれば岡山県下のアクセントは次のように区分されている。（A～Iは図2に対応）

　　東京式アクセント
　　　東京アクセントに近い地域＝A　県北西部，B　県南東部（邑久郡の一部）
　　　東京アクセントにやや遠い地域＝C　岡山市・津山市・笠岡市を結ぶ県の中央部，D　東部の県境地帯
　　　中間的アクセント＝E　玉野市向日比，F　日生町寒河，G　備前市三石
　　　京阪式アクセント＝H　倉敷市下津井
　　　真鍋式アクセント＝I　笠岡市真鍋島

2. 文法・表現法

①断定の助動詞は「ジャ」で，兵庫の「ヤ」と県境で分断される。
　「デアル」から派生した「ダ」と「ジャ」は，それぞれ，主として東日本と西日本に分布している。「ジャ」は近畿地方でさらに「ヤ」に変化したが岡山県域には及ばなかった。岡山県下では全域にわたって，世代や性別を問わず，「ジャ・ジャロー・ジャッタ」の使用が盛んである。
②接続助詞「ケン」「ケー」は，県北は「ケン」，県南は「ケー」の傾向がある。
③副助詞に「バー」（ばかり），ヤコー（など）があり，特徴が認められる。
　例：ソンバー　ショール（損ばかりしている）。
　　　　カサヤコー　イリャー　セン（傘なんか必要ない）。
④否定の推量表現は「マー」で表す。
　例：イクマー（行かないだろう）。ナカルマー（ないだろう）。
⑤禁止表現「ナ」は，オキナ（起きるな），アテナ（当てるな），クナ（来るな），スナ（するな）のように接続する。
⑥文末助詞「ナー」は男女ともに用いられ，「ノー」は老年層男性が用いることがある。男女とも用いる文末助詞に「ガ（ー）」「ガナ」があり，使用頻度が高い。
　例：ソー　スリャー　エー　ガ（そうすればいいよね）。
⑦アスペクト表現は，継続（進行）態を「ヨル」（例：サクラガ　チリョール。），結果態を「トル」（例：サクラガ　チットル。）で区別する。「ヨル」は将然態にも，例えば，風が強くて今にも桜が散りそうな時，「イマニモ　サクラガ　チリョール。」のように用いられる。また，いわゆる「瞬間動詞」でも，例えば，飼っている金魚が元気が無くなって死にそうな場合，「キンギョガ　シニョール。」と言

う。さらに，助動詞「タ」（過去）を下接して「危うく～するところだった」とい
う危機回避の意味を表す。

　　例：モー　スコシデ　オチュータ（もう少しで落ちるところだった）。

⑧いわゆる「と抜け」の現象が認められる。

　　例：アソビニ　イコー　オモーンジャケド（遊びに行こうと思うのだけど）。

　主に「思う」「言う」に続く場合，引用の助詞「と」が抜け落ちる。

⑨いわゆる「疑問詞疑問文」では，疑問詞を受ける活用語が仮定形相当の形態をと
る。

　　例：イツ　イキャー（いつ行くか）。ナニュー　ミリャー（何を見るか）。ディーガ
　　　　クリャー（誰が来るか）。ドケー　イクンナラ（どこへ行くのか）。ナンボー
　　　　ナラ（いくらか）。

　これを「疑問詞の係り結び」とする解釈があるが，原初的には，疑問詞を受ける
活用語の末尾に疑問の助詞「ヤ」が付加し，文末部が先行音節と融合して生じた
形態とみることができる。

⑩敬意表現については次のような特徴が認められる。

・尊敬表現の命令形の形式に地域差が顕著である。

	行きなさい	ご覧なさい	いらっしゃい	しなさい
備前	イカレー	ミラレー	コラレー	セラレー
備中	イキネー	ミネー	キネー	シネー
美作	イキンチャイ	ミンチャイ	キンチャイ	シンチャイ

　ただし，備中でも南部の備前と境界地域では，「レル・ラレル」がいい言葉とい
う意識のもとで用いられている。

・尊敬動詞に「オイデル」（「行く」，「来る」，「居る」，「在る」の尊敬語），謙譲動
　詞に「ツカーサル」（「くれる」の謙譲語），丁寧動詞に「ゴザンス」（「在る」の
　丁寧語）がある。

・尊敬の補助動詞に「ンサル」（イキンサル　行かれる），謙譲の補助動詞に「ツカ
　ーサル」（イテツカーサル　行ってくださる）がある。

・いわゆる「て敬語法」として，「キテジャ　いらっしゃる」「シテジャ　なさる」
　のような「動詞連用形＋て（助詞）＋指定助動詞」の形式による尊敬表現法がある。

　　例：キレーナ　コトバオ　ツコーテジャ（きれいな言葉をお使いになる）。

8

3. 語彙・意味

　地域言語を対象に，特定の意味分野の語彙について，意味の面から関連する語群を網羅的に収集しようとする場合，いわゆる俚言や訛音形の語だけでなく，共通語と同じ形の語も，その土地で使われている言葉である以上，除外することなく同列に扱われねばならない。そうすることによって，当該意味分野の語彙総体をもれなく記述することになる。

　以下，岡山県の伝統方言におけるいくつかの意味分野の部分語彙について，それぞれ，体系性と地域性を記述する。

①動詞「なくなる」を表す語彙の部分体系

　岡山県方言では「ノーナル」と「ミテル」とが意味を分担している。

・ノーナル（それまで存在していたものが）無くなる。紛失する。

　例：セァーフガ　ノーナッタ（財布が無くなった）。ノーナランヨーニ　ヨー　シ
　　　モトケーヨ（無くならないように，しっかりと，しまっておけよ）。

・ミテル（次第に消費されて）無い状態になる。尽きる。死ぬ。寿命が尽きる。

　例：オショーユガ　ミテテシモータ（お醤油が無くなってしまった）。

　　　　トナリノ　オジーサンガ　ミテタ（隣家のおじいさんが亡くなった）。

「ノーナル」は，それまであったものが無くなったり紛失したりする場合，「ミテル」は，次第に消費され減少し，ついに無い状態になる場合である。例えば，砂糖，塩，味噌，醤油などの調味料が少しずつ少なくなってついに底を突いた時，「ミテタ（無くなった）。」と言う。「ミテル」の特殊な用法として，寿命が尽きることを表すが，長生きして天寿を全うする場合にふさわしく，事故などの突然死にはふさわしくない。

②動詞「かわく」を表す語彙の部分体系

・ヒル　　　　　籾がかわく。田んぼの水がかわく。
・ハシヤグ　　　桶がかわく（乾燥し過ぎて箍が緩む）。
・カワク　　　　口がかわく。喉がかわく。

三つの動詞が，それぞれ，意味を分担して使用されている。なお，例えば洗濯物については，「ヒル」も「カワク」も用いるというように，併用される場合もある。

③動詞「くさる」を表す語彙の部分体系

・スエル　　　食物が腐って酸っぱくなる。飲食物が酸敗する。

　例：コノ　メシャー　モー　スエットル（この飯はもう腐っている）。

　　　イモガ　クサッテ　スエタヨーナ　ニオイガ　スル（芋が腐って酸っぱくなったような臭いがする）。

・アマル　　　御飯・飯が腐る。（「スエル」よりも腐敗の程度が軽い。）

例：ゴハンガ　アマッテ　スイーヨーナ　ニオイガ　スル（御飯が腐って酸っぱい臭いがする）。チート　アマットルゾ（少し腐りかけているぞ）。

・クミル　　籾・米・藁・畳などが蒸されて腐りかけの状態になる。変質してぼろぼろになる。

例：フクロエ　モミュー　イレタママン　シトッタケー　クミタ（袋に籾を入れたままにしておいたから，蒸されて腐りかけの状態になった）。

これらの俚言の語源は，「スエル」は「饐ゆ」，「饐える」，「アマル」は「余る」の語義のうち，「余分にありすぎたために，かえって悪い結果になる」の意から派生したものか。

④動詞「いたむ」を表す語彙の部分体系

　岡山県をはじめ，中国地方では，身体のある部分が「いたむ」ことを表す動詞語彙が興味深い。

　まず，「いたむ」ことを表す動詞として汎用される語は「イタム」で，頭痛，腰痛など，意味用法の適用範囲が広い。（因みに，頭痛には「アタマガ　ワリー（頭が悪い。）」という慣用表現がある。）

　「ウズク」は疼痛に用いられ，できものが化膿した場合や，傷口の炎症にともなうズキズキする痛みを表す。これは共通語の意味用法とほぼ重なる。

　「イバル」は，できものが腫れて熱をもち，化膿する前，うずくように痛むことを言う。「ウズク」とほぼ重なるが，「イバル」には患部が腫れあがる特徴がある。

　「ハシル」が歯痛を表すことは特徴的である。「痛みが走る」（痛みの感覚が瞬間的に現れて消える。「肩にするどい痛みが走った」）は共通語の慣用表現であるが，歯痛に特定されるわけではない。広く中国地方では，歯痛および皮膚の擦過傷のピリピリする痛みに「ハシル」が用いられる。

　「ニガル」は腹痛のみに用いられる。語源的には「苦い」に由来するものと考えられる。腹痛の状態では，たいてい不愉快な苦い顔をしており，その表情から喚起された転成動詞の可能性がある。また，味覚の「苦い」からの造語ではないかとの解釈もある。

　以上，「いたむ」ことを表す五つの動詞，「イタム」「ウズク」「イバル」「ハシル」「ニガル」が，それぞれ，どの部位がどのように痛むかを弁別し，意味用法を分担していることは極めて注目に値する。

研究史と今後の課題

　岡山県方言の研究史について，分野・領域ごとに，それぞれの研究の歴史と今後の課題を略述する。ここでは，とくに後学の便宜のため，主として第一次資料をとりあげた。

1. 岡山県方言関係文献目録

　日本の方言研究界は，過去，再三にわたって，全国統一規準で方言関係文献目録を整備してきた。その直近のものが次のものである。

　　日本方言研究会編(2005)『20世紀方言研究の軌跡－文献総目録－』(国書刊行
　　　会)

　岡山県方言関係文献は，西暦2000年までの方言書目78点(p167～170)，方言論文198点(p804～812)が，それぞれ，編年体で収録されている。これは岡山県方言の関係文献がほぼ網羅されている目録と言って過言ではない。これに敢えて付け添えるとすれば次の文献を挙げておきたい。

　　瀬戸内海関係資料連絡会議(1995)『瀬戸内海に関する図書総合目録　方言の
　　　部』(香川県立図書館)

　岡山県方言に関しては約170点が収録されている。それぞれの文献の収蔵先がすべて示されていることも重宝する。

　岡山県方言に関する文献は以上の二つの文献目録に尽くされているが，残された課題を指摘しておきたい。一つは，民話，昔話，伝説などの口承資料，また民俗調査にもとづく民俗語彙を，方言研究の対象資料として措定する上での作業手順の精確化ということ，もう一つは，種々の方言集・方言辞典，談話資料，言語地図などの第一次資料について，それぞれの資料性の吟味，すなわち言語科学としての客観性の度合いを見定める必要があると考える。

2. 岡山県方言の概説

　『日本語学研究事典』(2007　明治書院)をはじめ各種辞典にも岡山県方言の概説が立項されているが，ここには二つの文献を挙げておく。

虫明吉治郎(1982)「岡山県の方言」(『講座方言学8 中国・四国地方の方言』国書刊行会)

鏡味明克(1992)「岡山県方言」(『現代日本語方言大辞典』1 明治書院)

前者は，研究史，県内の地域差(区画)，音声・音韻・アクセント，文法，の構成で，後者は岡山市を中心に，岡山県方言について概説されている。

3. 方言集・方言辞典

岡山県全体をカバーするような方言集や方言辞典は，未だ本格的なものはない。桂又三郎編(1976)『岡山県方言集』(国書刊行会)は6編の方言集をまとめたものを本体とするが，それぞれの編者が異なること，原著が昭和9年前後のものであることから文字通りの岡山県方言集とは言えない。また，方言辞典については，岡山方言事典刊行会編(1981)『岡山方言事典』(日本文教出版)や十河直樹編(2003)『備讃解言』(岡山県方言研究会)などの労作があるが，全県域を対象とする，かつ従来の文献をも集大成した理想的な『岡山県方言辞典』の作成は今後に残されている大きな課題である。

4. 言語地図

全都道府県を対象とした言語地図として次の二つがある。

国立国語研究所編(1966-1974)『日本言語地図』1～6(大蔵省印刷局)

1957～1964当時の高年層男性を調査対象に，岡山県下の調査地点は全57地点。

国立国語研究所編(1989-2006)『方言文法全国地図』1～6(財務省印刷局)

1979～1982当時の高年層男性を調査対象に，岡山県下の調査地点は全35地点。

これらより先，岡山県を含む広域を対象とした言語地図として次の二つがある。

広戸惇編(1965)『中国地方五県言語地図』(風間書房)

藤原与一(1974)『瀬戸内海言語図巻』(東京大学出版会)

以上の四つの言語地図は，日本の方言研究史上の画期的な歴史的成果と称すべきもので，これらに留められた岡山県の方言事象はわけても貴重と言える。

兵庫県(播磨)と岡山県(備前)の接境地域を対象とした積年の言語地理学的調査の集大成として，鏡味明克編(1986)『兵庫岡山県境言語地図』，同編(1991)『続・兵庫岡山県境言語地図』(方言研究海やま会)があり，兵庫岡山県境域の微細な言語地図が残された。また，今石元久(2000)『岡山言葉の地図』(岡山文庫208 日本文教出版)は，1960年代半ばの岡山県全域を対象とした言語地理学的調査(1964-

1965）の成果である。

　岡山県下の言語地理学的調査研究として今後に残されているのは，岡山県の三大河川である吉井川，旭川，高梁川の，それぞれの流域を対象とする調査研究である。地勢上も，歴史文化史上も恰好の言語地理学的調査研究のフィールドと言える。

5.　グロットグラム集

　この分野については，ひとえに都染直也を代表とする甲南大学方言研究会の調査研究の成果による。これまで岡山県域に関わる以下の5点のグロットグラム集が刊行されている。いずれも150葉を超えるグロットグラムが収録されている。

　　『JR 山陽本線　姫路－倉敷間グロットグラム集』（2005）

　　『JR 山陽本線・赤穂線　姫路－福山間グロットグラム集』（2007）

　　『JR 山陽本線　広島－岡山間グロットグラム集』（2011）

　　『JR 姫新線　姫路－新見間グロットグラム集』（2013）

　　『JR 山陰本線・伯備線・山陽本線　松江－岡山間グロットグラム集』（2014）

　グロットグラム調査は，JR 沿線の各駅地点を連続的に逐次，調査対象地点とするもので，男女別，年層別（高年層・中年層・低年層）の調査結果は，符合化されたグロットグラムとして呈示される。それぞれの沿線における方言事象の地点差，年層差，男女差，さらにそれぞれの相関が可視化されている貴重な資料集となっている。今後，各グロットグラム集について個別に分析すること，さらに岡山県域の五つのグロットグラム集の総合的分析が課題として残されている。

6.　特定方言の総合的記述

　藤原与一は「一地精到の記述」の提唱のもと，一地点方言について，一定の調査方法による総合的な記述を全国的規模で推進した。岡山県下では次の2地点が調査対象である。

　　藤原与一（1977）岡山県真庭郡旧二川村の方言の記述（『昭和日本語の方言』4
　　　所収　三弥井書店）

　　藤原与一（1976）岡山県笠岡市真鍋島本浦の方言の記述（『昭和日本語の方言』3
　　　所収　三弥井書店）

　一地点方言の総合的記述資料は，さまざまな角度からの分析が可能であり，相互に比較対照できる統一記録として定着しておくことは，時代とともに変貌していく地域言語を対象とする方言研究の基盤となる。上記文献では，発音，文法，語彙の言語要素ごとに，質量ともに精細な記述が行われている。なお，同様の趣旨で大橋勝男に次の調査報告がある。

大橋勝男(1997)日本諸方言についての記述的研究(32)岡山県御津郡加茂川町方
言について(新潟大学教育学部紀要人文・社会科学編39-1)

7. 方言談話資料

日本放送協会編『全国方言資料』(全11巻)の序に次の記述がある。

滅びゆく方言を，できるだけ純粋な形で保存し，国語研究の資料として，正し
く後世に伝えることを文化的責務と考え，昭和27年8月以来，全国各地の方
言をとりまとめることに着手した。

この事業は，全国約130地区において，自由会話及び共通の場面を設定したあい
さつの会話を録音して，それを文字化し，共通語訳を施して出版したものである。
岡山県では唯一，岡山県真庭郡勝山町神代が対象となっている。近年，日本放送協
会編(1999)『CD-ROM版全国方言資料』(NHK出版)が刊行され，その第5巻に収
録されている。1955年収録時の音源がデジタル化された貴重な方言談話資料であ
る。

また，国立国語研究所編(2007)『日本のふるさとことば集成』14(国書刊行会)に
は，岡山県小田郡矢掛町内田の方言談話(1979年録音)が収録されている。談話全
体の音声がCDに，文字化・共通語訳が冊子とともにCD-ROMに収録されていて
検索の便宜が図られている。

デジタル録音した音源とともに文字化された方言談話資料は，さまざまな観点か
らの分析に活用できるものであり，方言研究のために，今後，より広範に充実させ
ていくことが期待される。

Ⅱ

県内各地の方言

旧赤磐郡熊山町方言

　岡山県の三大河川の一つである吉井川の中流域下部に位置する熊山町は，兵庫岡山県境の接触地帯からは数町を隔てていることもあって，その言語は比較的安定した備前のことばとして存立している。

1. 音声・アクセント

①語中・語尾のガ行音及び助詞「が」の発音は破裂音[g]で，鼻音化しない。

②無声子音間の狭母音[i][u]及び文末の狭母音は無声化しない。

③連母音(異種の母音の連続)は同化(融合)し，長音化する傾向がある。

　例：アカイ(赤い)＞アケー　老年層ではアケァー[akæːɾ]とも発音する。

④名詞に助詞「は」「を」「へ」「に」が下接する場合，語末の音と助詞が融合する。とくに「フ」で終わる語に「は」「へ」が付くと共通語にはない「ファ」「フィ」という拍が現れる。

　例：シバファー(芝生は)，シバフィー(芝生へ)

　　　　ギファー(岐阜は)，ギフィー(岐阜へ)

⑤老年層にセ＞シェ(先生＞シェンシェー)，ゼ＞ジェ(税金＞ジェーキン)の音変化(交替)が認められる。

⑥オッツァン(おじさん)，ゴッツォー(ごちそう)に認められる[tsa]と[tso]は，[tse]とともにタ行五段動詞の活用形にも現れる。

　例：モツァン(持たない)，モツォー(持とう)，モツェル(持てる)

⑦アクセントは，以下のように東京式アクセントである。(●は高，○は低，▶▷は助詞の高低を表す。)

1拍名詞	血・戸・子	○▶	
	火・日・葉	●▷	
2拍名詞	端・飴	○●▶	
	橋・山	○●▷	
	箸・雨	●○▷	
3拍名詞	形・兎	○●●▶	

	団扇・頭	○●●▷
	二つ・左	○●○▷
	鯨・病	●○○▷
3拍形容詞	赤い・厚い	○●●
	白い・熱い	○●○

なお，個々の語については次のように東京アクセントと異なる場合がある。

2拍名詞	誰・何処・何	○●▶（東京アクセントでは●○▷）
	ここ・そこ・あれ	○●▷（東京アクセントでは○●▶）
3拍名詞	東京方言で●○○▷となるが熊山方言で○●○▷となる語がある。	
	命・涙・朝日・二十歳・箒・胡瓜	
3拍形容詞	○●●と○●○との型の区別は，老年層のみに認められる。	

2. 文法・表現法

以下，特徴的な表現を例示する。

①禁止表現　ソッチ　イッタラ　オエンゾ。（そっちへ行ったらだめだぞ。）
　　　　　　アッチェ　イカレナ。（そっちへ行くな。）
　　　　　　ソッチ　イッチャー　イケンヨー。（そっちへ行ってはいけない
　　　　　　よ。）

②勧誘表現　イッショニ　イコージャ　ネーカ。（いっしょに行こうよ。）

③推量表現　オーカタ　イクジャロー。（たぶん行くだろう。）
　　　　　　タブン　アメジャロー。（たぶん雨だろう。）
　　　　　　ビョーキジャ　ネージャローカ。（病気らしい。）

④伝聞表現　アメジャ　イヨール。（雨だそうだ。）
　　　　　　オニガ　イタンジャソーナ。（鬼がいたそうだ。）

⑤仮定表現　イカーデモ　エー。（行かなくても良い。）
　　　　　　イタッテ　オエル　モンカ。（行ったってだめだ。）

⑥疑問表現　ソリャ　ナンナラ。（それは何か。）
　　　　　　ダレゾ　シットローナー。（誰かが知っているだろうねえ。）
　　　　　　ダレモ　スリャー　センワ。（誰がやるものか。）

⑦否定表現　イカーデ　コマッタ。（行かなくて困った。）
　　　　　　イカナンダ。（行かなかった。）
　　　　　　イキャー　ヘナンダ。（行きはしなかった。）

⑧授受表現　イッポン　クレンカ。（一本くれないか。）
　　　　　　イッポン　クレリャー　エーガン。（一本くれればいいんだ。）

18

　　　　　イッポン　チョーデー。(一本ください。)

⑨可能表現　　ヨー　ヨム。((字を覚えたので)読むことができる。)

　　　　　ヨー　ヨメル。((電燈が明るいので)読むことができる。)

　　　　　ヨー　キン。((孫は一人では)着ることができない。)

　　　　　キレンナー。((古くなったので)着ることができないなあ。)

⑩アスペクト　チリョールナー。((桜の花が今)散っている最中だなあ。)

　　　　　チットルナー。((昨晩の雨で桜の花がすっかり)散ってしまったなあ。)

　　　　　チリョール　デ。((風が強くて桜の花が今にも)散りそうだよ。)

　　　　　シニョール。((水槽の金魚が元気なく)死にそうになっている。)

　　　　　モットデ　オチョッタゾ。(もう少しで落ちるところだったよ。)

3. 語彙・意味

　人間が五官によって外界の刺激を感じるその五種の感覚を五感というが，そのうちの味覚について，一群のまとまった味覚語彙が認められる。味覚語彙は，どの社会にも普遍的に認められる基礎語彙の一つである。以下，熊山町の味覚語彙について，共通語の語彙表である『分類語彙表』における該当箇所の語彙項目の掲出順序と対応させて一覧する。

『分類語彙表』	熊山町方言
おいしい	オイシー
うまい	ウマイ
まずい	マズイ
美味	ジョーアジ
芳醇	コーバシー
甘い	アマイ
甘ったるい	アマッタルイ
甘美　甘辛	アマガライ
酸い　酸っぱい	スイー　スッパイ
甘酸っぱい	アマズッパイ
塩辛い	シオカライ
しょっぱい	タダガライ
辛い	カライ
苦い	ニガイ

ほろ苦い	ホロニガイ
渋い	シブイ
えがらっぽい	
えぐい　えごい	エグイ
あっさり	アッサリシタ
さっぱり	サッパリシタ
淡白	タンパクナ
淡々	ミズッポイ　ミズクサイ　マタイ
しつこい	シツコイ　ヒツコイ
くどい	アブラコイー　アブラビツコイ
こくのある	
大味	
無味乾燥	

　一見して気づくことは，語彙項目も語形も，共通語と同じものが多いということである。味覚語彙が中核的な基礎語彙の一つである所以である。

　注目すべき語彙項目に「タダガライ」がある。苦味のある塩辛い味のことで，例えば夏場の塩漬け大根がまだじゅうぶん漬かっていなくて，塩味だけが勝っているような場合に「タダガローテ　タベラレン。」のように用いられる。共通語には無い語である。また「アマガライ」という語も，当地域ではかなり一般的に用いられており，例えばすき焼きを煮詰めたような場合の味などに言う。

　そのほか，味噌汁の塩味が勝っていることも，唐辛子の辛さも，ともに「カライ」と言うこと，「ホロニガイ」は蕗の薹や茗荷の味，「エグイ」は筍や里芋の味を言うように対象が限られていることなどは共通語の意味用法と重なる。

　薄味で塩分が足りないことを言う語には，「ウスイ」「アマイ」「ミズクサイ」があり，俚言形として「マタイ」があるがこれは塩や酢の足りない味のことであり，薄味の意味がやや広い。また「ミズッポイ」は，塩味が足りないことのほかに，西瓜などの果物が熟していない場合の味についても言う。

旧御津郡建部町方言

　　旧御津郡建部町は，旭川中流域，岡山県のほぼ中央にあり，備前と美作の国境に位置して，一部は旧美作に属する地区を包含している。町域内のJR津山線福渡駅には「行こうか岡山，戻ろうか津山，ここが思案の福渡」という標識が掲げられていて，当地の地理上の位置を象徴している。

1．音声・アクセント
①語中・語尾のガ行音及び助詞「が」の発音は破裂音[g]で，鼻音化しない。
②無声子音間の狭母音（[i][u]）及び文末の狭母音は無声化しない。
③連母音（異種の母音の連続）は同化（融合）し，長音化する傾向がある。
④名詞に助詞「は」「を」「へ」「に」が下接する場合，語末の音と助詞が融合する。
⑤県南部に認められるセ＞シェ（先生＞シェンシェー），ゼ＞ジェ（税金＞ジェーキン）の音変化（交替）は認められない。
⑥アクセントは東京式アクセントである。

2．文法・表現法
①ナ行変格活用動詞「シヌル（死ぬる）」「イヌル（往ぬる）」がある。この2語は五段にも活用する。
②尊敬の助動詞「れる」「られる」に命令形の用法がある。
　　　例：ハヨー　イカレー（早くお行きなさい）。
　　　　　ハヨー　ノラレー（早くお乗りなさい）。
　　この用法は，町域の旧美作鶴田村では認められない。
③〈動詞連用形＋「て」（助詞）＋指定の助動詞〉の形で尊敬表現となる。
　　　例：キテジャ（いらっしゃる）。タベテジャ（お食べになる）。
④疑問詞疑問文の文末は，仮定形相当の形式と呼応して，疑問や反語を表す。
　　　例：デェーガ　スリャー（誰がするんだ）。イツ　イキャー（いつ行くんだ）。
⑤引用の助詞「と」は脱落する傾向がある。
　　　例：カジャ　ユータ（火事だと言った）。

⑥接続助詞「から」は「ケー」となる。町域北部(旧美作鶴田村)では「ケン」が使われている。

⑦禁止の助詞「な」は動詞終止形に接続するが，終止形から「ル」が落ちる傾向にある。

例：見ナ　忘レナ　スナ　来ナ

⑧話者の親密な心情を表す終助詞は，ナ(ナー)を用いる。

例：ケーチャー　オエンゾナ(掻いてはいけないよ)。

3. 語彙・意味

どの地域言語社会においても，例外なく認められる基礎語彙の一つに「性向語彙」がある。人の性格や行動癖を表す言葉で，共通語の「がんこもの」や「おしゃべり」がそれに当たる。以下には建部の言葉を挙げる。

・名詞(「性向—その人」を表す言葉

アンゴー(あほう)	ダラズ(ぐうたら)
オーアンゴー(大馬鹿者)	テタチ(手が器用な人)
イラ(気忙しい人)	トッテケー(無責任で軽々しい人)
オンビンクソ(臆病者)	トンサク(気さくな人)
キヨシ(お人好し)	ノフーゾー(生意気な人)
コージク(頑固者)	ブリリョー(ぶりっ子)
シャントコベー(しっかり者)	ヘードロベー(つまらない人間)

・形容詞(「い形容」)

ギシー(こすい，きつい)	シエー(やりやすい，育てやすい)
グシー(間が抜けている)	チョレー(にぶい)
コビー(けちだ，こすい)	マテー(気が弱い)
シウェー(しわい)	ヨクドーシー(欲張りだ)

・形容動詞(「な形容」)

エラッソーナ(威張って生意気な)	トンサクナ(気さくな)
オードーナ(大胆な)	ノフーゾーナ(生意気な)
コージクナ(頑固な)	ヒョコシゲナ(へんてこな)
ゴーツクナ(強情な，意地汚い)	ヒョンナ(変な)
スランコーナ(おおざっぱで無責任な)	ヒョンナゲナ(変な)

・動詞

シャバタル(出しゃばる)	ドーギッタ(大胆な)
シャバタレル(出しゃばる)	モトール(口八丁手八丁で役に立つ)

・句(助詞を介した連語)

イップリューアル(一癖ある)　　　テニアワン(意地が悪い)

コーシャガネー(不器用だ)　　　　ヒターエー(人が好い)

ジョーオコワス(意地を張る)　　　ヤッチモネー(くだらない)

ソヨリガワリー(取っ付きが悪い)

　これらの言葉の意味に注目すると，その大半は，好ましくはないマイナス評価の人の性格や癖を表している。このような大きく偏った分布は何を意味しているのであろうか。

　従来の研究では，この事実は，かつての伝統的な村落社会において，対人関係における「つきあいの秩序」を円滑に推進していくことを強く意識した結果と解釈している。人の性格や行動癖を表す種々のマイナス評価の言葉をたくさん用意することで，マイナス評価に該当する人物を，いわば「見える化」し，そのことによってその人物を非難し，指弾し，排除しようとし，一方みずからも，そのような人間にならないように自重し，自戒し，自制しようとする相互作用が，村落共同体の秩序を維持することに機能してきたと考えるのである。

小田郡矢掛町方言

　矢掛町は，旧山陽道の宿場町として栄えた歴史をもつ町である。岡山県の南西部，倉敷市街地より北西約20キロに位置し，備中南部方言に属する。

1. 音声・アクセント
①語中・語尾のガ行音及び助詞「が」の発音は破裂音[g]で，鼻音化しない。
②無声子音間の狭母音[i][u]及び文末の狭母音は無声化しない。
③連母音(異種の母音の連続)は同化(融合)し，長音化する傾向がある。
④名詞に助詞「は」「を」「へ」「に」が下接する場合，語末の音と助詞が融合する。
　　例：ヤマー(山は)，ミミュー(耳を)，ヤメー(山へ，山に)
⑤老年層に古音の「シェ」「ジェ」が残存している。
　　例：シェーフ(政府)，シジェンニ(自然に)
⑥アクセントは東京式アクセントである。

2. 文法・表現法
①ナ行変格活用動詞「シヌル」(死ぬ)，「イヌル」(帰る)がある。
②形容詞のうち，「濃い」「酸い」「遠い」「多い」の終止形は，「コイー」「スイー」「トイー」「オイー」となる。
③動詞の連用形に「オル」をつけて，動作の進行(継続)を表す。
　　例：アメガ　フリ(降り)＋オル→アメガ　フリョール(雨が降りつつある)
④動詞の連用形に「トル」をつけて，動作の完了(結果)を表す。
　　例：アメガ　フリ(降り)＋トル→アメガ　フットル(雨が降った状態である)
⑤動作の反復は，動詞の連用形を反復する。
　　例：タベタベ(食べながら)　ウンテンシーシー(運転しながら)
⑥打消し推量・打消し意志は「マー」で表す。「マー」は動詞の終止形につくが，五段活用動詞以外に続く場合は動詞の語尾「ル」が脱落する。
　　例：ノムマー(飲まない)，オキマー(起きない)，ウケマー(受けない)，コマー(来ない)，スマー(しない)

24

⑦禁止の「ナ」は動詞の終止形につくが，五段活用以外に続く場合は動詞の語尾
「ル」が脱落する。

例：ノムナ(飲むな)，オキナ(起きるな)，ウケナ(受けるな)，キナ(来るな)，
スナ(するな)

⑧理由を表す助詞「から」は，「ケン」よりも「ケー」が多く使われる。

例：ニチョージャケー

⑨終助詞には，「ナー」「ノー」「ドナー」「ドノー」「ドナーヤ」「ドノーヤ」「デ」
「ガ」などがある。女性は「ノー」とその複合形は使わない。

⑩引用の助詞「と」は脱落する。

例：アメガ　フル　オモウ(雨が降ると思う)

⑪敬意表現には「テジャ」「チャッタ」「ツカーサル」「ゴザンス」などがある。

例：ユーテジャ(おっしゃる)

ユーチャッタ(おっしゃった)

ユーテツカーサル(言ってくださる)

クスリデ　ゴザンス(薬でございます)

3. 語彙・意味

多くの方言集には，例外なく，幾らかの幼児語(育児語方言)が収載されている。
以下，矢掛町方言の育児語について，意味分野ごとに掲出する。

・神仏・天象関係	オヒーサマ	お日様。
	ノンノンサマ	神様。仏様。お月様。
	ゴロゴロサマ	雷。
	ドンドロサマ	雷。
	アンスル	神様，仏様に頭を下げて拝む。
・動物関係	コッコ	鶏。
	ピヨピヨ	鶏の雛。ひよこ。
	チュンチュ	雀。
	ニャーニャー	猫。
	チューチュー	鼠。
	コンコン	狐。
	バーバー	牛。
	モーモー	①牛。②虫。
	トト	魚。
・飲食物関係	ママ	ご飯。食べ物。

	マンマ	ご飯。食べ物。
	コンコ	米。
	バーブ	餅。団子。
	ズル	うどん。そうめん。
	ウンマ	お菓子。
	ガガ	魚の骨。
	ブー	水。
	チャチャ	お茶。
・衣関係	べべ	着物。服。
	シャッポー	帽子。
	ジョジョ	ぞうり。
	テンテン	手ぬぐい。
・身体・動作関係	アイヤ	足。
	ポンポ	腹。
	べべチャンコ	正座。
	チャンスル	座る。
	オッポ	おんぶ。
	チョチチョチ	両手をたたく。
	ネンネスル	寝る。眠る。
	シー	小便。
	シーコ	小便。
	シーシ	小便。
	パンパンニナル	裸になる。

　育児語の方言がこれらの意味分野に多いのは，諸方言に通有の傾向である。これらのほかに，ブーブー(自動車)，ゼンゼ(銭，お金)，チャンチャン(茶碗)，タータ(風呂)，ベンベ(花)などがある。

　これらの育児語方言を造語(語形成)法の観点からみると二つのことが指摘できる。

　　・擬声語・擬音語に由来するもの
　　　　動物を表すもののほとんどすべて
　　　　ゴロゴロサマ・ドンドロサマ(雷)，ブーブー(自動車)，ズル(うどん，そうめん)
　　・語頭の音節を反復するもの
　　　　マンマ(ご飯)，コンコ(米)，チャチャ(お茶)，ジョジョ(ぞうり)

テンテン(手ぬぐい)，ゼンゼ(お金)，チャンチャン(茶碗)
このような造語法上の特徴もまた諸方言に通有の傾向と言える。

参考文献

熊山町史編纂委員会(1994)『熊山町史　通史編　下巻』

建部町史編纂委員会(1992)『建部町史　民俗編』

長尾人志(1990)『岡山県小田郡矢掛町横谷方言集』

III

方言基礎語彙

調査地点：岡山市

凡　　例

1　配　列
　a．本章は，全国的に調査した項目（方言基礎語彙項目）についての，本地域の方言をまとめたものである。
　b．初めに調査項目（共通語形）を掲げ，それに対照させる形で，その意味に該当する方言形を見出し語として掲げた。「新のみ」は，調査時期が比較的新しいことを示す。
　c．配列は調査項目の五十音順によった。
2　見出し語
　a．見出し語はカタカナ表記にし，アクセントの下がり目を˥で示した。ガ行鼻濁音はガ゜ギ゜グ゜ゲ゜ゴ゜で記した。
　b．見出し語に対応させて，音声表記を示した。アクセントは高く発音される部分に一線を示し，拍内の下がり目は╲で示した。音声表記は，(1)ファ行音は[ᶠ]で示す。(2)ガ行子音は[g]，ガ行鼻濁音は[ŋ]で示す。(3)不完全鼻音（例：ヨンホン〈四本〉）のンは[ɴ]で示す。(4)中舌母音は[ï][ü̈]のように示す。(5)平唇のウは[ɯ]，円唇のウは[u]で示す。(6)母音の無声化は，母音の下に[。]を付す（例：aʃi̥ta〈明日〉）。(7)イに近いエは，eの下に[・]を付す（例：ẹmo〈芋〉）。
　c．品詞は，名詞（名），動詞（動），形容詞（形）を示した。
　d．意味説明
　　①　意味は①②③…として説明し，文例を採取したものはそれも示した。
　　②　文例はカタカナ表記・共通語訳の順で示し，文例中の見出し語と同じ部分については──で示した。

あ

■ああ【彼様】《助詞・助動詞・その他》
アネー[aneː]情態を表す。
■あいきょう【愛嬌】《行動・感情》⇒あいそう
アイキョ¬ー[aikjoː]〖名〗
■あいさつ【挨拶】《社会・交通》
ア¬イサツ[aisatsu]〖名〗
■あいそう【愛想】《行動・感情》
アイソ¬ー[aisoː]〖名〗
■あいだ【間】《時間・空間・数量》
エァーダ[æːda]〖名〗ウエノコト シタノコ
ノ ── (上の子と下の子の間)。ツクエト
ツクエノ ── (机と机の間)。
■あいつ【彼奴】《助詞・助動詞・その他》
エー¬ツ[eːtsu]目下に。主に男性が用い,
「あのひと」「あいつ」に相当する。女性は
「アノ¬ヒト」を用いる。[aitsu]が融合し
て[eːtsu]になった。
エー¬[eː]目下に。主に男性が用い,「あの
ひと」「あいつ」に相当する。アレからの
変化。
アノメー[anomeː]目下に。主に女性が用い,
「あのひと」に相当する。古い語。
■あいつら【彼奴等】《助詞・助動詞・その他》
エーツラ¬ー[eːtsuraː]アイツラ[aitsura]の
融合したもの。目下に使う。複数。主に男
性が用い,「あの人等〈達〉」「あいつ等」に
相当する。女性はアノ¬ヒトラを用いる。
エーラ¬ー[eːraː]エーツラ¬ーに同じ。
アノメーラ¬ー[anomeːraː]目下に。複数。
主に女性が用い,「あの人等〈達〉」に相当
する。古い語。
■あう【会う】《社会・交通》
ア¬ウ[au]〖動〗アワン,オータ,アイマス。
ヒト¬ニ ミチデ ── (人に道で会う)。
■あお【青】《時間・空間・数量》⇒みどり

ア¬オ[ao]〖名〗
■あおい【青い】《時間・空間・数量》
アウェ¬ー[aweː]〖形〗ア¬オーナル,ア¬オ
ケリャ。
■あおだいしょう【青大将】《動物》
ネズミ¬トリ[nezumitori]【鼠獲り】〖名〗
アオダ¬イショー[aodaiʃoː]〖名〗ネズミ¬ト
リと同義。
■あか【垢】《人体》
アカ¬[aka]〖名〗アカ¬ー オト¬ス(垢を落と
す)。
■あか【赤】《時間・空間・数量》
ア¬カ[aka]〖名〗
■あかい【赤い】《時間・空間・数量》
アケァー[akæː]〖形〗アコーナ¬ル,アカ¬ケ
リャ。アクセントはア¬コーナル,ア¬カケ
リャとも。
■あかり【明かり】《住》
アカリ[akari]〖名〗種類は,デントー(電灯),
ラ¬ンプなど。
■あがりぐち【上がり口】《住》
アガリハナ[agarihana]〖名〗
■あがる【上がる】《時間・空間・数量》
アガル[agaru]〖動〗アガラン,アガッタ,
アガリマス。①ヤ¬ネニ ── (屋根に上が
る)。ケァーダンオ ── (階段を上がる)。
②フロ¬カラ ── (風呂から上がる)。③
ヤ¬チンガ ── (家賃が上がる)。オ¬ンド
ガ ── (温度が上がる)。④ア¬メガ
── (雨が上がる)。
■あかるい【明るい】《天地・季候》⇒あかい,あか
アカリ¬ー[akariː]〖形〗アカルーナ¬ル・ア
カ¬ルーナル,アカ¬ルケリャー。
■あかんぼう【赤ん坊】《人間関係》
ア¬カチャン[akatʃaɴ]【赤ちゃん】〖名〗幼児
語はネ¬ンネ。
■あき【秋】《天地・季候》
ア¬キ[aki]〖名〗
アキ¬グチ[akigutʃi]【秋口】〖名〗秋の初め。
■あきらめる【諦める】《行動・感情》

アキラメ⌐ル[akirameru]【動】アキラメ⌐ン，アキラ⌐メタ，アキラメ⌐マ⌐ス。リョコー──(旅行をあきらめる)。

■あきる【飽きる】《行動・感動》
ア⌐ク[aku]【飽く】【動】アカ⌐ン，エァ⌐ータ，アキマ⌐ス。シゴトニ──(仕事に飽きる)。

■あくび【欠伸】《人体》
アクビ[akubi]【名】

■あぐら【胡座】《人体》
アグラ[agura]【名】アグラー　カ⌐ク(あぐらをかく)。アグラー　ク⌐ム(あぐらを組む)。

ジョーラク[ʣoːraku]【名】昔の言い方。廃語。ジョーラクー　ク⌐ム(あぐらをかく)。

■あけのみょうじょう【明けの明星】《天地・季候》
アケノミョージョー[akenomjoːʒoː]【名】

■あける【開ける】《住》
アケル[akeru]【動】アケ⌐ン，アケ⌐タ，アケマ⌐ス。トー──(戸を開ける)。

■あげる【上げる・揚げる】《時間・空間・数量，食》
アゲル[ageru]【動】アゲ⌐ン，アゲ⌐タ，アゲマ⌐ス。1テョ⌐ー──(手を上げる)。2ヤ⌐スー──(安く上げる)。3テンプラー──(てんぷらを揚げる)。

■あご【顎】《人体》
ア⌐ゴ[ago]【名】下あご，おとがい。

クチンナ⌐カ[kuʃinnaka]【口の中】【名】口の中。アチ⌐ー　モン　タ⌐ベタンデ　クチンナ⌐カー　イェ⌐ータ(熱い物を食べたので口の中を火傷した)。

■あさ【朝】《時間・空間・数量》
ア⌐サ[asa]【名】

■あさ【麻】《植物，農・林・漁業》
ア⌐サ[asa]【名】

■あざ【字】《社会・交通》
ア⌐ザ[aza]【字】【名】土地の小さい区域名。オー⌐アザ(大字)の下にコアザ(小字)がある。アザと言うときは通常大字をさす。

■あさい【浅い】《天地・季候》
アセァー[asæː]【形】アソーナ⌐ル，アサ⌐ケァー。

■あさがお【朝顔】《植物》
アサ⌐ガオ[asagao]【名】

■あさせ【浅瀬】《天地・季候》
アサシェ[asaʃe]【名】

■あさって【明後日】《時間・空間・数量》
アサ⌐ッテ[asatte]【名】

■あさひ【朝日】《天地・季候》
アサ⌐ヒ[asahi]【名】

■あさめし【朝飯】《食》
アサゴ⌐ハン[asagohaŋ]【名】お客などに言う。

アサメシ[asameʃi]【名】

■あさり【浅蜊】《動物》
アサリ[asari]【名】

■あし【足】《人体》
ア⌐シ[aʃi]【名】1下肢全体。2足首から先の部分。3足どり。──ガ　オメー(足が重い)。4歩くこと。──ガ　ハエ⌐ー(足が速い)。5動物の足。

■あじ【鯵】《動物》
ア⌐ジ[aʒi]【名】

■あじ【味】《食》
アジ[aʒi]【名】コノツケモノワ　シオア⌐ジガ　ヨ⌐ー　キートル(この漬物は，塩味がよくきいている)。

■あしあと【足跡】《人体》
アシア⌐ト[aʃiato]【名】

■あしくび【足首】《人体》
アシクビ⌐[aʃikubi]【名】足首をひねること，足首のねんざをコブラガ⌐エリと言う。コブラガ⌐エリ　シタ(足首をねんざした)。

■あした【明日】《時間・空間・数量》
アシタ[aʃita]【名】
アシタリ[aʃitari]【名】古い言い方。

■あしのうら【足の裏】《人体》
アシノウラ⌐[aʃinoura]【名】

■あしのこう【足の甲】《人体》

アシノコー[aʃinokoː]【名】

■あしゃ【唖者】《人体》

ゴロ ー[goroː]【名】

■あずき【小豆】《植物》

アズキ[azuki]【名】

■あずける【預ける】《行動・感情》

アズケル[azukeru]【動】アズケ ン，アズ ケタ，アズケマス。①保管を頼む。ニ モ ツ ——（荷物を預ける）。②仲裁を任せる〈稀〉。ショ ーブー ——（勝負を預ける）。

■あせ【汗】《人体》

ア シェ[aʃe]【名】

■あぜ【畔】《農林漁業》

アジェ ー[aʒe]【名】

■あせる【焦る】《行動・感情》

アワテル[awateru]【動】アワテ ン，アワテ タ，アワテマ ス。オクレソ ーニ ナ ッテ ——（遅れそうになって焦る）。

■あそこ【彼処】《助詞・助動詞・その他》

アッコ[akko]所を表す。

■あそこら【彼処ら】《助詞・助動詞・その他》

アノヘン[anoheɴ]所を表す。

■あそびば【遊び場】《遊戯》⇨あそぶ

アソビバ[asobiba]【名】子供の遊び場を言う。大人については特に語なし。

■あそぶ【遊ぶ】《遊戯，勤易・難易・経済》⇨あそびば

アソブ[asobu]【動】アソバ ン，アソンダ，アソビマ ス。①好きなことをして楽しむ。②仕事以外のことをする。ベンキョー モ セ ズニ アソブバ ー ショ ール（勉強もしないで遊んでばかりいる）。

■あたたかい【暖かい】《天地・季候》⇨あたためる

ヌキ ー[nukiː]【温い】【形】ヌ クーナル，ヌ クケリャー。

■あたためる【暖める・温める】《食》⇨あたたかい

ヌクメ ル[nukumeru]【動】ヌクメ ン，ヌ ク メタ，ヌクメマ ス。オカズ ー ——（おかずを温める）。

■あだな【渾名】《社会・交通》

アダナ[adana]【名】

■あたま【頭】《人体》⇨かみ

アタマ [atama]【名】①頭部。——ガ オ ケ ー（頭が大きい）。②頭髪。アタマ ー アラウ（頭を洗う）。③頭痛。——ガ ワ リ ー（頭が痛い）。頭痛が去ったときは，——ガ ヨ ーナッタ（頭痛が治った）と言う。④頭脳。——ガ エ ー（頭がいい）。

■あたらしい【新しい】《時間・空間・数量》

アタラシ ー[ataraʃiː]【形】アタラシュ ー ナル，アタラ シケリャ。サ ラとも。サ ラのほうが古い言い方。—— フ ク（新しい服）。サ ラノ フ ク（新しい服）。

■あちら【彼方】《助詞・助動詞・その他》

アッチ[atʃi]方角を表す。

■あつい【暑い】《天地・季候》⇨あたたかい

アツィ ー[atsiː]【形】ア ツーナル，ア ツケ リャー。

■あつい【熱い】《天地・季候》

アツィ ー[atsiː]【形】ア ツーナル，ア ツケ リャー。

■あっち【彼方】《助詞・助動詞》

アッチ[atʃi]方角を表す。

■あつまる【集まる】《社会・交通，時間・空間・数量》

アツマ ル[atsumaru]【動】アツマラ ン，アツマ ッタ，アツマリマ ス。ヒト ガ ョ ーケ ——（人が大勢，集まる）。ミンナ ——（皆，集まる）。

■あつめる【集める】《時間・空間・数量》

アツメ ル[atsumeru]【動】アツメ ン，アツ メタ，アツメマス。カ イヒュ ー ——（会費を集める）。

■あと【後】《時間・空間・数量》

ア ト[ato]【名】①ギョーレツノ ——（行列の後）。②ソレカラ ——（それから後）。

■あととり【跡取】《人間関係》

アトツ ギ[atotsugi]【後嗣】【名】長男（長女）はもとより，養子でも次男以下でも，実際

にその家を継ぐものを言う。

ヤタテ[jatate]【名】長男で嗣子になるもの。長女が家を継ぐ場合は，ヤタテムˈスメと言う。長男長女でなければこの名称は用いない。――ガ デˈテシモータˈンジャ（跡取り〈長男〉が家を継がずに出てしまったのだ）。

■あな【穴】《天地・季候》

ホラアナ[horaana]【名】洞穴。木のうつろ。

アナˈ[ana]【名】トンネル。地面に掘った穴。

■あなた【貴方】《助詞・助動詞・その他》

アンˈタ[anta]目上に対する対称。男女ともに用いる。

■あなたがた【貴方方】《助詞・助動詞・その他》

アンタラˈー[antara:]目上に対する対称の複数。男女ともに用いる。

■あに【兄】《人間関係》

アˈニ[aɲi]【名】①名称。アニˈキ・アˈー（卑語）とも。

アˈーサン[a:san]【名】上品な言い方。アˈーヤンはぞんざいな言い方。幼児語はアˈーチャン。長兄はオーキˈーアーサン，次兄はコメˈーアˈーサン。

■あね【姉】《人間関係》

アネ[ane]【名】名称。オネˈーサンとも。呼称にはオネˈーサン，ネˈーサン〈上品な言い方〉，オネˈーヤン〈ぞんざい〉，オネˈー〈卑語〉。長姉にはオーキˈーネˈーサン，次姉はコメˈーネˈーサン。幼児語はネˈーチャン。

■あの【彼の】《助詞・助動詞・その他》

エーˈノ[e:no]関係を表す。アレˈノ（彼れの）からの変化。

■あのかた【彼方】《助詞・助動詞・その他》

アノˈヒト[anohito]目上に。男女ともに用いる。

アノメー[anome:]「あの方」「あの人」に相当する。目上に。主に女性が用いる。古い語。

■あのかたがた【彼の方々】《助詞・助動詞・その他》

アノˈヒトラー[anohitora:]【あの人等】目上に。複数。男女ともに用いる。

アノメーラˈー[anome:ra:]目上に。複数。主に女性が用い，「アノカタガタ（タチ）」「アノヒトラ（タチ）」に相当する。古い語。

■あのひと【彼の人】《助詞・助動詞・その他》

エーˈツ[e:tsu]同等。主に男性が用い，アノヒト，アイツに相当する。女性はアノヒトを用いる。アイˈツが融合してエーˈツになった。

エー[e:]同等。主に男性が用い，アノヒト，アイツに相当する。

アノメー[anome:]同等。主に女性が用い，アノヒトに相当する。古い語。

■あばらぼね【肋骨】《人体》

アバラボネ[abarabone]【名】ロッコツとも言うが共通語的表現。

■あひる【家鴨】《動物》

アヒル[ahiru]【名】

■あぶない【危ない】《行動・感情，時間・空間・数量》

アムネァˈー[amunæ:]【形】アムˈノーナル・アムノーナˈル，アムˈナケリャ。

アブネァー[abunæ:]【形】アブノーナˈル，アブˈナケリャ。クルマガ オイˈーカラ――（車が多いから危ない）。

■あぶら【油】《食》

アブラ[abura]【名】種類はテンプラアˈブラ，ゴマアˈブラなど。

■あぶらあげ【油揚げ】《食》

アˈゲ[age]【揚げ】【名】

■あぶらな【油菜】《植物》

ナタネ[natane]【菜種】【名】

■あぶらむし【油虫】《動物》⇒ごきぶり

アマコ[amako]【名】アブラˈムシは，「ゴキブリ」の意味に使う。

■あま【海女】《職業》

アˈマ[ama]【名】理解語彙。

■あまい【甘い】《食》

アメー[amẹ]【形】アモーナ⌐ル，アマ⌐ケリャー。

■あまえる【甘える】《人間関係》

アマエル[amaeru]【動】アマエン，アマエタ，アマエマ⌐ス。オヤ⌐ニ ―――（親に甘える）。

■あまごい【雨乞い】《民俗》

アマ⌐ゲー[amageː]【雨乞い】【名】お宮やお寺に参り，お供えをし，神主さんやお坊さんが御祈禱する。アマゲーとも言う。

■あまだれ【雨垂れ】《天地・季候》

アマダレ[amadare]【名】

■あまど【雨戸】《住》

アマ⌐ド[amado]【名】

■あまのがわ【天の川】《天地・季候》

アマノ⌐ガワ[amanogawa]【名】

■あまのじゃく【天邪鬼】《行動・感情》

アマン⌐ジャク[amanʒaku]【名】

■あみ【網】《農林漁業》

アミ⌐[ami]【名】三角網をサデアミ。四手網をヨッデアミと言う。

■あむ【編む】《衣，農林漁業》

ア⌐ム[amu]【動】アマ⌐ン，ア⌐ンダ，アミマ⌐ス。シェーター ―――（セーターを編む）。タワ⌐ラー ―――（俵を編む）。ムシロ ― ―――（むしろを編む）。

■あめ【雨】《天地・季候》

ア⌐メ[ame]【名】

■あめ【飴】《食》

アメ[ame]【名】

テッポーダマ[teppoːdama]【名】飴玉。

ギョーシェン[gjoːʃen]【名】水飴。

■あめんぼう【水黽】《動物》

該当する語形を得られなかった。

■あやす《民俗》

アヤ⌐ス[ajasu]【動】アヤサ⌐ン，アヤ⌐シタ，アヤシマ⌐ス。コドモー ―――（子供をあやす）。

■あやとり【綾取り】《遊戯》

イトトリ[itotori]【糸取り】【名】

■あやめ【菖蒲】《植物》旧のみ

ショーブ[ʃoːbu]【名】

■あゆ【鮎】《動物》

ア⌐ユ[aju]【名】

■あらい【粗い・荒い】《時間・空間・数量》⇒おおきい，ふとい

アレァー[araɛː]【形】アローナ⌐ル，ア⌐ラケリャ。アクセントはア⌐ローナルとも。アミノメ⌐ガ ―――（網の目が粗い）。

■あらし【嵐】《天地・季候》

オーカ⌐ゼ[oːkaze]【名】⇒たいふう

■あられ【霰】《天地・季候》

アラレ[arare]【名】

■あり【蟻】《動物》

アリンゴ[aringo]【名】

■ありがとう【有り難う】《社会・交通》

オーキ⌐ニ[oːkiɲi]【大きに】

■ある【有る・在る】《時間・空間・数量》

ア⌐ル[aru]【動】ア⌐ッタ，アリマ⌐ス。ホ⌐ンガ ―――（本がある）。

■あるく【歩く】《人体》

アル⌐ク[aruku]【動】アルカ⌐ン，アル⌐イタ，アルキマ⌐ス。①徒歩。エ⌐キマデ ―――（駅まで歩く）。ヒト⌐ガ ―――（人が歩く）。ミチュー ―――（道を歩く）。②あちこち回る。ヤサユー ウッテ ―――（野菜を売って歩く）。

■あれ【彼】《助詞・助動詞・その他》

エー⌐[eː]物を表す。アレの融合変化。

■あれら【彼等】《助詞・助動詞・その他》

エーラ⌐ー[eːraː]事物を示す。アレラーから。

■あわ【泡】《天地・季候》

アワ⌐[awa]【名】

■あわ【粟】《植物，食》

ア⌐ワ[awa]【名】

■あわてる【慌てる】《行動・感情》

オロタエ⌐ル[orotaeru]【動】オロタエ⌐ン，オロタ⌐エタ，オロタエマ⌐ス。カ⌐ジデ ―――（火事で慌てる）。

■あんか【行火】《住》旧のみ

ア┐ンカ[aŋka]〖名〗
■あんしょう【暗礁】《天地・季候》
チンショー[tʃinʃoː]〖名〗水面に頭が出ていないような岩。アンショーとも。
■あんしん【安心】《行動・感情・時間・空間・数量》
アンシン[anʃin]〖名〗──スル(安心する)。ビョーキガ ナオ┐ッテ ──(病気が治って安心する)。
クツロ┐グ[kutsurogu]〖動〗クツロガン, クツレ┐ーダ, クツロギマス。ビョーキガ ナオ┐ッテ クツレ┐ーダ(病気が治って安心した)。
■あんな《助詞・助動詞・その他》
アネ┐ーナ[aneːna]状態を表す。
■あんま【按摩】《職業》
アンマ[amma]〖名〗

い

■い【胃】《人体》
イ[i]〖名〗
■いいえ《社会・交通》
イーヤ[iːja]打ち消しのことば。── ソ┐ージャーネァ┐ー(いいえ, そうではない)。── トンデモネァ┐ー(いいえ, とんでもない)。
■いう【言う】《人体》⇨かたる, しゃべる, はなす
ユ┐ー[juː]〖動〗イワン, ユ┐ータ, イーマス。①言う。モ┐ット ユック┐リ ユーテ ッカーセ┐ー(もっとゆっくり言ってください)。②告げる。ラ┐ジオジャー アシタ アメン ナ┐ル ユ┐ータ(ラジオでは, 明日雨になると言った)。③言いつけ。オヤ┐ノ ── コト┐ー キク(親の言うことを聞く)。④名付ける, 称する。ヤマダサ┐ン ── ヒト(山田さんという人)。敬語にはイワレル, 卑語にはヌカス, ホザ┐クがある。

イワレル[iwareru]〖動〗イワレン, イワレ┐タ, イワレマス。敬語。シェン┐シェーガ イワレタ(先生がおっしゃった)。命令形イワレ┐ー(おっしゃい)もある。
ヌカ┐ス[nukasu]〖動〗ヌカサン, ヌケ┐ータ, ヌカシマス。卑語。ナ┐ニュー ──(何をぬかす)。
ホザ┐ク[hozaku]〖動〗ホザカン, ホザェ┐ータ, ホザキマス。卑語。ナ┐ニュー ──(何をほざく)。
■いえ【家】《住》《人間関係》
イエ┐[ie]〖名〗①── ガ サ┐ンゲン アル(家が三軒ある)。家主, 借家は, ヤヌシ(家主), シャクヤ(借家)と言う。②家庭。イョ┐ー カエリミ┐ン(家庭を省みない)。③家系。イョ┐ー ツグ(家系を継ぐ)。④家柄。デァ┐ーデァー イシャノ ──ジャ(代々家柄は医者の家だ)。⑤自宅。イエ┐ー ケァー┐ル(家へ帰る)。ウチ┐とも言う。家庭, 家系, 家柄, 自宅の意味では, ともにイエ┐はウチ┐よりも劣勢。
ウチ┐[utʃi]〖名〗①家庭。ウチュ┐ー カエリミ┐ン(家庭を省みない)。②家系。ウチュ┐ー ツグ(家系を継ぐ)。③家柄。デァ┐ーデァー イシャノ ──ジャ(代々家柄は医者の家だ)。④自宅。ウチ┐ー ケァー┐ル(家へ帰る)。いずれもイエ┐よりも優勢。
■いか【烏賊】《動物》
イカ[ika]〖名〗
■いがぐりあたま【毬栗頭】《衣》
マルガリ[marugari]【丸刈り】〖名〗
ボーズア┐タマ[boːzuatama]【坊主頭】〖名〗
■いかり【錨】《農林漁業》
イカリ[ikari]〖名〗
■いき【息】《人体》
イ┐キ[iki]〖名〗①呼気, 吸気。イキュー スル(息をする)。サミ┐ー トキニャ┐ー ──ガ シ┐ローミエ┐ル(寒い時には息が白く見える)。②呼吸運動。──ガ クル

シ┐ー(息が苦しい)。

■いきる【生きる】《人体》

イキ┐ル[ikiru]〖動〗イキ┐ン, イキ┐タ, イキマ┐ス。ハチジ┐ッサイマデ ——(八十歳まで生きる)。

■いく【行く】《社会・交通》⇨くる

イク[iku]〖動〗イカン, イッタ, イキマ┐ス。マチ┐ー ——(町へ行く)。

■いくつ【幾つ】《時間・空間・数量》⇨いくら

ナンボー[namboː]〖名〗—— ア┐ル(いくつある)。

■いくら【幾等】《時間・空間・数量》⇨いくつ

ナンボー[namboː]〖名〗——デ コーテキ┐タン(いくらで買ってきたの)。

■いけ【池】《天気・気候》

イケ┐[ike]〖名〗①庭にあるもの。ホリとも。②用水池。ヨースイ┐イケ, タメイケ, ホリとも。

■いし【石】《天地・気候》⇨いわ

イシ[iʃi]〖名〗

■いじ【意地】《行動・感情》

イジ┐[iʒi]〖名〗—— ガ ワリ┐ー(意地が悪い)。

■いしがき【石垣】《住》

イシガキ[iʃigaki]〖名〗

■いじきたない【意地汚い】《食》

イジキタネ┐ー[iʒikitaneː]〖形〗イジキタ┐ノーナル, イジキタ┐ナケリャー。——ヒト(意地汚い人)。

■いしけり【石蹴り】《遊戯》

イシ┐ケリ[iʃikeri]〖名〗その他地域の遊びとしてよく行われるものは, ジカ┐クシ(地面に字を書き, 上から土を掛けて隠したのを, 指でなぞって当てる)など。「あやとり」はイトトリ, イトドリ。

■いじめる【苛める】《遊戯》・《人間関係》

イジメル[iʒimeru]〖動〗イジメ┐ン, イジメ┐タ, イジメマ┐ス。トモダチュー ——(友達をいじめる)。

■いしゃ【医者】《職業》

イシャ[iʃa]〖名〗

■いす【椅子】《住》

コシカケ[koʃikake]【腰掛け】〖名〗

■いそがしい【忙しい】《勤怠・難易・経済》

シェワシ┐ー[ʃewaʃiː]〖形〗シェワ┐シューナル, シェワ┐シケリャー。

■いそぐ【急ぐ】《行動・感情》

イソ┐グ[isogu]〖動〗イソガ┐ン, イソ┐イダ, イソギマ┐ス。ミチ┐ー ——(道を急ぐ)。

■いた【板】《住》

イタ[ita]〖名〗

■いたい【痛い】《人体》⇨いたむ, いたみ

イタァ┐ー[itæː]〖形〗イ┐トーナル, イ┐タケリャ。擦り傷, 切り傷, 歯痛, 腹痛, 頭痛のいずれにも言う。スリミ┐ーテ ——(擦りむいて痛い)。痛さの種類によりハシ┐ル, ニガ┐ルを用いる。

ハシ┐ル[haʃiru]〖動〗ハシラ┐ン, ハシ┐ッタ, ハシリマ┐ス。ひりひりするような痛みや, 傷口に薬がしみるような時に言う。ス┐リミーテ ——(擦りむいて痛い)。キリキズガ ——(切り傷が痛い)。

ニガ┐ル[nigaru]〖動〗ニガラ┐ン, ニガ┐ッタ, ニガリマ┐ス。腹痛にのみ用いる。ハラ┐ガ ——(腹が痛む)。

■いたずら【悪戯】《人間関係》

イタズラ[itazura]〖名〗

ワルサ[warusa]〖名〗ワ┐ルサー スル(いたずらをする)。

■いたむ【痛】《人体》新のみ⇨いたい, いたみ

イタ┐ム[itamu]〖動〗イタマ┐ン, イタ┐ンダ, イタミマ┐ス。ハ┐ガ ——(歯が痛む)。

ニガ┐ル[nigaru]〖動〗ニガラ┐ン, ニガ┐ッタ, ニガリマ┐ス。胃腸が痛む場合。ハラ┐ガ ——(腹が痛む)。キリ┐キリスルとも言う。

ハシ┐ル[haʃiru]〖動〗ハシラ┐ン, ハシ┐ッタ, ハシリマ┐ス。ひりひりするような痛みや, 傷口に薬がしみるような場合。スリミ┐ーテ ——(すりむいて痛む)。

ウズ┐ク[uzuku]【疼く】〖動〗ウズカ┐ン, ウ

ジータ，ウズキマス。鈍痛の場合。ハ￣ガ
—— (歯が痛む)。

■いためる【炒める】《食》

イタメ￣ル[itameru]【動】イタメ￣ン，イタ￣
メタ，イタメマ￣ス。ヤサユー ——(野菜
をいためる)。

■いち【市】《職業》

イ￣チ[itʃi]【名】——ガ タ￣ツ。(市が立つ)。

■いちおうふく【一往復】《時間・空間・数量》

ヒトカ￣エリ[hitokaeri]【名】

■いちがつ【一月】《民俗》⇨しょうがつ

イチガツ[itʃigatsu]【名】

トンド[tondo]【名】一月十四日にお飾りを
焼き，その灰で餅を焼く。一月十五日には
その焼いたもちを小豆がゆの中に入れて食
べる。

コショ￣ーガツ[koʃoːgatsu]【小正月】【名】
十五日正月。一月十五日のこともトンドと
言う。

ヤブイリ[jabuiri]【藪入り】【名】商家でする
一月の行事。

ヤレボー[jareboː]【名】一月十一日の早朝,
夜の明けない頃，くわを持って牛を追って
田へ行き，アキホー(年によって違う方角
になるが，よい方角)に向かって，くわで
二〜三回うってくる。

オヒマチ[ohimatʃi]【お日待ち】【名】お講(十
〜十二人)に寄り集まって日の出を拝むこ
と。

■いちご【苺】《植物》

イチゴ[itʃigo]【名】①野生のいちご。②栽培
したいちご。

■いちじく【無花果】《植物》

イチ￣ジク[itʃiʒiku]【名】

■いちにちおき【一日置き】《時間・空間・数量》

ジューゴンチ￣ゲァー[ʒuːgontʃigæː]【名】
交互にすることも。——ニ スルと言う。

■いちにちじゅう【一日中】《時間・空間・数量》

イチンチジュー[itʃintʃiʒuː]—— ア￣メガ
フ￣ル(一日中雨が降る)。

■いちば【市場】《職業》

イチバ￣[itʃiba]【名】

■いちまい【一枚】《時間・空間・数量》⇨いったん

イチ￣メァー[itʃimæː]【名】

■いちょう【銀杏・公孫樹】《植物》

イチョー[itʃoː]【名】

■いちわ【一羽】《時間・空間・数量》

イチ￣ワ[itʃiwa]【名】

■いつ【何時】《時間・空間・数量》

イツ[itsu]—— ク￣ルンナラ(いつ来るの
か)。

■いっかい【一回】《時間・空間・数量》

イッペン[ippeɴ]【一遍】【名】

■いっしゅうき【一周忌】《民俗》

ムカワリ[mukawari]【名】

■いっしょ【一緒】《社会・交通》

イッショ[iʃʃo]【名】①連れだって行動する。
——ニ イク(一緒に行く)。ツレノーテと
も。②いっせいに。

ツレノーテ[tsurenoːte]【連れだって】——
マチ￣ー イク(一緒に町に行く)。

■いつつ【五つ】《時間・空間・数量》

イツ￣ツ[itsutsu]【名】

■いっとう【一頭】《時間・空間・数量》⇨いっぴき,
いっぴき

イ￣ットー[ittoː]【名】

■いっぱい【一杯】《時間・空間・数量》

イ￣ッペァー[ippæː]【名】

■いっぱい《時間・空間・数量》

イッペァー[ippæː]① —— タベ￣ル(いっ
ぱい食べる)。②ジカ￣ン イッペァー(時
間いっぱい)。③ミズガ ——ニ ナッタ
(水がいっぱいになった)。

ボッコー[bokkoː]—— タベ￣ル(いっぱ
い食べる)。

ギョ￣サン[gjoːsaɴ]—— タベ￣ル(いっ
ぱい食べる)。

■いっぴき【一匹】《時間・空間・数量》⇨いっとう,
いっぴき

イッピ￣キ[ippiki]【名】

■いっぴき【一尾】《時間・空間・数量》⇨いっとう，いっぴき

イッピ┐キ[ippiki]〖名〗

■いつも【何時も】《時間・空間・数量》

ジョージュ┐ー[ʒoːʒuː]── ワロートー┐ル（いつも笑っている）。イツ┐モ，イッツ┐モ，シ┐ジューとも言う。

■いと【糸】《衣》

イト[ito]〖名〗イトー　マク。イトートル（糸をまきとる）。

■いど【井戸】《住》

イ┐ド[ido]〖名〗①地面を深く掘って水を汲むところ。綱に水おけをつけて滑車に通したつるべと，竹ざおの先に水おけを結びつけたものとの二種を使って水をくんだ。②浅くわき水の出る所。

■いとこ【従兄弟・従姉妹】《人間関係》

イト┐コ[itoko]〖名〗「あなたの～」と言うときは，イトコサン。「またいとこ」はマタイト┐コ，フタイト┐コ。遠縁に従ってミイ┐トコ，ヨイ┐トコなどと言うこともある。

■いなか【田舎】《社会・交通》

イナカ[inaka]〖名〗

■いなかもの【田舎者】《社会・交通》

ヤマガモノ[jamagamono]〖名〗イナカフー┐ガ　シトー┐ル（田舎風の感じがしている）とも言う。

■いなご【蝗】《動物》

イナゴ[inago]〖名〗

■いなびかり【稲光】《天地・季候》

イナビ┐カリ[inabikari]〖名〗

■いなほ【稲穂】《農・林・漁業》

イナ┐ホ[inaho]〖名〗

■いぬ【犬】《動物》

イヌ┐[inu]〖名〗

■いね【稲】《植物》《農・林・漁業》

イ┐ネ[ine]〖名〗①植物名。②農作物。ニホンバレ，アケボノ，コ┐マチ，シノノメなどの品種を植えた。

■いねかけ【稲掛け】《農・林・漁業》

カケイ┐ネ[kakeine]〖名〗ワラグロとも。

ワラグロ[waraguro]〖名〗カケイ┐ネと同義。

■いねかり【稲刈り】《農・林・漁業》

イネ┐カリ[inekari]〖名〗

■いねこき【稲扱き・稲扱機】《農・林・漁業》

イネ┐コギ[inekogi]〖名〗①稲の穂をこきとること。②稲こき機械。

■いねむり【居眠り】《住》新のみ⇨うたたね

イネム┐リ[inemuri]〖名〗アクセントはイネムリとも。

■いのしし【猪】《動物》

イノ┐シシ[inoʃiʃi]〖名〗

■いのち【命】《人体》

イノ┐チ[inotʃi]〖名〗

■いはい【位牌】《民俗》

イハイ[ihai]〖名〗他に仏具には，タカ┐ツキ，ロッコ┐ー（六器のこと），ローソク┐タテ，センコー┐タテ，ウチハライ（はたき），ハナ┐タテなどがある。

■いびき【鼾】《人体》

イビキ[ibiki]〖名〗イビキュ┐ー　カク（いびきをかく）。

■いびる《人間関係》

ヨメイ┐ビリ[jomeibiri]【嫁いびり】〖名〗小姑が(女の場合)何人もいて嫁がいじめられる場合は，「あそこの家は，オニシェ┐ンビキ（鬼千匹）」と言う。小姑をオニシェ┐ンビキと言う。

■いふく【衣服】《衣》⇨いるい

フ┐ク[Fuku]【服】〖名〗着用するものの総称ではなく，和服との区別で使っている。洋服。フ┐クー　キル（衣服を着る）。幼児語ベ┐べは和服，洋服の別なく総称，衣服に用いる。

■いぼ【疣】《人体》

イ┐ボ[ibo]〖名〗

■いま【今】《時間・空間・数量》

イ┐マ[ima]〖名〗①現在。──ワ　イエン（今は言えない）。②すぐに。── イキマス（今，行きます）。③さっき。──ノヒタ┐ー　ダレジャ（今の人はだれだ）。④そ

のうちに。――ニ ワカ¬ル（いまに分か
る）。⑤副詞的用法。――ヒ¬トツ チョー
シガ デ¬ン（いまひとつ調子が出ない）。
■いも【芋】《植物》
イモ¬［imo］〖名〗
コイモ［koimo］〖名〗里芋。
ナゲァーモ［nagæːmo］【長芋】〖名〗
ヤマェーモ［jamæːmo］【山芋】〖名〗
■いもうと【妹】《人間関係》
イモート¬［imoːto］〖名〗『あなたの～』と言
う時は，オイモートサン。
■いもり【蠑螈】《動物》
イ¬モリ［imori］〖名〗
■いらいらする【苛々する】《行動・感情》
イラ¬イラスル［irairasuru］〖動〗イラ¬イラ
シェン，イラ¬イラシタ，イラ¬イラシマス。
ジカ¬ンガ ノ¬ーテ ――（時間が無くて
苛々する）。
■いりえ【入り江】《天地・季候》
イリエ［irie］〖名〗
■いりぐち【入り口】《住》
ヘァーリ¬グチ［hæːriguʧi］〖名〗中へ入る所。
ゲン¬カン［geŋkaɴ］【玄関】〖名〗家の正面の
入り口。
カッテグ¬チ［katteguʧi］【勝手口】〖名〗台所
の出入り口。
■いる【煎る】《食》
イ¬ル［iru］〖動〗イラ¬ン，イッタ，イリマ¬
ス。マミョ¬ー ――（豆を煎る）。ゴマー
――（ごまを煎る）。
■いる【居る】《住》
オル［oru］〖動〗オラ¬ン，オッタ，オリマ¬ス。
①ヒ¬トガ ――（人が居る）。②イヌ¬ガ
――（犬が居る）。
■いれる【入れる】《社会・交通》《時間・空間・数
量》
イレル［ireru］〖動〗イレン，イレタ，イレマ¬
ス。①外の物を中に移す。イレモンニ
――（入れものに入れる）。②カ¬サニ
――（傘に入れる）。傘に入れるはカ¬サニ

ノス，カ¬サニ ヒャーラ¬スとも言う。③
イエ¬ー ――（家に入れる）。④加える。
ナカマ¬ニ イレタゲル（仲間に入れてあげ
る）。アソビノ ナカマ¬ニ ――（遊びの仲
間に入れる）。
■いろ【色】《時間・空間・数量》
イロ¬［iro］〖名〗
■いろうかい【慰労会】《民俗》
クタブレナ¬オシ［kutaburenaoʃi］〖名〗
ムネアゲ［muneage］〖名〗昔，盆踊りのあ
となどに青年団が行った。
■いろり【囲炉裏】《住》
イ¬ロリ［irori］〖名〗理解語彙。
■いわ【岩】《天地・季候》⇒いし
イワ［iwa］〖名〗
■いわし【鰯】《動物》
イワシ［iwaʃi］〖名〗
■いんきだ【陰気だ】《行動・感情》
インキ［iŋki］〖名〗

う

■う・よう【推量・意志】《助詞・助動詞・その他》
ウ［u］①用言の未然形に接続し，動作や性状
についての推量を表す。実際の形態は先行
用言の末尾母音と融合し長音化する。コノ
ブンジャト アシタ¬モ サムカロ¬ー（こ
のぶんだと明日も寒かろう）。②動詞の未
然形に接続し，動作主体の意志を表す。実
際の形態は先行動詞の語末母音と融合する
形で長音化する。キョーワ アリ¬ーテ カ
エロ¬ー（今日は歩いて帰ろう）。
ワ［wa］動詞の終止形に接続し，動作主体の
意志を表す。実際の形態は先行動詞の語尾
と融合する形で長音化する。キョーワ ア
リ¬ーテ カエ¬ラー（今日は歩いて帰ろう）。
■うえ【上】《時間・空間・数量》
ウエ［we］〖名〗

■うえつけ【植え付け】《農林漁業》⇨うえる
ウエツケ[uetsuke]〖名〗
■うえる【植える】《植物》⇨うえつけ
ウエル[ueru]〖動〗ウエン，ウエタ，ウエマ⌐ス。キ⌐———（木を植える）。
■うえる【飢える】《食》⇨くうふく
ハラ⌐ガ　ヘル[haraga heru]【腹が減る】
■うお【魚】《動物》
サカナ[sakana]〖名〗
■うかぶ【浮かぶ】《時間・空間・数量》⇨うく
ウク[uku]〖動〗ウカン，ウィータ，ウキマス。フ⌐ネガ　———（舟が浮かぶ）。
■うく【浮く】《時間・空間・数量》⇨うかぶ
ウク[uku]〖動〗ウカン，ウィータ，ウキマス。ハ⌐ガ　———（歯が浮く）。
■うぐいす【鶯】《動物》
ウグ⌐イス[uguisu]〖名〗
■うごく【動く】《時間・空間・数量》
イゴ⌐ク[igoku]〖動〗イゴカ⌐ン，イゴェ⌐ータ，イゴキマス。クルマガ　———（車が動く）。ハ⌐ガ　———（歯が動く）。ブ⌐カガ　オモイド⌐ーリニ　イゴカ⌐ン（部下が思いどおりに動かない）。「株価などが変動する」「心が動く」の意ではイゴ⌐クは用いない。
■うさぎ【兎】《動物》
ウサギ[usagi]〖名〗
■うし【牛】《動物》《農林漁業》
ウシ[uʃi]〖名〗
■うじ【蛆】《動物》
フトージ[Futoːʒi]〖名〗
■うしろ【後ろ】《時間・空間・数量》
ウ⌐シロ[uʃiro]〖名〗アトとも言う。キミノ　———（君の後ろ）。
■うしろむき【後ろ向き】《天地・季候》旧のみ
ウシロムキ[uʃiromuki]〖名〗
■うす【臼】《食》《農・林・漁業》
ウ⌐ス[usu]〖名〗総称。もちをつく臼は，モチツキウ⌐ス，回す臼は，ヒキウ⌐スと言う。
■うず【渦】《天地・季候》

ウ⌐ズ[uzu]〖名〗
■うすあじ【薄味】《食》
ウシー[uʃiː]【薄い】〖形〗ウスーナ⌐ル，ウスケリャー。
■うすい【薄い】《時間・空間・数量》
ウシー[uʃiː]〖形〗ウ⌐スーナル，ウ⌐スケリャ。イロ⌐ガ　———（色が薄い）。味については「濃い」「薄い」とはあまり言わない。「辛い」「甘い」を使う。アジガ　アメァ⌐ー（味が薄い）。
■うそ・うそをつく【嘘・嘘をつく】《社会・交通》《時間・空間・数量》
ウソ⌐[uso]〖名〗ウソ⌐ー　ツク（うそをつく）。
イン⌐チキ[intʃiki]〖名〗イン⌐チキュー　ユー（うそを言う）。⇨にせもの
■うた【歌】《遊戯》
ウタ[uta]〖名〗
■うたう【歌う】《遊戯》
ウタウ[utau]〖動〗ウタワン，ウトータ，ウタイマ⌐ス。ウタ⌐ー　———（歌を歌う）。
■うたがう【疑う】《社会・交通》
ウタガウ[utagau]〖動〗ウタガワン，ウタゴ⌐ータ，ウタガイマ⌐ス。ヒト⌐ー　———（人を疑う）。
■うたたね【転た寝】《住》⇨いねむり
ウタタネ[utatane]〖名〗
■うち【内】《時間・空間・数量》
ウチ[uʃi]〖名〗エノ⌐　———（家の中）。イエンナ⌐カ（家の中）とも。
■うちわ【団扇】《住》
ウチワ[uʃiwa]〖名〗
■うつ【打つ】《社会・交通》
ウ⌐ツ[utsu]〖動〗ウタ⌐ン，ウッタ，ウチマ⌐ス。①打ちつける。コ⌐ケテ　アタマ⌐ー　———（倒れて頭を打つ）。②打ち込む。クュ⌐ー　———（くいを打つ）。③処置をする。テョ⌐ー　———（手を打つ）。
タタ⌐ク[tataku]【叩く】〖動〗タタカ⌐ン，タテァ⌐ータ，タタキマス。たたく。ウツとは言わない。ホーダカバ⌐チー　———（ほお

を打つ）。ホーダカバ⌐チは「ほお」のたたく場合の強調語で，単に「ほお」という時はホーダマ⌐。

■うつ【撃つ】《農・林・漁業》
ウ⌐ツ[utsu]【動】ウツァ⌐ン，ウッタ，ウチマス。トリュー ──（鳥を撃つ）。

■うつくしい【美しい】《衣》
キレ⌐ーナ[kire:na]【奇麗な】──キモノ（美しい着物）。──オナゴ（美しい女）。ウツクシーは文章語と意識されている。

■うつむく【俯く】《人体》
シタ⌐ー ムク[ʃita: muku]【下を向く】ハズカシソ⌐ーニ シター ミータ（恥ずかしそうにうつむいた）。シカラレテ ──（しかられてうつむく）。
クルズク[kuruzuku]【動】クルズカ⌐ン，クルズィ⌐ータ，クルズキマス。昔は使ったが今は使わない。ハズカシソ⌐ーニ クルズィ⌐ータ（恥ずかしそうにうつむいた）。

■うで【腕】《人体》⇒て
ウデ[ude]【名】①肩と手首との間。②ひじと手首との間。③肩とひじとの間。

■うどん【饂飩】《食》
ウドン[udoɴ]【名】幼児語はツーツー。──オ ク──。うどん粉は，ウドンコ，コムギコ，メリケンコと言う。

■うなぎ【鰻】《動物》
ウナギ[unagi]【名】

■うなずく【頷く】《人体》
ウナズ⌐ク[unazuku]【動】ウナズカ⌐ン，ウナズィ⌐ータ，ウナズキマス。サンシェーシテ ナンベン⌐モ ウナズィ⌐ータ（賛成して何度もうなずいた）。

■うに【海栗】《動物》
ウ⌐ニ[uɲi]【名】

■うね【畝】《農・林・漁業》
ウネ⌐[une]【名】

■うぶぎ【産着】《民俗》
ウブギ[ubugi]【名】

■うま【馬】《動物》《農・林・漁業》

ンマ⌐[mma]【名】
■うまい【旨い・上手い】《食》《教育》⇒じょうず
ウメ⌐ー[ume:]【形】ウ⌐モーナル，ウ⌐マケリャー。味が良い。男性語。
オイシ⌐ー[oiʃi:]【美味い】【形】オイ⌐シューナル，オイ⌐シケリャー。味が良い。女性語。

■うまる【埋まる】《時間・空間・数量》⇒うめる
ンモル[mmoru]【動】ンモラン，ンモッタ，ンモリマス。ハナ⌐デ ──（花で埋まる）。

■うまれる【生まれる】《人体》《民俗》
ウマレル[umareru]【動】ウマレン，ウマレタ，ウマレマス。オトコ⌐ノコガ ──（男の子が生まれた）。赤ちゃんが生まれたことをデ⌐キタとも。産湯は，ウブユと言う。
デキ⌐ル[dekiru]【出来る】【動】デキ⌐ン，デ⌐キタ，デキマス。ウマレルとも。コドモガ ──（子供が生まれる）。

■うみ【海】《天地・季候》
ウ⌐ミ[umi]【名】

■うみ【膿】《人体》
ウミ[umi]【名】

■うむ【産む】《動物》
ウム[umu]【動】ウマン，ウンダ，ウミマス。タマゴ⌐ ──（卵を産む）。

■うめ【梅】《植物》
ンメ[mme]【名】

■うめぼし【梅干し】《食》
ンメボシ[mmeboʃi]【名】

■うめる【埋める】《時間・空間・数量》
ンメル[umeru]【動】ンメン，ンメタ，ンメマス。アナ⌐ー ──（穴を埋める）。
イケ⌐ル[ikeɯ]【埋ける】【動】イケ⌐ン，イケ⌐タ，イケマ⌐ス。ハカニ ──（墓に埋める）。

■うら【裏】《衣》《住》
ウラ⌐[ura]【名】①葉・紙・着物などの裏側。ハノ ──（葉の裏）。カミノ ──（紙の裏）。キモ⌐ノノ ──（着物の裏）。②家な

どの後ろ。イエ￢ノ ── （家の裏）。③着
物などの裏生地。

■うらがえし【裏返し】《衣》
ウラガ￢エシ［uragaeʃi］〚名〛キモノ￢ ──
ニ キル（着物を裏返しに着る）。

■うらぐち【裏口】《住》
ウラグ￢チ［uragutʃi］〚名〛

■うらやましい【羨ましい】《行動・感情》
ウラヤマシ￢ー［urajamaʃiː］〚形〛ウラヤマ
シューナ￢ル，ウラヤマ￢シケリャ。アノコ
ー ヨ￢ー デ￢キテ ──（あの子はよく
できてうらやましい）。

■うり【瓜】《植物》
ウ￢リ［uri］〚名〛シロウリ，キンウリ，ソー
メンウリなどの種類がある。

■うる【売る】《勤怠・難易・経済》
ウル［uru］〚動〛ウラン，ウッタ，ウリマ￢ス。
タンボー ──（田を売る）。サカナー
──（魚を売る）。

■うるさい【煩い】《人間関係》
ウルセ￢ー［useː］〚形〛ウルソーナ￢ル，ウ
ルサケ￢リャー。

■うるし【漆】《植物》
ウルシ［uruʃi］〚名〛

■うるち【粳】《食》
タダ￢ゴメ［tadagome］〚名〛

■うれしい【嬉しい】《行動・感情》
ウレシ￢ー［ureʃiː］〚形〛ウレシューナ￢ル，
ウレ￢シケリャー。コドモガ ウマレテ
──（子供が生まれてうれしい）。

■うろこ【分野2 鱗】《動物》
ウロ￢コ［uroko］〚名〛

■うわぎ【上着】《衣》
ウワギ［uwagi］〚名〛いちばん外側に着る衣
服。羽織，コートなど。上下別々になった
衣服の上の部分，例えばズボンに対して背
広をウワギとは言わない。背広をウワギと
言う時は下に着るシャツなどに対して言う。

■うん【運】《民俗》
マン［maɴ］〚名〛── ガ エ￢ー（運が良い）。

── ガ ワリ￢ー（運が悪い）。

え

■え【絵】《教育》
エ￢［e］〚名〛

■えがお【笑顔】《行動・感情》
エガ￢オ［egao］〚名〛

■えぐい【蘞い】《食》
エグ￢イ［egui］〚形〛エグーナ￢ル，エ￢グケリ
ャー。里芋のほか，筍などにも言う。

■えくぼ【靨】《人体》
エク￢ボ［ekubo］〚名〛

■えさ【餌】《農・林・漁業》
エボ￢［ebo］〚名〛ニワトリや小鳥，魚，犬猫
のえさ。エサ￢とも言う。

■えだ【枝】《植物》
エダ［eda］〚名〛

■えび【海老】《動物》
エビ［ebi］〚名〛

■えり【襟】《衣》
エリ￢［eri］〚名〛

■えりまき【襟巻き】《衣》
クビ￢マキ［kubimaki］【首巻き】〚名〛

■えんがわ【縁側】《住》
ヌレエン［nureeɴ］〚名〛【濡れ縁】雨戸の敷居
の外にある，狭い縁側。
エン￢ダ［enda］〚名〛雨戸の敷居の内にある
縁側。

■えんぎ【縁起】《民俗》
ゲン［geɴ］【験】〚名〛── ガ エ￢ー（縁起が良
い）。── ガ ワリ￢ー（縁起が悪い）。

■えんでん【塩田】《農・林・漁業》
エンデン［endeɴ］〚名〛

■えんどう【豌豆】《植物》
エンド￢ー［endoː］〚名〛セーチコ，オーザヤ
（大ざや），キヌザヤ（絹さや）などの種類が
ある。

■えんとつ【煙突】《住》
エントツ[entotsu]【名】

■えんにち【縁日】《民俗》
エン「ニチ[eɲɲitʃi]【名】

■えんぴつ【鉛筆】《教育》
エンピツ[empitsu]【名】

■えんりょ【遠慮】《社会・交通》
エンリョ[enrjo]【名】ゴッツォーオ　ダサ「レタガ　——シタ（ご馳走を出されたが遠慮した）。

お

■お【尾】《動物》
シッポ「[ʃippo]【尻尾】【名】魚の尾びれのことを言うこともある。⇨ひれ

■おい【甥】《人間関係》
オイ[oi]【名】「あなたのおい」はオイゴサン。オイボー「（卑語）。

■おう【追う】《動物》
オウ[ou]【動】オワン，オータ，オイマス。①追い払う，②追いかける。イヌ「——（犬を追い払う，犬を追いかける）。

■おうがする【横臥する】《人体》⇨ねる
ヨコン　ナ「ル[jokon naru]【横んなる】カラダノ　グヮェーガ　ワリ「ーンデ　——（体の具合が悪いので横になって寝る）。

■おうし【牡牛】《動物》
コッテーウ「ジ[kotteːuʒi]【名】優勢。
コ「ッテー[kotteː]【名】

■おえる【終える】《職業》《教育》⇨おわる
オエル[oeru]【動】オエン，オエタ，オエマス。シゴトー　——（仕事を終える）。学校を卒業することはオエルとは言わない。デルと言う。

デ「ル[deru]【出る】【動】デ「ン，デ「タ，デ「マス。卒業する。終える。ガッコーオ——（学校を終える）。

■おおい【多い】《時間・空間・数量》⇨たくさん
オエ「ー[oeː]【形】オ「ユーナル，オ「イケリャ。アクセントはオユーナル，オ「イケリャとも。ヒト「ガ　——（人が多い）。オユガ　——（お湯が多い）。オイ「ーとも。

■おおきい【大きい】《14　時間・空間・数量》⇨あらい，ふとい
オーケ「ー[oːkeː]【形】オー「キョーナル，オー「キケリャ。オー「キューナルとも。アクセントはオーキューナ「ルとも。カラ「ガ——（体が大きい）。

■おおぐい【大食い】《食》
オーグ「イ[oːgui]【名】——ノ　ヒト（大食いの人）。

■おおみず【大水】《天地・季候》
オーミ「ズ[oːmizu]【名】

■おおみそか【大晦日】《民俗》
オーミ「ソカ[oːmisoka]【名】オーツ「モゴリとも言う。

■おおむぎ【大麦】《植物》
オーム「ギ[oːmugi]【名】

■おか【丘】《天地・季候》
オカ[oka]【名】

■おかず【御数】《食》
オカズ[okazu]【名】

■おかっぱ【御河童】《衣》
オカッパ[okappa]【名】

■おがむ【拝む】《民俗》
オガ「ム[ogamu]【動】オガマ「ン，オガ「ンダ，オガミマ「ス。ホトケサマ「ー　——（仏様を拝む）。ブツゼンニ　ハナ「ー　ソナ「エテ　オガ「ンダ（仏前に花を供えて拝んだ）。

■おき【沖】《天地・季候》
オキ[oki]【名】

■おきる【起きる】《人体》⇨めざめる
オキ「ル[okiru]【動】オキ「ン，オ「キタ，オキマ「ス。①起き上がる。フトンカラ　——（布団から起き上がる）。②起床する。ロク「ジニ　——（六時に起きる）。フユワ　ア「サ　ハ「ヨー　——ンガ　ツレー（冬は

朝早く起きるのがつらい）。③目を覚ます。アカンボーガ ──（赤ん坊が起きる）。ア゚サ パヨー ──（朝早く目を覚ます）。

■おく【奥】《天地・季候》
オ゚ク[oku]【名】モリヤ ヤマノ ──（森や山の奥）。

■おく【置く】《時間・空間・数量》
オク[oku]【動】オカン，エータ，オキマス。ニ゚モツ ──（荷物を置く）。

■おくびょうもの【臆病者】《行動・感情》
オクビョーモン[okubjoːmon]【名】

■おくやみ【御悔やみ】《民俗》
オクヤミ[okujami]【名】

■おけ【桶】《食》《農・林・漁業》
オ゚ケ[oke]【名】①台所用の桶にはテサゲオ゚ケ（手桶），カタデオ゚ケ（片手桶）などがある。②農作業用の桶。

■おこげ【御焦げ】《食》
オ゚コ゚ゲ[okoge]【名】

■おこる【怒る】《行動・感情》
オコ゚ル[okoru]【動】オコラ゚ン，オコ゚ッタ，オコリマ゚ス。コドモガ バ゚カニサレテ ──（子供がばかにされて怒る）。

■おこわ【御強】《食》
オコワ[okowa]【名】

■おさがり【御下がり】《衣》
オプル[ofuru]【御古】【名】オサ゚ガリとも。

■おじ【伯父・叔父】《人間関係》
オジ[oʑi]【名】名称。大おじはオーオ゚ジ。伯叔母の配偶者もオジと呼ばれる。

オジサン[oʑisan]【名】呼称。

■おしい【惜しい】《行動・感情》
モッテーネ゚ー[motteːneː]【勿体無い】【形】モッテ゚ーノーナル，モッテーナ゚ケリャ。デージナ トケー ノーシテ ──（大事な時計を無くして惜しい）。

■おしいれ【押し入れ】《住》
オシコミ[oʃikomi]【押し込み】【名】

■おしえる【教える】《教育》
オシェール[oʃeːru]【動】オシェーエン，オ

シェータ，オシェーマ゚ス。ジュ゚ー ──（字を教える）。ミチュー ──（道を教える）。

■おしめ【襁褓】《民俗》
ムツ゚キ[mutsuki]【名】ムツ゚キュー スル（おしめをする）。ムツ゚キュー アテル（おしめをあてる）。

■おしゃべり【御喋り】《社会・交通》⇒しゃべる
オシャ゚ベリ[oʃaberi]【名】──スル（おしゃべりする）。

■おしゃれ【御洒落】《衣》
オシャ゚レ[oʃare]【名】オシャレをすることを，ダテョ゚ー コク，ヨーリョ゚ーオ スルと言う。

■おしろい【白粉】《衣》
オシロ゚イ[oʃiroi]【名】── ツケ゚ル（白粉をつける）。

■おす【雄】《動物》
オ゚ン[on]【名】
オン゚ツ[ontsu]【名】男性語。

■おす【押す】《時間・空間・数量》
オス[osu]【動】オサン，オシタ，オシマス。テ゚デ ──（手で押す）。

■おすうま【雄馬】《動物》
オスウマ[osuuma]【名】

■おせっかい【御節介】《社会・交通》
イランシェワ[iranʃewa]【要らん世話】【名】ヒト゚ノコト゚ニ イランシェワ゚ー スル（人のことに，お節介する）。

■おそい【遅い】《時間・空間・数量》
オセー[oseː]【形】オソーナ゚ル，オソ゚ケリャ。アクセントはオ゚ソーナル，オ゚ソケリャとも。①時間。カエ゚ルンガ ──（帰るのが遅い）。②速度。アル゚クンガ ──（歩くのが遅い）。

■おそなえ【御供え】《民俗》
オソナエ[osonae]【名】神仏ともこう言う。

■おそろしい【恐ろしい】《行動・感情》
キョーテ゚ー[kjoːteː]【気疎い】【形】キョートーナ゚ル，キョ゚ートケリャー。ユーレ

ーガ ──。(幽霊が恐ろしい)。

■おたまじゃくし【御玉杓子】《動物》

オタマジャ「ク┐シ[otamaʒakuʃi]【名】

■おちば【落ち葉】《植物》

オチ┐バ[otʃiba]【名】

■おちる【落ちる】《植物》新のみ《行動・感情》《時間・空間・数量》

オチ┐ル[otʃiru]【動】オチ┐ン、オ┐チタ、オチマ┐ス。①落下する。エンガ┐ワカラ ──(縁側から落ちる)。ヒコ┐ーキガ ──(飛行機が落ちる)。ヒト┐ガ ──(人が落ちる)。ミガ キ┐カラ ──(実が木から落ちる)。②除去される。ヨゴレガ ──(汚れが落ちる)。

コロゲル[korogeru]【転げる】【動】コロゲン、コロ┐ゲタ、コロゲマ┐ス。カイダンカラ ──(階段から落ちる)。

■おっと【夫】《人間関係》

シュジ┐ン[ʃuʒin]【主人】【名】呼称にはアン┐タ。

■おつり【御釣り】《勤怠・難易・経済》

オツリ[otsuri]【名】

■おてだま【御手玉】《遊戯》

オテンコ[oteŋko]【名】小さな布の袋に、小豆などを入れてくるんだもの。女の子のおもちゃ。これを使って遊ぶことをオテンコア┐ソビと言った。

■おでん【御田】《食》

デンガク[deŋgaku]【田楽】【名】コンニャク┐(こんにゃく)を主にし、ア┐ゲ(油あげ)、コーヤド┐ーフ(高野豆腐)などを濃い味つけに煮つめ、ミ┐ソ(みそ)をつけて食べる。

■おてんば【御転婆】《人間関係》

オテンバ[otemba]【名】

■おと【音】《時間・空間・数量》

オト┐[oto]【名】── ガ スル(音がする)。

■おとうと【弟】《人間関係》⇨おじ

オトート┐[otoːto]【名】「あなたの弟」と言う時は、オトートサンと言う。

■おどける【戯ける】《行動・感情》

チバケル[tʃibakeru]【動】チバケン、チバケ┐タ、チバケマ┐ス。ヒトメーデ ──(人前でおどける)。

■おとこ【男】《人間関係》

オトコ┐[otoko]【名】

■おとこのこ【男の子】《人間関係》

ボ┐ーズ[boːzu]【坊主】【名】ガキ┐〈卑語、稀に〉。呼称には、ボ┐ッチャン〈丁寧〉、ボクなど。

■おとす【落とす】《時間・空間・数量》

オト┐ス[otosu]【動】オトサ┐ン、オテ┐ータ、オトシマス。サイフー ──(財布を落とす)。

■おとい【一昨日】《時間・空間・数量》

オトツィ┐ー[ototsiː]【名】

■おととし【一昨年】《時間・空間・数量》

オトド┐シ[otodoʃi]【名】

■おとな【大人】《人間関係》

オ┐シェ[oʃe]【名】オシェラシ┐ーという形容詞がある。「大人らしい」に当たる。「大人しい」には当たらない。ユーコト┐ガ オシェラ┐シュー ナッタ(言うことが大人っぽくなった)。オシェラ┐シューナ┐イコ┐ト シテ(大人げのないことをして)。

■おとなしい【大人しい】《行動・感情》

オトナシ┐ー[otonaʃiː]【形】オトナシューナル、オトナ┐シケリャー。アノ┐カー ──(あの子はおとなしい)。

■おどる【踊る】《遊戯》

オドル[odoru]【動】オドラン、オドッタ、オドリマ┐ス。オドリュー ──(踊りを踊る)。

■おどろく【驚く】《行動・感情》

タマゲ┐ル[tamageru]【魂消る】【動】タマゲン、タマ┐ゲタ、タマゲマ┐ス。ジシンデ ──(地震で驚く)。

■おなじだ・おなじ【同じだ・同じ】《時間・空間・数量》

オンナシ[onnaʃi]オンナジとも言う。──モノ(同じもの)。

■**おにごっこ**【鬼ごっこ】《遊戯》
オニ￢ゴク[oɲigoku]〖名〗
ゲッ￢チョ[getʃo]〖名〗たんま。
■**おの**【斧】《農・林・漁業》
ヨキ[joki]〖名〗大小で名称の区別はない。なたはナタと言う。
■**おば**【伯母・叔母】《人間関係》
オバ[oba]〖名〗名称。呼称はオバサン。大おばはオーオバ。伯叔父の配偶者もオバと呼ばれる。
■**おばけ**【御化け】《民俗》
オバ￢ケ[obake]〖名〗化け物。一つ目などで人間に似ている。
■**おはじき**【御弾き】《遊戯》
ハ￢ジキ[haʒiki]【弾き】〖名〗
■**おはよう**【お早う】《社会・交通》
オハヨー[ohajoː]
■**おび**【帯】《衣》
オ￢ビ[obi]〖名〗オ￢ビュー　シメ￢ル(帯を締める)。
■**おひとよし**【御人好し】《行動・感情》
オヒトヨシ[ohitojoʃi]〖名〗
■**おぶいひも**【負ぶい紐】《衣》
オンブヒ￢モ[ombuhimo]〖名〗
イー￢ツケ[iːtsuke]〖名〗
■**おべっか**《社会・交通》
オベンチャラ[obentʃara]〖名〗ウエノヒト￢ニ　オベンチャラー　ユー(上の人におべっかを言う)。
オジョーズ[oʥoːʣu]【御上手】〖名〗ウエノヒト￢ニ　オジョーズー　ユー(上の人におべっかを言う)。
■**おぼえる**【覚える】《教育》
オボエ￢ル[oboerɯ]〖動〗オボエ￢ン，オボ￢エタ，オボエマ￢ス。カンジュー　──(漢字を覚える)。
■**おぼれる**【溺れる】《人体》
オボレ￢ル[oboreru]〖動〗オボレ￢ン，オボレ￢タ，オボレマ￢ス。カワ￢デ　──(川で溺れる)。コドモガ　──(子供が溺れる)。

■**おまえ**【御前】《助詞・助動詞・その他》⇒おまえら
オメー[omeː]目下に。主に男性が用い，「君」「お前」に相当する。[omae]が融合されて[omeː]となった。
アン￢タ[anta]目下に。主に女性が用い，「あなた」に相当する。
■**おまえら**【御前等】《助詞・助動詞・その他》⇒おまえ
オメーラ￢ー[omeːraː]目下に。複数。主に男性が用い「きみら」「おまえら(たち)」に相当する。[omaeraː]が融合されて[omeːra]となった。
アンタラ￢ー[antaraː]【貴方等】目下に。複数。主に女性が用い，「あなたたち」「あなたがた」に相当する。
■**おまけ**【御負け】《勤怠・難易・経済》
オマケ[omake]〖名〗
■**おみき**【御神酒】《民俗》
オミキ[omiki]〖名〗
■**おめでとう**《社会・交通》
オメデ￢トー[omedetoː]①新年のあいさつ。シ￢ンネン　──(新年おめでとう)。②合格祝いのあいさつ。ゴーカク　──(合格おめでとう)。③病気全快のあいさつ。ジェンケァー　──(全快おめでとう)。
■**おもい**【重い】《人体》
オメー[omeː]〖形〗オモーナ￢ル，オモ￢ケリャー。
オムテァ￢ー[omutæː]【重たい】〖形〗オムトーナ￢ル，オム￢タケリャー。アクセントはオムトーナ￢ルとも。
■**おもいだす**【思い出す】《行動・感情》
オメ￢ーダス[omeːdasu]〖動〗オメーダサ￢ン，オメーダ￢シタ，オメーダシマ￢ス。ム￢カシュー　──(昔を想い出す)。
■**おもう**【思う】《行動・感情》⇒かんがえる
オモ￢ー[omoː]〖動〗オモワ￢ン，オモ￢ータ，オモェーマ￢ス。①心配する。コドモノ　ショー￢レァーオ　──(子供の将来を思

う）。②信じる。ジブンガ　タダシ¬ー
──（自分が正しいと思う）。③願う。オモ
ェード¬ーリニ　ナラ¬ン（思い通りになら
ない）。

■**おもしろい【面白い】《行動・感情》**

オモシレ¬ー[omoʃireː]【形】オモシ¬ローナ
ル，オモシ¬ロケリャー。アノ¬ヒトノ　ハ
ナシ¬ガ　──（話が面白い）。

■**おもちゃ【玩具】《遊戯》**

オモ¬チャ[omotʃa]【名】

■**おもて【表】《住》**

オモテ¬[omote]【名】ハノ　──（葉の表）。
カミノ　──（紙の表）。キモノノ　──
（着物の表）。

■**おもや【母屋】《住》**

ホン¬ケ[hoŋke]【本家】【名】農家では，ホ
ン¬ケと言う。市街地では，オモ¬ヤは理解
語彙となっている。

■**おや【親】《人間関係》**

オヤ¬[oja]【名】両親はリョー¬シン。

■**おやすみなさい【御休みなさい】《社会・交通》**

オヤスミンセァ¬ー[ojasuminsæː]

■**おやつ【御八つ】《食》⇨きゅうけい**

オヤ¬ツ[ojatsu]【名】①午前のおやつ。②午
後のおやつ。③子供のおやつ。

オチャ¬ズ[otʃazu]【名】農作業の間食。昼食
を十時か十時半ごろ食べ，二時か三時ごろ
にオチャ¬ズを食べる。

■**おやゆび【親指】《人体》**

オヤ¬ユビ[ojajubi]【名】

■**およぐ【泳ぐ】《人体》《遊戯》**

オヨ¬グ[ojogu]【動】オヨガ¬ン，オエ¬ーダ，
オヨギマ¬ス。ウ¬ミデ　──（海で泳ぐ）。
カワ¬デ　──（川で泳ぐ）。

■**おりる【降りる】《行動・感情》《時間・空間・数量》**

オリ¬ル[oriru]【動】オリ¬ン，オリタ，オ
リマ¬ス。ハシゴ¬ー　──（はしごを降り
る）。ニキャーカラ　──（二階から降り
る）。

■**おる【折る】《時間・空間・数量》**

オ¬ル[oru]【動】オラ¬ン，オッタ，オリマ¬
ス。エダー　──（枝を折る）。

■**おる【織る】《農・林・漁業》**

ウ¬ツ[utsu]【動】ウツァ¬ン，ウ¬ッタ，ウチ
マ¬ス。ヌノ¬ー　──（布を織る）。

■**おれ【俺】《助詞・助動詞・その他》**

ワシ[waʃi]【儂】目下に。主に男性が用い，
「ぼく」「おれ」に相当する。女性も稀にワ
シを用いる。

ウチ[utʃi]目下に。主に女性が用い，「わた
し」に相当する。

ワッチ[wattʃi]目下に。主に女性が用い，
「わたし」に相当する。

■**おれら・おれたち【俺等・俺達】《助詞・助動詞・その他》**

ワシラ[waʃira]【儂等】目下に。複数。主
に男性が用い，「ぼくら」「おれら」に相当
する。女性が稀にワシラを用いる。

ウチラ[utʃira]目下に。複数。主に女性が
用い，「わたし（たち）」に相当する。

ワッチラ[wattʃira]目下に。複数。主に女
性が用い，「わたし（たち）」に相当する。

■**おろしがね【下ろし金】《食》**

オロシガ¬ネ[oroʃigane]【名】

■**おろす【下ろす・降ろす】《時間・空間・数量》**

オロ¬ス[orosu]【動】オロサ¬ン，オレ¬ータ，
オロシマ¬ス。ニ¬モツー　──（荷物を下ろ
す）。

■**おわり【終わり】《時間・空間・数量》**

シメァ¬ー[ʃimæː]【仕舞い】【名】オワリ，オ
シメァーとも言う。セーデ　──ジャ（そ
れで終わりだ）。

スミ¬[sumi]【名】セーデ　──ジャ（それで
終わりだ）。

■**おわる【終わる】《教育》⇨おえる**

オワル[owaru]【動】オワラ¬ン，オワッタ，
オワリマ¬ス。ジ¬ギョーガ　──（授業が終
わる）。

■**おんな【女】《人間関係》**

オナゴ┐[onago]【女子】【名】オンナ┐とも言うが新しい。
■おんなのこ【女の子】《人間関係》
オナゴノコ[onagonoko]【名】呼び掛けにはオジョーチャン。
■おんぶ【負んぶ】《人間関係》
オ┐ウ[ou]【負う】【動】オワ┐ン，オ┐ータ，オイマ┐ス。アカンボーオ ──（赤ん坊をおぶう）。幼児語ではオ┐ッパスル。

か

■か【蚊】《動物》
カ[ka]【名】
■か【反語・疑問】《助詞・助動詞・その他》
カ[ka]文の終わりに下接し，反語を表す。ソンナトケ┐ー イクモン┐カ（そんな所へ行くものか）。
ナラ[nara]文の終わりに下接し，疑問を表す。ナニュー シト┐ンナラ（何をしているのか）。
■が【蛾】《動物》
ガ[ga]【名】蛾をチョ┐ーチョとも言う。
■が【主体】《助詞・助動詞・その他》
ガ[ga]名詞に下接し，動作の主体を表す。ワシガ イク（私が行きます）は男性の言い方。ウチ┐ガ イク，ワタシガ イク（私が行きます）は女性の言い方。
■かい【貝】《動物》《食》新のみ
ケァ┐ー[kæː]【名】
カラス┐ゲァー[karasugæː]【烏貝】【名】
ホーチョーゲァー[hoːtʃoːgæː]【名】
シジメ[ʃiʒime]【蜆】【名】
タ┐ニシ[taɲiʃi]【田螺】【名】
マテ┐ゲァー[mategæː]【馬刀貝】【名】
ホーネン┐ゲァー[hoːneŋgæː]【名】海の貝の一種。
■かい【単なる疑問・念押しを含む疑問】《助詞・助

動詞・その他》
カ┐ー[kaː]【助】①単なる疑問。オメー アシ┐タ モ┐ キ┐テクレル┐カー（君は，明日も来てくれるかい）。②念押しを含む疑問。オメー アシ┐タ モ┐ キ┐テクレル┐カー（君は，明日も来てくれるかい）。
■かいこ【蚕】《動物》《農・林・漁業》
ケァ┐ーコ[kæːko]【名】オケァ┐ーコとも。
■かいこんち【開墾地】《農・林・漁業》
カイコ┐ンチ[kaikontʃi]【名】
■かいしゃいん【会社員】《職業》
ケァーシャ┐イン[kæːʃain]【名】会社に勤める人。事務員のほか工場で働く人にも言うが，とくに工場労働者に言う時にはコーイン（工員）と言う。
ツトメニン[tsutomeɲin]【勤め人】【名】官庁，会社などの給与生活者の総称。
■かいだん【階段】《住》
カイダン[kaidaɴ]【名】
■かいもの【買い物】《勤怠・難易・経済》
カイモン[kaimoɴ]【名】
■かう【飼う】《動物》
カ┐ウ[kau]【動】カワ┐ン，コ┐ータ，カイマ┐ス。カチクー ──（家畜を飼う）。
■かう【買う】《勤怠・難易・経済》
カウ[kau]【動】カワ┐ン，コ┐ータ，カイマ┐ス。ト┐チュー ──（土地を買う）。サカナー コ┐ータ（魚を買った）。
■かえす【孵す】《動物》
カエ┐ス[kaesu]【動】カエサ┐ン，カエ┐シタ，カエシマ┐ス。タマゴー ──（卵をかえす）。
■かえす【返す】《社会・交通》
モド┐ス[modosu]【戻す】【動】モドサ┐ン，モド┐シタ，モドシマ┐ス。カッタモ┐ンオ ──（借りた物を返す）。カエ┐スとも言う。
■かえで【楓】《植物》
カエデ[kaede]【名】
■かえる【蛙】《動物》
ケァール[kæːru]【名】
ヒ┐キ[hiki]【蟇】【名】トノサマガ┐エル（殿様

おんなのこ～かくれる　47

蛙)以下の小さいカエルのこと。ヒ￢キンド
とも言う。

ヒ￢キンド[hikindo]〖名〗ヒキと同義。

■かえる【帰る】《社会・交通》

イヌ￢ル[inuru]【往ぬる】〖動〗イナ￢ン，イ
ンダ，イニマ￢ス。イエ￢ー　──。文語
「往ぬ」の残存であるが，意味が限定され
て，家や郷里などへ帰って往く場合に限っ
て用いる。

■かえる【変える】《時間・空間・数量》新のみ

カエル[kaeru]〖動〗カエン，カエタ，カエ
マス。イロ￢ー　──(色を変える)。

■かお【顔】《人体》

カオ[kao]〖名〗ハズカ￢シューテ　──ガ
ア￢コーナル(恥ずかしくて顔が赤くなる)。

■かかえる【抱える】《人体》

カカエル[kakaeru]〖動〗カカエン，カカエ
タ，カカエマス。ニ￢モツ￢ー　ワキ￢ー
──(荷物を脇に抱える)。シゴト￢ー　カカ
エト￢ル(仕事を抱えている)。ウンテ￢ンシ
ュー　──(運転手を抱える)。

■かかし【案山子】《農・林・漁業》

カガシ[kagaʃi]〖名〗

■かかと【踵】《人体》

キ￢ビシ[kibiʃi]〖名〗足の裏の後ろの部分。
カガトとも言うが，キ￢ビシの方がより方
言的で優勢。部分による名称の違いはない。

カガト[kagato]〖名〗足の裏の後ろの部分。
劣勢。部分による名称の違いはない。

■かがみ【鏡】《衣》

カガミ￢[kagami]〖名〗

■かがみもち【鏡餅】《民俗》

オスワリ[osuwari]〖名〗丸く平たく円形の
鏡のように作り，大小二個を重ね，神仏に
供えたもち。

■かかる【掛かる】《時間・空間・数量》

カカル[kakaru]〖動〗カカラ￢ン，カカッ
タ，カカリマス。キニ　──(気に掛かる)。

■かき【牡蠣】《動物》

カ￢キ[kaki]〖名〗

■かき【柿】《植物》

カキ[kaki]〖名〗サイジョーガ￢キ，ヒャクメ
ガ￢キ，ヤマガ￢キなどの種類がある。

■かぎ【鍵】《住》

カギ[kagi]〖名〗

■かきね【垣根】《住》

カキ￢ネ[kakine]〖名〗

■かく【掻く】《人体》

カ￢ク[kaku]〖動〗カカ￢ン，ケァ￢ータ，カキ￢
マス。①つめをたててこする。ムシニ　サ
サ￢レタ　トコ￢ー　──(虫に刺されたと
ころをかく)。②押しのける。テ￢アシデ￢
ミズ￢ー　──(手足で水をかく)。③発汗す
る。ア￢ショー　──(汗をかく)。④かき
混ぜる。カラシュー　──(芥子をかく)。

■かく【書く】《教育》

カ￢ク[kaku]〖動〗カカ￢ン，ケァ￢ータ，カキ￢
マス。①ジュ￢ー　──(字を書く)。②テ
ガミュー　──(手紙を書く)。

■かぐ【嗅ぐ】《人体》

ニオ￢ウ[ɲiou]【匂う】〖動〗ニオワ￢ン，ニオ
￢ータ，ニオイマス。自動詞，他動詞ともに
ニオ￢ウと言う。ニオ￢ーテミ￢ル(においを
かいでみる)。自動詞「におう」には，カ
ザガ　スル(においがする)の句を使うこと
が多い。

カザム[kazamu]〖動〗カザマ￢ン，カザンダ，
カザミマス。古い言い方。カザンデミ￢ル
(においをかいでみる)。⇨におい

■かくす【隠す】《時間・空間・数量》

カク￢ス[kakusu]〖動〗カクサ￢ン，カキ￢ー
タ，カクシマス。スガ￢ター　──(姿を隠
す)。

■かぐら【神楽】《民俗》

オカ￢グラ[okagura]【御神楽】〖名〗

■かくれる【隠れる】《社会・交通》

カクレ￢ル[kakureru]〖動〗カクレ￢ン，カ
ク￢レタ，カクレマス。カ￢ゲニ　──(陰
に隠れる)。モノカ￢ゲニ　──(物陰に隠
れる)。

■かくれんぼう【隠れん坊】《遊戯》

カクレ￣ゴク[kakuregoku]〖名〗

カクレゴト[kakuregoto]〖名〗

■かげ【陰・影】《天地・季候》

カ￣ゲ[kage]〖名〗①日がさえぎられて少し暗くなっている所。②見えない所。ヤマノ——デ ミエン(山の陰で見えない)。③人の影。ジメンニ ヒトノ——ガ クロー ウツットル(地面に人の影が黒く映っている)。④水影。

■がけ【崖】《天地・季候》

ガケ￣[gake]〖名〗

■かけっこ【駆けっこ】《遊戯》

カケリキョ￣ーソー[kakerikjoːsoː]〖駆けり競走〗〖名〗

■かける【掛ける】《時間・空間・数量》

カケ￣ル[kakeru]〖動〗カケ￣ン，カ￣ケタ，カケマス。ボー￣シュー——(帽子を掛ける)。

■かご【籠】《農・林・漁業》

カゴ￣[kago]〖名〗総称。特別なかごとしては，フゴ￣(女の人がひもをつけて，背負う。わら製。山間部では竹製もある)，ゴハンカ￣ゴ(夏の間，風通しがいいように飯を入れる。メシカ￣ゴとも)，ドーマルカ￣ゴ(魚をとってきたのを入れる)，ドンガメイ￣カキ(大きい。米を洗ったり，豆，穀物などの選別に使う)などがある。

■かさ【傘】《衣》

カ￣サ[kasa]〖名〗——ニ ノセル(傘に入れる)。——ニ ノル(傘に入る)。

バンガサ[baŋgasa]〖番傘〗〖名〗紙の傘で，普通のもの。

ジャノメ[ʒanome]〖蛇の目〗〖名〗紙の傘で，上等なもの。

コー￣モリ[koːmori]〖蝙蝠〗〖名〗布の傘。

■かさ【笠】《衣》

カ￣サ[kasa]〖名〗

タコーラバ￣チ[takoːrabatʃi]〖名〗竹の皮ではったもの。

ハリガ￣サ[harigasa]〖名〗紙をはって油を塗ったもの。

■かし【菓子】《食》

オカ￣シ[okaʃi]〖名〗幼児語はウ￣ンマ。

■かじ【火事】《住》

カ￣ジ[kaʒi]〖名〗——ガ イク(火事が起きる，火事になる)。

■かじる【齧る】《動物》

カブ￣ル[kaburu]〖動〗カブラ￣ン，カブ￣ッタ，カブリマス。大きなものに食いつく時に言う。犬にかみつかれたことも，イヌ￣ガ カブッタと言う。イモー——(芋をかじる)。

カジ￣ル[kaʒiru]〖動〗カジラ￣ン，カジ￣ッタ，カジリマス。ねずみなどが「かじる」場合に言う。ネズミガ イモ￣ー——(ねずみが芋をかじる)。

■かす【貸す】《社会・交通》

カス[kasu]〖動〗カサン，カシタ，カシマ￣ス。ヒト￣ニ モノ￣ー——(人に物を貸す)。

■かぜ【風】《天地・季候》

カゼ[kaze]〖名〗

コ￣チ[kotʃi]〖名〗東風。東から吹いてくる風。

マジ￣[maʒi]〖名〗南から吹いてくる風。

■かぜ【風邪】《人体》

カジェ[kaʒe]〖名〗

■かせぐ【稼ぐ】《勤怠・難易・経済》

カシェ￣グ[kaʃegu]〖動〗カシェガ￣ン，カシェ￣ーダ，カシェギマ￣ス。①精を出して働く。アノ オトカ￣ー イチンチジューヨ￣ー——ノー(あの男は一日中よく稼ぐね)。②収入を得る。ジェ￣ニュー——(銭を稼ぐ)。

■かそう【火葬】《民俗》

カソ￣ー[kasoː]〖名〗

■かそうば【火葬場】《民俗》

ヤキバ[jakiba]〖焼き場〗〖名〗

■かぞえる【数える】《時間・空間・数量》

カズエ￣ル[kaʣueru]〖動〗カズエ￣ン，カズエタ，カズエマス。カ￣ズー——(数を数

える）。

■かぞく【家族】《人間関係》

カネージュー[kaneːʒuː]【家内中】《名》

■かた【肩】《人体》

カ¬タ[kata]《名》①肩。――デ¬イ¬キュー
スル(肩で息をする)。②肩の筋。――ガ
コ¬ル(肩が凝る)。③肩の関節。――ガ
ハズレタ(肩が外れた)。

■かたあしとび【片足跳び】《遊戯》

ケンケン[keŋkeŋ]《名》―― スル(片足跳
びをする)。

■かたい【固い】《時間・空間・数量》

カタァー[kataæː]《形》カトーナル, カ¬タ
ケリャ。モチガ――(もちが固い)。

シウェ¬ー[ʃiwæː]《形》シオーナル, シ
ワケリャ。アクセントはシオーナ¬ルとも。
固い。なかなかかみ切れないような固さを
言う。コノ ニカ¬ー――(この肉は固
い)。

■かたぐるま【肩車】《遊戯》

カタクマ[katakuma]《名》カタグ¬ルマとも。

■かたち【形】《時間・空間・数量》

カタ¬[kata]【型】《名》――ガ クズレ¬ル(形
が崩れる)。

カタチ[katatʃi]《名》

■かたづける【片付ける】《住》

カタズケ¬ル[katazukeru]《動》カタズケン¬,
カタズ¬ケタ, カタズケマス。オモ¬チャ
ー――(おもちゃを片付ける)。

■かたつむり【蝸牛】《動物》

デンデン¬ムシ[dendemmuʃi]【でんでん
虫】《名》

■かたる【語る】《人体》⇨いう, しゃべる, はなす

カタル[kataru]《動》カタラン, カタッタ,
カタリマス。文語。ムカシバ¬ナシュー
――(昔話を語る)。

■かつ【勝つ】《社会・交通》

カ¬ツ[katsu]《動》カタン¬, カ¬ッタ, カチ
マス。スモーニ――(相撲に勝つ)。

■かつお【鰹】《動物》

カツオ[katsuo]《名》

■かつおぶし【鰹節】《食》

カツオブシ[katsuobuʃi]《名》

■かつぐ【担ぐ】《人体》

カタグ[katagu]《動》カタガン¬, カタ¬
ーダ・カタ¬イダ, カタギマス。一人で担
ぐ場合に用いる。①軽い物を肩で支え持つ。
テッポ¬ー――(鉄砲を担ぐ)。②重い物
を肩で支え持つ。タワラ¬ー――(俵を担
ぐ)。ニ¬モツ――(荷物を担ぐ)。③天
秤棒の両端に物をぶらさげて肩で支え持つ。
ミズオ¬キョー――(水桶を担ぐ)。④神
輿もカタグと言う。ミコ¬シュー――
(神輿を担ぐ)。駕籠はカクと言う。

カ¬ク[kaku]【舁く】《動》カカン¬, ケァ¬ータ,
カキマス。駕籠を担ぐ。カゴ¬――(駕
籠を担ぐ)。

サシヤウ[saʃijau]《動》サシヤワン¬, サシ
ョ¬ータ, サシヤイマス。二人で担ぐ場合
に用いる。天秤棒の真中に荷物をぶら下げ
て二人で担ぐ場合とか, もっこを二人で担
ぐ場合など, サシヤウと言う。モッコ¬ー
フタ¬リデ――(もっこを二人で担ぐ)。

■がっく【学区】《教育》

ガ¬ック[gakku]《名》

■がっこう【学校】《教育》

ガッコー[gakkoː]《名》――ニ アガル(学
校に入学する)。――オ ソツギョースル
(学校を卒業する)。――カラ カエ¬ル(学
校から帰る)。

■かってぐち【勝手口】《住》新のみ

カッテグ¬チ[kattegutʃi]《名》

■かっぱ【合羽】《衣》

カッパ[kappa]《名》

コグラミ¬ノ[koguramino]《名》田植えや草
取りの時に使う雨よけ用のみの。わらで編
んであり, 油紙や防水布が張ってある。

セゴモ[segomo]《名》田植えや草取りの時に
使う日よけ用のみの。麦わらやまこもで編
んである。

■かっぱ【河童】《民俗》
カッパ[kappa]〘名〙

■がてら【助詞・助動詞・その他】
ガテラニ[gateraɲi]「～のついでに」の意を表す。ケーモノガ￢テラニ　イテク￢ラー（買い物がてら出かけてくるよ）。
ツィーデニ[tsiːdeɲi]【序に】「～のついでに」の意を表す。ケーモノツィー￢デニ　イテク￢ラー（買い物がてら出かけてくるよ）。

■かど【角】《時間・空間・数量》
カ￢ド[kado]〘名〙

■かどまつ【門松】《民俗》
カドマツ[kadomatsu]〘名〙門口にカドマツを飾っても，玄関にはオカザリを飾る。カドマツは，大きな会社，家，病院などには置かれていたが，一般の家には置かれていなかった。

■かな【疑問】《助詞・助動詞・その他》
カナー[kanaː]文の終わりに下接し，疑問を表す。ケーデ　エ￢ーンカナ￢ー（これでいいのかな）。
ケァーナー[kænaː]文の終わりに下接し，疑問を表す。カイナーの融合。ケーデ　エ￢ーンケァーナ￢ー（これでいいのかな）。

■かなしい【悲しい】《行動・感情》
カナシ￢ー[kanaʃiː]〘形〙カナシューナ￢ル，カナ￢シケリャー。シカラレテ　──（叱られて悲しい）。

■かなづち【金槌】《住》
カナヅ￢チ[kanazutʃi]〘名〙

■かなへび【金蛇】《動物》⇨かまきり，とかげ
トカケ￢[tokake]【蜥蜴】〘名〙「とかげ」と区別なし。

■かならず【必ず】《行動・感情》
ジョーセキ[ʒoːseki]　──　イク（必ず行く）。

■かに【蟹】《動物》
ガニ[gaɲi]〘名〙カニとも言う。
カニ[kaɲi]〘名〙ガニと同義。

■かね【金】《勤怠・難易・経済》

ジェ￢ニ[ʒeɲi]【銭】〘名〙

■かねもち【金持ち】《勤怠・難易・経済》
ブゲンシャ￢[bugeɲʃa]【分限者】〘名〙

■かばん【鞄】《教育》
カバン[kaban]〘名〙

■かび【黴】《植物》
カビ[kabi]〘名〙

■かぶ【株】《植物》
カブ[kabu]〘名〙

■かぶる【被る】《人体》《衣》⇨きる
カブ￢ル[kaburu]〘動〙カブラ￢ン，カブ￢ッタ，カブリマ￢ス。カベ￢ルとも言う。①頭や顔を覆うように着用する。ボー￢シュー──（帽子をかぶる）。②隠れるように頭から覆う。テヌギー　──（手ぬぐいをかぶる）。帽子にはキル（着る）と言うことも多い。⇨かじる，かぶる

■かべ【壁】《住》
カベ[kabe]〘名〙

■かぼちゃ【南瓜】《植物》
トーナス[toːnasu]【唐茄子】〘名〙
ナン￢キン[naŋkiɴ]【南京】新しい語。冬至に食べると中風にならないと言う言い伝えがある。

■かま【釜】《食》
カマ[kama]〘名〙

■かま【鎌】《農・林・漁業》
カ￢マ[kama]〘名〙種類にはクサカリガ￢マ（草刈りがま），イネカリガ￢マ（稲刈りがま），ユカリガ￢マ（蘭刈りがま），キガマ（木の下枝を切るがま。刃が厚い），ノコガマ（のこぎりのような刃になっている）などがある。

■かまきり【蟷螂】《動物》⇨とかげ，かなへび
カマ￢キリ[kamakiri]〘名〙

■かます【叺】《農・林・漁業》
カマギ[kamagi]〘名〙

■かまど【竈】《住》
ク￢ド[kudo]〘名〙

■かまぼこ【蒲鉾】《食》

カンボコ[kamboko]〖名〗

■がまん【我慢】《行動・感情》

ガ￢マン[gamaɲ]〖名〗カイテ￢ーケド ──
スル(買いたいけれど我慢する)。

■かみ【上】《天地・季候》

カ￢ミ[kami]〖名〗カワノ── (川の上)。

■かみ【髪】《人体》⇨あたま

カミ￢[kami]〖名〗カミュ￢ー　ト￢ク(髪をと
く)。

ケ[ke]【毛】〖名〗

■かみ【神】《民俗》

カミ￢サマ[kamisama]【神様】〖名〗幼児語は
ノ￢ノ￢サン, ノンノ￢サン, ノーノ￢ーサマ。
日蓮宗では土公神に, オブゲ￢ンサマ(〈御
普賢様〉普賢菩薩)をまつる。

■かみ【紙】《教育》

カミ￢[kami]〖名〗種類としては, ガヨ￢ーシ,
モゾ￢ーシ, ヨーバンシ(洋判紙・わら半紙
のこと), ハン￢シなどがある。

■かみそり【剃刀】《衣》

カミソリ￢[kamisori]〖名〗

■かみだな【神棚】《民俗》

オタナ[otana]【お棚】〖名〗

■かみなり【雷】《天地・季候》

カミナリ￢[kaminari]〖名〗──ガ　アマ￢ル
(雷が落ちる)。

■かむ【嚙む】《人体》《食》

カ￢ム[kamu]〖動〗カマ￢ン, カ￢ンダ, カミ
マ￢ス・カミマ￢ス。①そしゃくする。ゴハ￢
ンオ　ヨ￢ー　カンデ　タベラ￢レ(ご飯を
よくかんで食べなさい)。②かじる。ツメ￢
ョー　── (つめをかむ)。③イ￢ヌ￢ガ　テ
ョ￢ー　── (犬が手をかむ)。

■かめ【亀】《動物》

カ￢メ[kame]〖名〗

■かめ【瓶】《食》

カメ￢[kame]〖名〗種類・ミズガメ。

■かも【鴨】《動物》

カモ￢[kamo]〖名〗

■かもい【鴨居】《住》

カモイ[kamoi]〖名〗

■かもめ【鷗】《動物》

カモメ[kamome]〖名〗

■かや【蚊帳】《住》

カヤ[kaja]〖名〗

■かや【茅】《植物》新のみ

カ￢ヤ[kaja]〖名〗カヤは平地の土堤の両わき
などに生え, ススキは山地に生える。

■かゆ【粥】《食》

オカユ[okaju]【御粥】〖名〗必ずオ──をつけ
る。

■かゆい【痒い】《人体》

カイ￢ー[kaiː]〖形〗カ￢ユーナル・カユーナ￢
ル, カ￢イケリャ・カユ￢ケリャ。カニ　サ
サ￢レテ　── (蚊に刺されてかゆい)。か
ゆさの種類によりエグイ￢ー, ハシカイ￢ー
を用いる。

エグイ￢ー[eguiː]〖形〗エグ￢ユーナル・エグ
ユーナ￢ル, エグイケリャ・エグイ￢ケリャ。
里芋を食べた時のえがらっぽいむずかゆさ
を言う。サトイモ￢ー　タ￢ベタカラ　ノド
ガ　── (里芋を食べたからのどがえがら
っぽい)。

ハシカイ￢ー[haʃikaiː]〖形〗ハシカ￢ユーナ
ル・ハシカユーナ￢ル, ハシカ￢イケリャ・
ハシカイ￢ケリャ。麦の穂先が背中に入っ
た時の感じや, 里芋の汁が手についた時の
感じを言う。ム￢ギノ　ホ￢ガ　ヘァー￢ッ
テ　シェナカガ　── (麦の穂が入って背
中が痛かゆい)。

■から・からだ【空・空だ】《時間・空間・数量》

カラ￢[kara]【名】──ニ　ナ￢ル(空になる)。

ミテ￢ル[miteru]〖動〗ミテ￢ン, ミ￢テタ, ミ
テマ￢ス。空になる。モ￢ー　サト￢ーガ
ミ￢テタ(もう砂糖がなくなった)。

■から【起点・理由】《助詞・助動詞・その他》

カラ[kara]①起点。バ￢スワ　コ￢ッ──
デ￢ル(バスはここから出る)。②理由。ウ
ルセ￢ー──　アッチ￢ー　イケ￢ー(うるさ
いからあっちへ行け)。

■がら【柄】《衣》《行動・感情》
ガラ[gara]【名】

■からい【辛い】《食》⇨しょっぱい
カレ⌐ー[kareː]【形】カローナ⌐ル，カラ⌐ケリャー。カラシュー イレ⌐スギテ ──（辛子を入れすぎて辛い）。コノ コショーワ ──（このこしょうは辛い）。コノ トーガラシワ──（この唐辛子は辛い）。

■からかう【揶揄】《社会・交通》
カラカ⌐ウ[karakau]【動】カラカワ⌐ン，カラコ⌐ータ，カラカイマ⌐ス。ヒト⌐ー ──（人をからかう）。

■からし【辛子】《食》
カラシ[karaʃi]【名】

■からす【烏】《動物》
カ⌐ラス[karasu]【名】

■がらす【硝子】《住》
ガ⌐ラス[garasu]【名】
ギ⌐ヤマ[gijama]【名】古い語。

■からだ【体】《人体》
カラダ[karada]【名】頭，首，胴，手足全体，五体。

■かり【狩り・猟】《農・林・漁業》
リョ⌐ー[rjoː]【猟】【名】

■かりゅうど【狩人】《職業》
テッポーウチ[teppoːutʃi]【鉄砲撃ち】【名】

■かりる【借りる】《社会・交通》
カル[karu]【借る】【動】カラン，カッタ，カリマ⌐ス。ヒト⌐カラ モノ⌐ー ──（人からものを借りる）。

■かる【刈】《植物》《農・林・漁業》
カル[karu]【動】カラン，カッタ，カリマ⌐ス。
①切り払う。イ⌐ニョー ──（稲を刈る）。
②頭髪を切る。アタマ⌐ー ──（頭髪を刈る）。頭にはツムという言い方が多いが，その場合は，カミュ⌐ー ツム（髪を刈る）と言う。

■かるい【軽い】《人体》
カリ⌐ー[kariː]【形】カルーナ⌐ル，カルケリ⌐ャー。

■かれ【彼】《助詞・助動詞・その他》
エー⌐ツ[eːtsu]同等。男性が主に用い，「カレ」「アノヒト」「アイツ」に相当する。女性は「アノ⌐ヒト」を用いる。[aitsu]が融合されて[eːtsu]になった。
エー⌐[eː]同等。主に男性が用い，「カレ」「アノヒト」「アイツ」に相当する。

■かれい【鰈】《動物》
カレ⌐ー[kareː]【名】

■かれら【彼等】《助詞・助動詞・その他》
エーツラ⌐ー[eːtsuraː]同等。複数。男性が主に用い，「カレラ」「アノヒトラ（タチ）」「アイツラ」に相当する。女性は「アノ⌐ヒトラー」を用いる。[aitsuraː]が融合して[eːtsuraː]になった。
エーラ⌐ー[eːraː]同等。複数。主に男性が用い，「カレラ」「アノヒトラ（タチ）」「アイツラ」に相当する。アレラーからの変化。

■かれる【枯れる】《植物》
カレル[kareru]【動】カレン，カレタ，カレマ⌐ス。キ⌐ガ ──（木が枯れる）。

■かわ【川】《天地・季候》
カワ⌐[kawa]【名】

■かわ【皮】《動物》《植物》《人体》新のみ
カワ⌐[kawa]【名】動物の皮。木の皮。

■かわいい【可愛い】《人間関係》
カワイラシ⌐ー[kawairaʃiː]【形】カワイラシューナ⌐ル，カワイラシケ⌐リャー。コノ ア⌐カチャンワ ──（この赤ちゃんはかわいらしい）。カウェーラシ⌐ーとも。

■かわいそうだ【可哀想だ】《人間関係》⇨きのどく
カウェーソ⌐ーナ[kaweːsoːna]ヒトリボッチデ ──（独りぼっちでかわいそうだ）。

■かわく【乾く・渇く】《衣》《食》《時間・空間・数量》
カワク[kawaku]【動】カワカ⌐ン，カウェータ・カワ⌐イタ，カワキマ⌐ス・カマキマ⌐ス。ノドガ ──（のどが渇く）。

ヒ⌐ル[hiru]【干る】【動】ヒ⌐ン，ヒ⌐タ，ヒマ⌐ス。センタクモンガ ──（洗濯物が乾く）。

がら～きじ　53

■かわら【瓦】《住》
カワ¬ラ[kawara]【名】
■かわり【代わり】《時間・空間・数量》
カワリ[kawari]【名】アノ　ヒトノ　──　ン　デ¬ル（あの人の代わりに出る）。
■かわりもの【変わり者】《行動・感情》
ヘンコツモン[heŋkotsumoɴ]【偏屈者】【名】
■かわる【変わる】《時間・空間・数量》
カワ¬ル[kawaru]【動】カワラン，カワッタ，カワリマ¬ス。イロ¬ガ　──（色が変わる）。
■がん【雁】《動物》
ガ¬ン[gaɴ]【名】
■かんおけ【棺桶】《民俗》
カンオ¬ケ[kaɴoke]【名】オカンとも言う。
■かんがえる【考える】《教育》⇨おもう
カンガエ¬ル[kaŋgaeru]【動】カンガエ¬ン，カンガ¬エタ，カンガエマ¬ス。サキノ　コト¬ー　──（先のことを考える）。カンガエトッタター　ヨ¬ー　ネァ¬ー（考えていたほど良くない）。アタラシ¬ー　ホーホー　──（新しい方法を考える）。
■がんこ【頑固】《13　行動・感情》
ガン¬コナ[gaŋkona]【頑固な】頑固だ。──　カンガエ（頑固な考え）。
シツコェ¬ー[ʃitsukøː]【形】シツコーナ¬ル，シツコケ¬リャー。直(治)りにくい。頑固。コノ　カジャー　──（この風邪は頑固だ）。
■かんちょう【干潮】《天地・季候》
ヒキシオ[hikiʃio]【引き潮】【名】
ヒキ¬[hiki]【名】ヒキ¬ー　ムク（干潮になる）。
オリ¬[ori]【名】潮が引ききった時に言う。
■かんな【鉋】《住》
カンナ¬[kanna]【名】
■かんぬし【神主】《職業》
カン¬ヌシ[kannuʃi]【名】
カン¬ノシ[kannoʃi]【神主】【名】
■がんばる【頑張る】《行動・感情》
ガンバル[gambaru]【動】ガンバラ¬ン，ガンバッタ，ガンバリマ¬ス。シゴトデ
──（仕事で頑張る）。
■かんぶつえ【灌仏会】《民俗》新のみ
アマチャ[amatʃa]【甘茶】【名】四月八日に，お寺で稚児を募集して，美装して行列した後，甘茶を出す。

き

■き【木】《植物》
キ¬[ki]【名】
■き【気】《行動・感情》
キ¬[ki]【名】①気分。キー　モム（気をもむ）。②気質。キー　ツエ¬ー（気が強い）。③精神の働き。キー　キク（気が利く）。④注意が向く。キー　ツク（気が付く）。
■きいと【生糸】《農・林・漁業》
キ¬ート[kiːto]【名】
■きいろ【黄色】《時間・空間・数量》
キ¬ーロ[kiːro]【名】
■きいろい【黄色い】《時間・空間・数量》
キ¬ーナ[kiːna]【黄な】
■きく【菊】《植物》
キク¬[kiku]【名】
■きく【聞く・聴く】《人体》
キク¬[kiku]【動】キカン，キ¬ータ，キキマ¬ス。①聞く。ハナシュ¬ー　──（話を聞く）。②従う。オヤノ　ユーコト¬ー　ヨ¬ー　──（親の言うことをよく聞く）。③尋ねる。ミチュー　──（道を聞く）。
■きげん【機嫌】《行動・感情》
キゲン[kigeɴ]【名】
■きこり【樵】《職業》
キコリ[kikori]【名】
■きし【岸】《天地・季候》
ゲシ¬[geʃi]【名】川，海どちらにも使うが，川の方に多用。
ドテ¬[dote]【名】池の岸。
■きじ【雉】《動物》

キジ[kiʒi]〖名〗

■きしゃ【汽車】《社会・交通》

キ˥シャ[kiʃa]〖名〗

■きず【傷】《人体》

キズ[kizu]〖名〗

■きせつ【季節】《天地・季候》⇨きこう

キセ˥ツ[kisetsu]〖名〗

ジコー[ʒikoː]〖時候〗〖名〗季節の変わり目。

■きた【北】《天地・季候》

キタ[kita]〖名〗

■きたない【汚い】《5 衣》

キタネ˥ー[kitaneː]〖形〗キタ˥ノーナル, キ
タナ˥ケリャー。キモノガ　ヨゴレテ
──（着物が汚れている）。

■きつい《時間・空間・数量》

キチー[kitʃiː]〖形〗キ˥ツーナル, キ˥ツケリ
ャ。オ˥ビガ　カタ˥イ（帯がきつい）。シゴ
トガ　──（仕事がきつい）。

■きどる【気取る】《行動・感情》

キドル[kidoru]〖動〗キドラン, キドッタ,
キドリマ˥ス。ガクシャー　──（学者を気
取る）。

■きなくさい【きな臭い】《住》

コゲクサ˥イ[kogekusai]〖焦げ臭い〗〖形〗コ
ゲク˥ソーナル, コゲク˥サケリャー。コゲ
クサ˥イにおいがすることをク˥ギョール
（焦げている）と言う。ク˥ギュールとも。

■きなこ【黄な粉】《食》

キナ˥コ[kinako]〖名〗

■きね【杵】《食》

キ˥ネ[kine]〖名〗

■きのう【昨日】《時間・空間・数量》

キノ˥ー[kinoː]〖名〗

■きのうのあさ【昨日の朝】《時間・空間・数量》

キノーア˥サ[kinoːasa]〖名〗

■きのこ【茸】《植物》

タ˥ケ[take]【茸】〖名〗タケ˥ヒキ（茸狩り）。
タ˥キョー　ヒキー　イク（きのこを採りに
行く）。マツタケ, シータケ, シメジタケ,
クロカワ, アイタケ, ジータケ, コマツダ

ケ, ヌノビキ, キーヒメジなどの食用にな
る種類がある。

■きば【牙】《動物》

キ˥バ[kiba]〖名〗

■きび【黍】《植物》《農・林・漁業》

キ˥ビ[kibi]〖名〗⇨きび

■きみ【君】《助詞・助動詞・その他》⇨あなた, お
まえ

オメー[omeː]〖御前〗同等。主に男性が用い,
「キミ」「オマエ」に相当する。[omae]が
融合されて[omeː]となった。

アン˥タ[anta]〖貴方〗同等。女性のみが用
い,「アナタ」に相当する。

■きみら【君等】《助詞・助動詞・その他》⇨おまえ,
あなたがた, おまえら

オメーラ˥ー[omeːraː]〖御前等〗同等。複数。
多くは男性が用い「キミラ」「オマエラ（タ
チ）」に相当する。[omaeraː]が融合され
て[omeːraː]となった。

アンタラ˥ー[antaraː]〖貴方等〗同等。複数。
女性のみが用い,「アナタタチ」「アナタガ
タ」に相当する。

■きもち【気持ち】《行動・感情》

キモチ[kimotʃi]〖名〗──ガ　エ˥ー（気持ち
がいい）。

■きもの【着物】《衣》

キモ˥ノ[kimono]〖名〗和服に言う。キモ˥ノ
ー　キル（着物を着る）。

■きゃく【客】《社会・交通》

キャク[kjaku]〖名〗イエ˥ー　──ガ　ク˥ル
（家に客が来る）。

■きゅう【灸】《人体》

イェァート[jæːto]〖名〗イェァートー　ス
ル（灸をすえる）。

■きゅうす【急須】《食》

ドビン[dobin]〖土瓶〗〖名〗

■きゅうに【急に】《時間・空間・数量》

キューニ[kjuːɲi]──　トビ˥ダシタ（急に
飛び出した）。

■きゅうり【胡瓜】《植物》

きしゃ～ぎん　55

キュー┐リ[kjuːri]〖名〗

■きょう【今日】《時間・空間・数量》
キョー[kjoː]〖名〗

■きょうかしょ【教科書】《教育》
キョーカ┐ショ[kjoːkaʃo]〖名〗
マル[maru]【丸】〖名〗正解などを示す「○」印。

■きょうしつ【教室】《教育》
キョージョー[kjoːʒoː]【教場】〖名〗

■ぎょうしょう【行商】《職業》
ギョーショー[gjoːʃoː]〖名〗行商人をウリモノヤと言う。

■きょうだい【兄弟・姉妹】《人間関係》
キョーデ┐ー[kjoːdeː]〖名〗血縁の男兄弟だけをオ┐トデーと言って区別することもある。女姉妹はオナゴキョ┐ーダイ。義兄弟はギリノキョーダ┐イ。異母兄弟はハラチ┐ガイ。

■きょうり【郷里】《社会・交通》
オクニ[okuɲi]【御国】〖名〗出身地。比較的広い領域をさす。──ワ　オキャーマジャ（郷里は岡山だ）。
ウマレザ┐ト[umareʣato]【生まれ里】〖名〗出身地。比較的狭い領域をさす。──エ　インダ（郷里へ帰った）。
ウマレ[umare]【生まれ】〖名〗出身地。ウマリャー　ドコデスリャー┐（郷里はどこですか）。
デショ┐[deʃo]〖名〗出身地。昔の語。デシャ┐ー　ドコデスリャ┐ー（郷里はどこですか）。

■ぎょぎょう【漁業】《農・林・漁業》新のみ
ギョ┐ギョー[gjogjoː]〖名〗

■ぎょじょう【漁場】《農・林・漁業》
ヨリ┐[jori]〖名〗──ガ　ア┐ル（魚のよく集まる所がある）。

■ぎょせん【漁船】《農・林・漁業》
ギョシェ┐ン[gjoʃeɴ]〖名〗

■きょねん【去年】《時間・空間・数量》
キョネ┐ン[kjoneɴ]〖名〗

■きらいだ【嫌いだ】《行動・感情》
キレェ┐ーナ[kiræːna]サケヤ┐コー　──ナ┐ー（酒なんか嫌いだなあ）。

■きり【霧】《天地・季候》
キリ[kiri]〖名〗

■きり【桐】《植物》
キリ[kiri]〖名〗

■きり【錐】《住》
キ┐リ[kiri]〖名〗──デ　アナ┐ー　アケル（錐で穴を開ける）。

■きり【限定】《助詞・助動詞・その他》
ギリ┐[giri]限定を表す。エーギリ┐　モ┐ーコ┐ン（あれっきりもう来ない）。

■ぎり【義理】《社会・交通》
ギリ┐[giri]〖名〗体面，面目。──ガ　ワルュ┐ー（義理が悪い）。ギリュ┐ー　タテ┐ル（義理を立てる）。物事の道理に対しては言わない。

■きりかぶ【切り株】《植物》
キリカ┐ブ[kirikabu]〖名〗

■きる【着る】《衣》⇨かぶる
キル[kiru]〖動〗キン，キタ，キマ┐ス。キモノ──（着物を着る）。ボー┐シュー──（帽子をかぶる）。⇨かぶる

■きる【切る】《食》《時間・空間・数量》
キ┐ル[kiru]〖動〗キラ┐ン，キ┐ッタ，キリマ┐ス。エダー──（枝を切る）。コモー──（細かく切る）。ヤサユー──（野菜を切る）。切り方の種類には，センギリ（千切り），ランギリ（乱切り），ミジンギリ（みじん切り），サイノメギリ（さいの目切り），イチョーギリ（銀杏切り）などがある。

■きれい【綺麗】《衣》⇨うつくしい
キレ┐ーナ[kireːna]１美しい。２清潔だ。幼児語では，「美しい」ことを，パッパナと言う。

■きん【金】《天地・季候》
キ┐ン[kiɴ]〖名〗

■ぎん【銀】《天地・季候》
ギ┐ン[giɴ]〖名〗

■きんぎょ【金魚】《動物》
キ￣ンギョ[kiŋɡjo]【名】幼児語はキン￣トト。

■きんし【近視】《人体》
チ￣カメ[tʃikame]【近目】【名】

■きんじょ【近所】《社会・交通》
キンジョ￣[kinʒo]【名】トナリ￣キンジョ(隣
　近所)。

く

■ぐあい【具合】《勤怠・難易・経済》
グウェー[ɡuweː]【名】──ガ　ワリ￣ー(具
　合が悪い)。

■くい【杭】《農・林・漁業》
クイ￣[kui]【名】

■くう【食う】《人体》《食》
クー[kuː]【動】クワ￣ン，クータ，クイマ￣
　ス。①食う。メシュ￣ー　ハライ￣ッペー
　──(飯を腹いっぱい食う)。オカズ￣ー
　──(おかずを食う)。②生活する。オカゲ
　デ　──ニャー　コマラ￣ン(おかげで食う
　には困らない)。イタダクは丁寧語，クラ
　ウは卑語。タベ￣ルとも言うが上品。

イタダク[itadaku]【頂く】【動】イタダカン，
　イタデータ，イタダキマス。ク￣ーの丁
　寧語。ゴ￣ハン　──(ご飯を頂く)。

クラウ[kurau]【食らう】【動】クラワン，ク
　ロータ，クライマス。卑語。クローとも。
　メシュ￣ー　──(飯を食らう)。

■くがつ【九月】《民俗》
クガツ￣[kugatsu]【名】

■くき【茎】《植物》
ク￣キ[kuki]【名】ジク￣とも言う。

■くぎ【釘】《住》
クギ[kugi]【名】ネジク￣ギなど，長短による
　種類名がある。

■くさ【草】《植物》
クサ￣[kusa]【名】

■くさい【臭い】《食》⇨くさる，すえる
クセー[kuseː]【形】ク￣ソーナル，ク￣サケ
　リャー。

■くさとり【草取り】《農・林・漁業》
クサトリ￣[kusatori]【名】

■くさはら【草原】《天地・季候》
ハラ￣ッパ[harappa]【原っぱ】【名】

■くさる【腐る】《植物》《食》⇨くさい，すえる
クサ￣ル[kusaru]【動】クサラ￣ン，クサ￣ッタ，
　クサリマ￣ス。サカナガ　──(魚が腐る)。
　ゴハ￣ンガ　──(ご飯が腐る)。イモ￣ガ
　──(芋が腐る)。

■くし【櫛】《衣》
クシ￣[kuʃi]【名】

■くじ【籤】《遊戯》
クジ￣[kuʒi]【名】クジュ￣ー　ヒク(くじをひ
　く)。

■くしゃみ【嚔】《人体》
ク￣シャミ[kuʃami]【名】ク￣ッシャミとも言
　う。

■くじら【鯨】《動物》
ク￣ジラ[kuʒira]【名】

■くず【屑】《天地・季候》
ク￣ズ[kuzu]【名】

■くすぐったい【擽ったい】《人体》
クツバイ￣ー[kutsubaiː]【形】クツバユーナ
　ル，クツバイ￣ケリャ。ワキノ￣シタガ
　──(わきの下がくすぐったい)。

クツワイ￣ー[kutsuwaiː]【形】クツワユーナ
　ル，クツワイ￣ケリャ。ワキノ￣シタガ
　──(わきの下がくすぐったい)。

クツグル[kutsuguru]【動】クツグラン，ク
　ツグッタ，クツグリマス。ワキノシター
　──(わきの下をくすぐる)。

■くすぐる【擽る】《人体》
クツグル[kutsuguru]【動】クツグラン，ク
　ツグッタ，クツグリマス。カラダー　──
　(体をくすぐる)。

■くずす【崩す】《時間・空間・数量》新のみ
クズ￣ス[kuzusu]【動】クズサ￣ン，クズ￣シ

タ，クズシマス。ヤマ￢ —— (山を崩
す)。「札を小銭に崩す」はメ￢グと言う。
⇨こわす

■くすぶる【燻る】《住》
クスブ￢ル[kusuburu]【動】クスブラ￢ン，
クスブッタ，クスブリマ￢ス。タキギガ
—— (薪がくすぶる)。

■くすり【薬】《食》
クスリ[kusuri]【名】

■くすりや【薬屋】《職業》
クスリヤ[kusurija]【名】

■くすりゆび【薬指】《人体》
ベニサシ￢ユビ[beɲisaʃijubi]【紅差し指】
【名】クスリ￢ユビとも言うが共通語的。

■くずれる【崩れる】《時間・空間・数量》
クズレ￢ル[kuzureru]【動】クズレ￢ン，ク
ズレタ，クズレマス。①イエ￢ガ ——家
が崩れる。②ヤマ￢ガ —— (山が崩れる)。

■くせ【癖】《行動・感情》
クシェ[kuʃe]【名】

■くだもの【果実】《植物》《食》
クダ￢モノ[kudamono]【名】栗・くるみは
キ￢ノミと言う。

■くだる【下る】《行動・感情》
クダル[kudaru]【動】クダラン，クダッタ，
クダリマス。①フ￢ネデ　カワ￢ ——
(舟で川を下る)。②メーレ￢ガ —— (命
令が下る)。ハンケツガ —— (判決が下
る)。③サンカ￢シャワ　ヒャク￢ニンオ
クダラン (参加者は百人を下らない)。
オリ￢ル[oriru]【下りる】【動】オリ￢ン，オ￢
リタ，オリマス。下山する。ヤマ￢
—— (山を下る)。この場合はクダルとは言
わない。
サゲ￢ル[sageru]【下げる】【動】サゲ￢ン，サ
ゲタ，サゲマス。下痢をする。ハラ￢
—— (腹を下す)。

■くち【口】《人体》
クチ[kuʃi]【名】①口。クチュー　オー￢キュ
—　アケル (口を大きく開ける)。オーグチ

ュー　アケル (大口を開ける)とも言う。
②ことば。モット　クチュー　ツツシ￢メ
ー (もっと口を慎め)。③話す。クチュー
キク (口をきく)。これは仲をとりもって，
仲直りさせるような場合に言う。

■ぐち【愚痴】《行動・感情》
グチ[guʃi]【名】ナガ￢ナガト　グチュー　ユ
ー (長々と愚痴を言う)。

■くちごたえ【口答え】《社会・交通》
クチゴ￢テー[kuʃigoteː]【名】—— スル
(口答えする)。

■くちばし【嘴】《動物》
クチバ￢シ[kuʃibaʃi]【名】

■くちびる【唇】《人体》
クチビ￢ル[kuʃibiru]【名】

■くちぶえ【口笛】《人体》
クチブ￢エ[kuʃibue]【名】

■くつ【靴】《衣》
クツ￢[kutsu]【名】クツ￢ —— ハク (靴を履く)。

■くつわ【轡】《農・林・漁業》
クツワ[kutsuwa]【名】

■くばる【配る】《社会・交通》
クバル[kubaru]【動】クバラ￢ン，クバッ
タ，クバリマ￢ス。ヒト￢ニ　モノ￢
—— (人に物を配る)。

■くび【首・頸】《人体》
クビ[kubi]【名】①首。オマモリュー　クビ
ー　カケ￢ル (お守りを首にかける)。ホー
タイオ　クビー　マク (包帯を首に巻く)。
②頭。マ￢ドカラ　クビュー　ダ￢ス (窓か
ら首を出す)。

■くぼち【窪地】《天地・季候》
デコボコ[dekoboko]【名】

■くま【熊】《動物》
クマ￢[kuma]【名】

■くまで【熊手】《住》《農・林・漁業》
クマーデ[kumaːde]【名】クマデとも。

■くむ【汲む】《食》
クム[kumu]【動】クマン，クンダ，クミマ￢
ス。ミズー —— (水を汲む)。

■くも【雲】《天地・季候》
クモ⌐[kumo]〘名〙

■くも【蜘蛛】《動物》
ク⌐モ[kumo]〘名〙

■くもり【曇り】《天地・季候》
クモリ⌐[kumori]〘名〙

■くもる【曇る】《天地・季候》
クモ⌐ル[kumoru]〘動〙クモラ⌐ン，クモ⌐ッ
タ，クモリマス。ソ⌐ラガ ——（空が曇
る）。

■くら【倉】《住》
クラ⌐[kura]〘名〙細長く，白壁で小さい窓が
ついている。市街地では，貴重品入れ，農
家では，収穫物を入れるために使われてい
た。

■くらい【暗い】《天地・季候》
クレァー[kuræː]〘形〙クローナ⌐ル，クラ⌐
ケリャー。

■ぐらい【近似的程度・提示的程度】《助詞・助動
詞・その他》
グレァー[guræː]①時間や距離などを表す
名詞に下接し，近似する程度を表す。ア
リ⌐ーテ ジップ⌐ングレァージャ（歩いて
十分ぐらいです）。バーよりも多く使われ
る。②提示的程度を表す。タベ⌐ルグレァ
ーワ ナント⌐カナ⌐ルウェァー（食べるぐ
らいは何とかなるよ）。

バー[baː]時間や距離などを表す名詞に下接
し，近似する程度を表す。アリ⌐ーテ ジ
ップ⌐ンバージャナ⌐ー（歩いて十分ぐらい
です）。

■くらげ【水母】《動物》
クラゲ⌐[kurage]〘名〙

■くらし【暮らし】《勤怠・難易・経済》
クラシ⌐[kuraʃi]〘名〙——ガ ラク⌐ジャ（暮
らしが楽だ）。

■くらす【暮らす】《勤怠・難易・経済》
クラス⌐[kurasu]〘動〙クラサン，クレァータ，
クラシマス。生計を立てる。サカナー ウ
ッテ ——（魚を売って暮らす）。

■くらべる【比べる】《時間・空間・数量》
クラベル[kuraberu]〘動〙クラベン，クラベ
タ，クラベマス。オトート⌐ト ——（弟と
比べる）。

■くり【栗】《植物》
クリ⌐[kuri]〘名〙

■くる【来る】《社会・交通》
ク⌐ル[kuru]〘動〙コン，キ⌐タ，キマス。①
ヒト⌐ガ ——（人が来る）。②デ⌐ンシャガ
コ⌐ンデ ——（電車が込んでくる）。③ヨ
ース⌐ー ミ⌐テ ——（様子を見てくる）。
④ハタケー イテ——（畑へ行ってくる）。
話し相手の方に行くことをクルとは言わな
い。

■くるしむ【苦しむ】《社会・交通》
クルシ⌐ム[kuruʃimu]〘動〙クルシマ⌐ン，ク
ルシ⌐ンダ，クルシミマ⌐ス。ビョーキデ
——（病気で苦しむ）。

■くるぶし【踝】《人体》
アシノコ⌐ブ[aʃinokobu]〘名〙足首にある突
起。内側と外側で名称が異なる場合。内側
のを区別して言う時はアシノコ⌐ブノウチ，
外側はアシノコ⌐ブノソトを言う。クル⌐ブ
シは理解語彙。

■くるま【車】《社会・交通》
クルマ[kuruma]〘名〙

■くれる【呉れる】《社会・交通》
クレル[kureru]〘動〙クレン，クレタ，クレ
マ⌐ス。トナリノ ヒト⌐ガ コドモニ
カ⌐シュー ——（隣の人が子供に菓子をく
れる）。シン⌐シェツニ シテクレル（親切
にしてくれる）。「してください」は，シテ
ツカーサ⌐イ，シテチョーデ⌐ー。シテチョ
ーダ⌐イ。

■ぐれる《社会・交通》
グレ⌐ル[gureru]〘動〙グレ⌐ン・グレタ，グ
レマ⌐ス。ラクダイシテ ——（落第してぐ
れる）。

■くろ【黒】《時間・空間・数量》
ク⌐ロ[kuro]〘名〙

くも～げっけい　59

■くろい【黒い】《時間・空間・数量》
クレ⌐ー[kure:]〖形〗ク⌐ロナル，ク⌐ロケリャ。アクセントはクロナ⌐ル，クロ⌐ケリャとも。

■くろう【苦労】《行動・感情》
ク⌐ロー[kuro:]〖名〗ワケ⌐ートキャー　スルモンジャ（若い時は苦労するものだ）。

■くわ【鍬】《農・林・漁業》
クワ[kuwa]〖名〗カナグワを使うことが多い。

カ　ナ　グ　ワ
[kanaguwa]〖鉄鍬〗〖名〗最も普通に使われるもの。

昔はここの部分が木だった。ここをクワグロと言う。

カナグワ

トーグワ[to:guwa]〖唐鍬〗〖名〗かたい所（荒地や木の根の多い所）を掘り起こすのに使う。刃が厚い。

ドーグワ

ミツメグ⌐ワ[mitsumeguwa]〖名〗刃が三本のもの。

ヨツメグ⌐ワ[jotsumeguwa]〖名〗刃が四本のもの。三本刃のミツメグ⌐ワとともに言う総称はない。

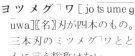
ミツメグワ

ヨツメグワ

■くわ【桑】《植物》《農・林・漁業》
クワ[kuwa]〖名〗

■くわのみ【桑の実】《植物》
クワノミ[kuwanomi]〖名〗

け

■け【毛】《動物》⇒かみ
ケ[ke]〖名〗

■け【回想・疑問】《助詞・助動詞・その他》
ナー[na:]〖回想〗。キョネ⌐ン　イッタナ⌐ー（去年行ったっけ）。

カナー[kana:]〖回想・疑問〗。キョネ⌐ン　イッタカナ⌐ー（去年行ったっけ）。

■けいき【景気】《勤怠・難易・経済》
ケーキ[ke:ki]〖名〗

■けいさん【計算】《教育》⇒かんじょうする
ケーサン[ke:san]〖名〗
タシ⌐ザン[tafizan]〖足し算〗〖名〗
ヒキ⌐ザン[hikizan]〖引き算〗〖名〗
ワリ⌐ザン[warizan]〖割り算〗〖名〗
カケ⌐ザン[kakezan]〖掛け算〗〖名〗

■げいしゃ【芸者】《職業》
ゲーシャ[ge:ʃa]〖名〗

■けいしゃち【傾斜地】《天地・季候》
ケーシャ⌐チ[ke:ʃatʃi]〖名〗ケーシャチ[ke:ʃatʃi]とも。

■けが【怪我】《人体》⇒きず
ェァーマチ[æ:matʃi]〖過ち〗〖名〗ェァーマチュー　スル（けがをする）。

■けさ【今朝】《時間・空間・数量》
ケサ[kesa]〖名〗

■けしずみ【消し炭】《住》
カラゲシ[karageʃi]〖名〗

■けしょう【化粧】《衣》
オケショ⌐ー[okeʃo:]〖御化粧〗〖名〗　オト⌐ス（化粧を落とす）。

■けす【消す】《住》
ケス[kesu]〖動〗ケサン，ケシタ，ケシマ⌐ス。ヒ⌐ー　（火を消す）。

■げすい【下水】《住》
ミゾ[mizo]〖溝〗〖名〗汚水を流す溝。

■けずる【削る】《時間・空間・数量》
ケズル[kezuru]〖動〗ケズラン，ケズッタ，ケズリマス。エンピツー　（鉛筆を削る）。

■げた【下駄】《衣》
ゲタ[geta]〖名〗

■けち・けちんぼう《行動・感情》
ケチ⌐ンボー[ketʃimbo:]〖名〗

■げっけい【月経】《人体》

ヒノマル[hinomaru]【日の丸】〖名〗

■けっこん【結婚】《民俗》
ケッコン[kekkoɴ]〖名〗結婚することをカカリアゥと言う。
カカリアゥ[kakariau]ムスメ　ガ　カカリオータ（娘が結婚した）。

■げつまつ【月末】《時間・空間・数量》
ツキズエ[tsukizue]〖名〗
ツモゴリ[tsumoɡori]〖名〗昔の語。十二月三十一日はオーツモゴリ。

■けなす【貶す】《教育》
ケナス[kenasu]〖動〗ケナサン，ケナシタ，ケナシマス。ヒトノ　コトー　──（人のことをけなす）。

■げひんだ【下品だ】《行動・感情》
ゲヒン[gehiɴ]〖名〗──ナ　ガラ（下品な柄）。

■けむし【毛虫】《動物》
イラ[ira]〖名〗

■けむり【煙】《天地・季候》《住》
ケムリ[kemuri]〖名〗

■けもの【獣】《動物》
ヨツアシ[jotsuaʃi]【四つ足】〖名〗ケモノとも言う。

■けやき【欅】《植物》
ケヤキ[kejaki]〖名〗

■げり【下痢】《人体》
ハラサゲ[harasage]【腹下げ】〖名〗ハラサゲル（下痢をする）。

■ける【蹴る】《時間・空間・数量》
ケル[keru]〖動〗ケラン，ケッタ，ケリマス。アシデ　ボールー　──（足でボールをける）。

■けれど【逆接】《助詞・助動詞・その他》
ジャケード[ʒakeːdo]逆接を表す。イキテーンジャケード　ヒマガ　ネー（行きたいけれど暇がない）。

■けわしい【険しい】《天地・季候》
ケワシー[kewaʃiː]〖形〗ケワシューナル，ケワシケリャー。

■けんか【喧嘩】《遊戯》新のみ《人間関係》
ケンカ[keɴka]〖名〗

■げんき・げんきだ【元気・元気だ】《行動・感情》⇨けんこう・けんこうだ
ゲンキナ[geɴkina]アノ　オジーサンワ──（あのおじいさんは元気だ）。

■けんこう・けんこうだ【健康・健康だ】《人体》⇨げんき・げんきだ
ケンコー[keɴkoː]──ガ　デーイチジャ（健康が第一だ）。──ナ　ヒト（健康な人）。──ニ　ナル（健康になる）。

タッシャ[taʃʃa]【達者】──ナ　ヒト（健康な人）。「達者が第一だ」のような用法はない。

ジョーブナ[ʒoːbuna]【丈夫な】

■げんのしょうこ《植物》
イシャダオシ[iʃadaoʃi]【医者倒し】〖名〗下痢のときなどにせんじて飲むと効く。

こ

■こい【鯉】《動物》
コイ[koi]〖名〗

■こい【濃い】《時間・空間・数量》
コイー[koiː]〖形〗コ゚ューナル，コイケリャ。深い。イロガ　──（色が濃い）。味については「濃い」「薄い」とはあまり言わない。「からい」「あまい」を使う。アジガ　カレァー（味が濃い）。

■こいつ【此奴】《助詞・助動詞・その他》
ケーツ[keːtsu]目下に。主に男性が用い，「この人」「こいつ」に相当する。女性はコノヒトを用いる。[koitsu]が融合して[keːtsu]になった。

ケー[keː]目下に対して用いる。主に男性が用い，「この人」「こいつ」に相当する。

コノメー[konomeː]目下に対して用いる。主に女性が用い，「この人」に相当する。

古い語。

■こいつら【此奴等】《助詞・助動詞・その他》

ケーツラ￢ー[keːtsuraː]目下に言う。複数。主に男性が用い、「この人たち」「こいつら」に相当する。女性はコノ￢ヒトラを用いる。コイツラ￢ーが融合してケーツラ￢ーになった。

ケーラ￢ー[keːraː]目下に言う。複数。主に男性が用い、「この人たち」「こいつら」に相当する。

コノメーラ￢ー[konomeːraː]目下に。複数。主に女性が用い、「この人たち」に相当する。古い語。

■こう【断う】《助詞・助動詞・その他》

コネー[koneː]情態を表す。

■こうし【子牛】《動物》

コウシ[kouʃi]【名】

■こうじ【麹】《食》

コージ[koːʒi]【名】

■こうでん【香典】《民俗》

コーデン[koːdeɴ]【名】

■こうばしい【香ばしい】《食》

コーバシ￢ー[koːbaʃiː]【形】コーバ￢シューナル、コーバ￢シケリャー。

■こうびする【交尾する】《動物》

サカル[sakaru]【盛る】【動】サカラン、サカッタ、サカリマ￢ス。獣が交尾する時に言う。イヌ￢ガ ―― (犬が交尾する)。

ツガ￢ウ[tsugau]【番う】【動】ツガワ￢ン、ツゴ￢ータ、ツガイマ￢ス。虫が交尾する時に言う。ムシガ ―― (虫が交尾する)。

■こうま【子馬】《動物》

コウマ[kouma]【名】

■こうもり【蝙蝠】《動物》

コー￢モリ[koːmori]【名】

■こうもん【肛門】《人体》

シリノアナ￢[ʃirinoana]【尻の穴】【名】

■こうよう【紅葉】《植物》

コーヨー[koːjoː]【名】理解語。

■こうら【甲羅】《動物》

コー￢[koː]【甲】【名】① 蟹の甲羅。② 亀の甲羅。

■こえ【声】《人体》

コエ[koe]【名】① 音声。オケ￢ー　コヨ￢ーダス(大きな声を出す)。② ことば。ヒト￢ニ　コ￢ヨー　カケル(人に声をかける)。

■こえたご【肥桶】《農・林・漁業》

コエタ￢ゴ[koetago]【名】

■こおり【氷】《天地・季候》

コーリ[koːri]【名】形状や種類による語形の違いはない。

■こおる【凍る・氷る】《天地・季候》

コール[koːru]【動】コーラン、コータ、コーリマ￢ス。ミズガ ―― (水が凍る)。

サエ￢ル[saeru]【動】サエ￢ン、セエ￢ータ・サ￢エタ、サエマ￢ス。テフキガ ―― (手ふきが凍る)。ゾーキンガ ―― (雑巾が凍る)。

■こおろぎ【蟋蟀】《動物》

キリゴ[kirigo]【名】コー￢ロギとも言う。

コー￢ロギ[koːrogi]【名】キリゴ￢と同義。

■ごがつ【五月】《民俗》

ゴガツ[gogatsu]【名】

■ごきぶり【蜚蠊】《動物》

アブラ￢ムシ[aburamuʃi]【油虫】【名】昔はいなかったので、ゴキブリということばもなかった。

■こぐ【漕ぐ】《農・林・漁業》

コ￢グ[kogu]【動】コガ￢ン、コ￢イダ、コギマ￢ス。フネ￢ー ―― (舟をこぐ)。

■こくばん【黒板】《教育》

トバン[tobaɴ]【塗板】【名】白墨はハクボク。

トバ￢ンケシ[tobaɴkeʃi]【塗板消し】【名】黒板消し。

■こくもつ【穀物】《農・林・漁業》

コクモツ[kokumotsu]【名】

■ごくらく【極楽】《民俗》

ゴクラク[gokuraku]【名】

■こけ【苔】《植物》

コケ[koke]【名】

■ごけ【後家】《人間関係》

ゴケ[goke]〖名〗丁寧に言えば，ゴケサン。一生独身の女をユカズゴ￢ケ（行かず後家）と言う。

■こげつく【焦げ付く】《食》⇨こげる

ソコエ　ツ￣ク[sokoe tsuku]【底へ付く】ゴ￣ハ￢ンガ　──（ご飯が焦げ付く）。

■こげる【焦げる】《食》⇨こげつく

クギ￢ル[kugiru]〖動〗クギ￢ン，ク￢ギタ，クギマス。ゴハ￢ンガ　──（ご飯が焦げる）。

■ここ【此処】《助詞・助動詞・その他》

ココ￣[koko]所を表す。

■ごご【午後】《時間・空間・数量》

ヒル￢カラ[hirukara]【昼から】〖名〗

■こごえる【凍える】《天地・季候》

コゴエル[kogoeru]〖動〗コゴエン，コゴエタ，コゴエマス。カラダガ　──（体が凍える）

■こごと【小言】《人間関係》

コゴト[kogoto]〖名〗コドモニ　──　ユー（子供に小言を言う）。オコ￢ル，オセッキョー　クラワス（お説教をくらわせる）なども。

■ここのつ【九つ】《時間・空間・数量》

ココ￢ノツ[kokonotsu]〖名〗キュ￣ーとも。

■ここら【此処ら】《助詞・助動詞・その他》

コノヘン[konohen]所を表す。

■こころ【心】《行動・感情》

ココ￢ロ[kokoro]〖名〗

■ござ【茣蓙】《住》《農・林・漁業》

ゴザ￣[goza]〖名〗

■こし【腰】《人体》

コシ￣[koʃi]〖名〗背中の下の折れ曲がる所を腰と言う。──ガ　イテ￢ー（腰が痛い）。

コシボネ[koʃibone]〖名〗腰の骨。コシボネ──　ウ￢ツ（腰の骨を打撲する）。

■こしまき【腰巻き】《衣》

オコ￢シ[okoʃi]〖御腰〗〖名〗オコ￢シュー　スル（腰巻きをする）。

ユモ￢ジ[jumoʤi]【湯文字】〖名〗古い語。ユモ￢ジュー　スル（腰巻きをする）。

■こしょう【胡椒】《食》

コショー[koʃoː]〖名〗

■こずえ【梢】《植物》

コズエ[kozue]〖名〗理解語彙。

■ごぜん【午前】《時間・空間・数量》

ヒルメー￢[hirumeː]【昼前】〖名〗

■こそ【強調】《助詞・助動詞・その他》

コソ[koso]セーコ￣ソ　オーソ￢ードージャ（それこそ大変だ）。

■こたえる【答える】《教育》

コタエ￢ル[kotaeru]〖動〗コタエ￢ン，コタ￢エタ，コタエマ￢ス。➀質問に対して説明をする。トワレテ￢モ　コタエラレ￢ン（尋ねられても答えられない）。➁返事をする。ヨバレテ　──（呼ばれて答える）。

■こたつ【炬燵】《住》

コタツ[kotatsu]〖名〗種類はオキゴ￢タツ，ホリゴ￢タツがある。

■ごちそう【御馳走】《食》《民俗》

ゴッツォー[gottsoː]〖名〗

■こちら【此方】《天地・季候》《助詞・助動詞・その他》

コッチ[kotʧi]方角を表す。

■こっち【此方】《助詞・助動詞・その他》⇨こちら

コッチ[kotʧi]方角を表す。

■ごと【共】《助詞・助動詞・その他》

ナリ[nari]カワナリ　タベ￢ル（皮ごと食べる）。

ゴメ[gome]カワゴメ　タベ￢ル（皮ごと食べる）。

■ごとく【五徳】《住》

ゴトク[gotoku]〖名〗五本足のものと，三本足のものとがある。

■ことし【今年】《時間・空間・数量》

コトシ￣[kotoʃi]〖名〗

■ことづける【言付ける・託ける】《社会・交通》

タノ￢ム[tanomu]【頼む】〖動〗タノマ￢ン，タノ￢ンダ，タノミマ￢ス。ヒト￢ニ　モノ￢ー　──（人にものをことづける）。

■こども【子供】《人間関係》

コドモ[kodomo]【名】①大人に対する子供。②自分の子供の名称はウチ¬カタノコ(うちの子)，または名を呼ぶ。

■ことわる【断る】《社会・交通》
コトワ¬ル[kotowaru]【動】コトワラ¬ン，コトワ¬ッタ，コトワリマ¬ス。ヒト¬ノ タノミュ¬ー ——(人の頼みを断る)。

■こな【粉】《食》
コ¬ナ[kona]【名】溶けない塊の言い方は特にない。

■この【此の】《助詞・助動詞・その他》
ケーノ[keːno]コレノから転じた語。

■このかた【此の方】《助詞・助動詞・その他》
コノ¬ヒト[konohito]【此の人】目上に。男女ともに用いる。

コノメー[konomeː]目上に用いる。主に女性が用い，「コノカタ」「コノヒト」に相当する。古い語。

■このごろ【此の頃】《時間・空間・数量》
イマ¬ゴロ[imagoro]【今頃】【名】——ソヒ¬ガ ナガ¬イ(このごろは日が長い)。現在と同じ時間的周期の日時についての「来年の今ごろ」「きのうの今ごろ」にはイマゴロと言い，アクセントで区別する。

■このひと【此の人】《助詞・助動詞・その他》
ケー¬ツ[keːtsu]【此奴】同等。主に男性が用い，「このひと」「こいつ」に相当する。女性はコノ¬ヒトを用いる。[koitsu]が融合して[keːtsu]になった。

ケー[keː]同等。主に男性が用い，「このひと」「こいつ」に相当する。

コノメー[konomeː]同等。主に女性が用い，「このひと」に相当する。古い語。

■こぶ【瘤】《人体》
コ¬ブ[kobɯ]【名】

■こぶし【拳】《人体》
コ¬ブシ[kobuʃi]【名】ニギリコ¬ブシ，ゲンコツとも言う。

■ごぼう【牛蒡】《植物》
ゴボー[goboː]【名】

■こぼす【零す】《食》
コボ¬ス[kobosu]【動】コボサ¬ン，コボ¬シタ，コボシマ¬ス。コボ¬シタ シル(こぼした汁)。シ¬ルー ——(汁をこぼす)。

■こま【独楽】《遊戯》
コ¬マ[koma]【名】種類として，ベーゴマ，ブチゴマ，ドン¬グリがあった。

■ごま【胡麻】《植物》
ゴマ[goma]【名】

■ごまあぶら【胡麻油】《植物》
ゴマア¬ブラ[gomaabura]【名】

■こまかい【細かい】《時間・空間・数量》⇒ちいさい，ほそい
コマァー[komæː]【形】コモーナル，コマケリャ。アクセントはコモーナ¬ル，コマ¬ケリャとも。アミ¬ノ メ¬ガ ——(網の目が細かい)。アミ¬ノ メ¬ガ ツ¬ンドルとも。⇒ちいさい

■ごまかす【誤魔化す】《社会・交通》
チョロマカ¬ス[tʃoromakasu]【動】チョロマカサ¬ン，チョロマカ¬シタ，チョロマカシマ¬ス。カズ¬ー ——(数をごまかす)。ゴマカ¬スとも。

■こまむすび【小間結び】《衣》
コマム¬スビ[komamusubi]【細結び】【名】その他，オトコム¬スビ，チョーチョム¬スビなどがある。

■こまる【困る】《行動・感情》
コマ¬ル[komaru]【動】コマラ¬ン，コマ¬ッタ，コマリマ¬ス。カネガ ノ¬ーテ ——(金がなくて困る)。

■ごみ【塵】《天地・季候》《住》
ゴミ[gomi]【名】①大水のあと川などに引っ掛かっているもの。②庭・部屋などを掃除して取るもの。③目に入る程度のもの。

ホーグ[hoːgu]【名】紙くず。

■こむ【混む】《社会・交通》
シェ¬ル[ʃeru]【動】シェラ¬ン，シェ¬ッタ，シェリマ¬ス。オマツリデ ド¬ーロガ ——(お祭りで道路がこむ)。

■こむぎ【小麦】《植物》《農・林・漁業》

コム￢ギ[komugi]【名】

■こめ【米】《食》

コメ[kome]【名】

■こめや【米屋】《職業》

コメ￢ヤ[komeja]【名】

■ごめんください【御免下さい】・ごめんなさい【御免なさい】《社会・交通》

コラ￢エッツカーセァ￢ー[koraettsuka:sæ:] ごめんなさい。許しを求める場合。「こらえてください」に当たる。

ゴメンセァ￢ー[gomeɲsæ:]ごめんなさい。他家を訪問した時の呼びかけ。

■こもり【子守り】《人間関係》

コモ￢リ[komori]【名】定まった子守りの制度はない。手のすいた者が家族でする。あるいは奉公人などが手伝う。

■こや【小屋】《住》《農・林・漁業》

コヤ[koja]【名】種類には、イヌゴヤ(犬小屋)、ウシマヤ(牛小屋)、トリゴヤ(鶏小屋)、マヤ(馬小屋)、タイヒゴヤ(堆肥小屋)、ハイゴヤ(わらの灰を入れる小屋)、スクモゴヤ(もみがらを入れる小屋)などがある。

■こやし【肥やし】《農・林・漁業》

コヤシ[kojaʃi]【名】

クムシ[kumuʃi]【名】クモシとも言う。牛や馬のふんと敷きわらの混じったものを腐らせたもの。

マヤゴエ[majagoe]【厩肥】【名】牛や馬のふんと敷きわらの混じったものを腐らせたもの。キュ￢ーヒとも言う。

シモゴエ[ʃimogoe]【下肥】【名】人ぶん肥料。

タ￢イヒ[taihi]【堆肥】【名】わらや草を発酵させたもの。

■こゆび【小指】《人体》

コユ￢ビ[kojubi]【名】

■これ【此れ】《助詞・助動詞・その他》

ケー[ke:]ものを表す。コレの融合変化。

■これら【此れ等・是等】《助詞・助動詞・その他》

ケーラ￢ー[ke:ra:]ものを表す。コレラーの融合変化。

■ころす【殺す】《動物》《社会・交通》

コロス[korosu]【動】コロサン、コロシタ、コロシマス。①人を殺す。ヒト￢ー ──(人を殺す)。②動物を殺す。ケモノ￢ー ──(獣を殺す)。猟銃でうち殺す場合は、ケモノ￢ー タオ￢スと言う。③魚を殺す。サカナ￢ー ──(魚を殺す)。④鳥を殺す。トリュ￢ー ──(鳥を殺す)。鶏などを締め殺す場合は、トリュ￢ーシメ￢ルと言う。

シナス[ʃinasu]【死なす】【動】シナサン、シナシタ、シナシマ￢ス。ヒト￢ー ──(人を殺す)。コロストも言う。

■ころぶ【転ぶ】《住》《行動・感情》

コケル[kokeru]【動】コケン、コケタ、コケマ￢ス。コケ￢ルとも。コドモガ ──(子供が転ぶ)。イシ￢ニ ツマジ￢ーテ ──(石につまずいて転ぶ)。⇨ころぶ

■こわす【壊す】《住》《時間・空間・数量》

メグ[megu]【動】メガン、メーダ、メギマ￢ス。①ドーグ￢ ──(道具を壊す)。オモ￢チャー ──(おもちゃを壊す)。②チャワン ──(茶碗を壊す)。③高額の貨幣を小銭に替えることもメグと言う。センエンメーデク￢ル(千円札をくずしてくる)。ハラ￢ー メグと言うのは、「思い悩む」の意味。腹をこわすは、ハラ￢ー コワ￢スとか、ハラ￢ー サゲ￢ルと言う。

■こんげつ【今月】《時間・空間・数量》

コン￢ゲツ[koŋgetsu]【名】

■こんな《助詞・助動詞・その他》

コネーナ[kone:na]情態を表す。

■こんにちは【今日は】《社会・交通》

コンチャー[kontʃa:]

■こんにゃく【蒟蒻】《植物》

コンニャク[koɲɲaku]【名】

■こんばんは【今晩は】《社会・交通》

コンバンワ[kombaɲwa]

■こんぶ【昆布】《植物》《食》

コ⌐ブ[kobu]〖名〗ダシコ⌐ブ，アジツケコ⌐ブ などの種類がある。
■こんや【今夜】《時間・空間・数量》
コ⌐ンヤ[koɲja]〖名〗コンバンとも言う。
キョ⌐ーバン[kjoːbaɲ]〖名〗
■こんろ【焜炉】《住》
コ⌐ンロ[konro]〖名〗種類・ヒチリ⌐ン。

さ

■さ【強意】《助詞・助動詞・その他》
ワ[wa]文の終わりに下接し，強意を表す。 マ⌐ー　エ⌐ーワ（まあ，いいさ）。
■ざいさん【財産】《勤怠・難易・経済》
ザイ⌐サン[zaisan]〖名〗
■さいふ【財布】《衣》
サイフ[saifu]〖名〗
■さいほう【裁縫】《衣》
ヌイモノ⌐[nuimono]〖縫い物〗〖名〗
■ざいもく【材木】《農・林・漁業》
ジェーモク[ʒeːmoku]〖名〗
■さえ【限定・強調】《助詞・助動詞・その他》
セァー[sæː]コレセァー　ア⌐リャー　エ⌐ー （これさえあればいい）。
■さお【竿】《住》
サオ⌐[sao]〖名〗タケザ⌐オで，釣りや洗濯物 を干すサオとして使われる。
■さおとめ【早乙女】《農・林・漁業》
サオトメ[saotome]〖名〗
■さか【坂】《天地・季候》
サカ⌐[saka]〖名〗
■さかき【榊】《民俗》
サカ⌐キ[sakaki]〖名〗神様にお供えする木。 また，お葬式にも使う。
■さがす【探す】《時間・空間・数量》
サガス[sagasu]〖動〗サガサン，サガァータ， サガシマス。ヒト⌐ー　──（人を探す）。
■さかずき【盃】《食》

オチョ⌐コ[otʃoko]〖御猪口〗〖名〗
■さかな【魚】《食》
サカナ[sakana]〖名〗幼児語は，ト⌐ト，オ ト⌐トと言う。
■さかな【肴】《食》
サカナ[sakana]〖名〗
■さかなや【魚屋】《職業》
サカナヤ[sakanaja]〖名〗
■さかや【酒屋】《職業》
サカヤ[sakaja]〖名〗
■さからう【逆らう】《社会・交通》
サカラ⌐ウ[sakarau]〖動〗サカラワ⌐ン，サ カロ⌐ータ，サカライマ⌐ス。オヤ⌐ニ ──（親に逆らう）。
■さがる【下がる】《時間・空間・数量》
サガ⌐ル[sagaru]〖動〗サガラ⌐ン，サガ⌐ッタ， サガリマ⌐ス。①低くなる。ネツ⌐ガ── （熱が下がる）。オ⌐ンドガ──（温度が下 がる）。②安くなる。ネダ⌐ンガ──（値 段が下がる）③退く。ハクシェンマ⌐デ ──（白線まで下がる）。
■さかん【左官】《職業》
シャカン[ʃakan]〖名〗
■さき【先】《時間・空間・数量》
サキ[saki]〖名〗トッサキ（サキを強めた言 い方）。
■さきおととい【一昨昨日】《時間・空間・数量》
サキオトツィー[sakiototsiː]〖名〗
■さきおととし【一昨昨年】《時間・空間・数量》
サキオトド⌐シ[sakiotodoʃi]〖名〗
■さく【咲く】《植物》
サク[saku]〖動〗サカ⌐ン，サイタ，サキマ⌐ス。 サクラガ──（桜が咲く）。
■さく【裂く】《衣》
サ⌐ク[saku]〖動〗サカ⌐ン，サ⌐イタ，サキ マ⌐ス。ヌノ──（布を裂く）。
■さくがら【作柄】《農・林・漁業》
サクガラ[sakugara]〖名〗
■さくもつ【作物】《農・林・漁業》
サク⌐モツ[sakumotsu]〖名〗

■さくら【桜】《植物》
サクラ[sakura]〚名〛
　■さけ【鮭】《動物》
サ¬ケ[sake]〚名〛
　■さけ【酒】《食》《民俗》新のみ
サケ[sake]〚名〛
　■さけぶ【叫ぶ】《人体》
イガ¬ル[igaru]〚動〛イガラ¬ン, イガ¬ッタ, イガリマ¬ス。オーゴ¬エデ ── (大声で叫ぶ)。
　■さける【裂ける】《衣》新のみ
サケ¬ル[sakeru]〚動〛サケ¬ン, サ¬ケタ, サケマ¬ス。キモノガ ── (着物が裂ける)。
　■さける【避ける】《時間・空間・数量》
ヨケ¬ル[jokeru]〚動〛ヨケ¬ル, ヨ¬ケタ, ヨケマ¬ス。クルマー ── (車を避ける)。
　■さげる【下げる】《行動・感情》《時空・空間・数量》
サゲ¬ル[sageru]〚動〛サゲ¬ン, サ¬ゲタ, サゲマ¬ス。デントーオ シタ¬ニ ── (電灯を下へさげる)。オ¬ンドー ── (温度をさげる)。カ¬ーテンオ ── (カーテンをさげる)。カバンオ サゲテ イク(かばんをさげて行く)。ハラ¬ー ── (腹が下痢をする)。食器を片付けることはサゲルと言わない。
カタズケ¬ル[katazukeru]【片付ける】〚動〛カタズケ¬ン, カタズ¬ケタ, カタズケマ¬ス。ショッキュー カタズケテ ツカーセァ¬ー(食器を片付けてください)。サゲルとは言わない。
　■ささ【笹】《植物》
ササ[sasa]〚名〛
　■ささえ【支え】《住》
該当する語形を得られなかった。
　■さざえ【栄螺】《動物》
サザ¬エ[sazae]〚名〛理解語彙。
　■さじ【匙】《食》
サジ¬[saʒi]〚名〛
　■さしき【挿し木】《農・林・漁業》

サシキ[saʃiki]〚名〛
　■さしみ【刺身】《食》
ツクリ¬[tsukuri]【作り】〚名〛「御」をつけてオツ¬クリと言うことが多い。
　■さす【刺す】《時間・空間・数量》
サ¬ス[sasu]〚動〛ササ¬ン, セ¬ータ, サシマ¬ス。ハ¬リュー ── (針を刺す)。
　■さそう【誘う】《社会・交通》
ツレナウ[tsurenau]〚動〛ツレナワ¬ン, ツレノ¬ータ, ツレナイマ¬ス。オマツリニ ── (お祭りに誘う)。
　■さっき【先】《時間・空間・数量》
サ¬ッキ[sakki]── ハナ¬シタコト(さっき話したこと)。
センキョ¬ー[seŋkjoː]古い語。── ハナ¬シタコト(さっき話したこと)。
　■さと【里】《民俗》
サト[sato]〚名〛
　■さとう【砂糖】《食》
サト¬ー[satoː]〚名〛
　■さとがえり【里帰り】《民俗》
サトガ¬エリ[satogaeri]〚名〛実家には, どんなに遅くなっても泊まらず, 婚家へ帰る習慣があった。
　■さなぎ【蛹】《動物》
サナギ[sanagi]〚名〛
　■さなぶり【早苗饗】《民俗》
シロミテ¬[ʃiromite]【代満て】〚名〛田植えが終わった後, 手伝いをしてもらった人たちを呼び, 鮨などのごちそうを作って祝う。
　■さば【鯖】《動物》
サバ[saba]〚名〛
　■さびしい【寂しい】《行動・感情》
サビシ¬ー[sabiʃiː]〚形〛サビシューナ¬ル, サビ¬シケリャー。ムスメ¬ー ヨメニ ヤッテ ── (嫁にやって寂しい)。
　■ざぶとん【座布団】《住》
ザブト¬ン[zabutoɴ]〚名〛
　■さます【冷ます】《食》
サマ¬ス[samasu]〚動〛サマサ¬ン, サメ¬ー

ータ，サマシマス。ユー サメァーテ
ノム(湯を冷まして飲む)。「興をさます」
に当たる言い方はない。
■さむい【寒い】《天地・季候》
サミー[samiː]【形】サムーナル・サムー
ナル，サムケリャ・サムケリャ。
サビー[sabiː]【形】サブーナル・サブー
ナル，サブケリャ・サブケリャ。
■さめる【覚める・醒める】《人体》《食》⇒めざめる
サメル[sameru]【動】サメン，サーメタ，
サメマス。メガ ——(目が覚める)。
■さようなら【左様なら】《社会・交通》
サヨナーラ[sajonara]
■さら【皿】《食》
サラ[sara]【名】種類には，サシミザラ，ヤ
キモノザラ，ツケモノザラなどがある。
■さらいげつ【再来月】《時間・空間・数量》
サレァーゲツ[saræːgetsu]【名】
■さらいねん【再来年】《時間・空間・数量》
サレァーネン[saræːneɴ]【名】
■さる【猿】《動物》
サル[saru]【名】
■ざる【笊】《食》
カゴ[kago]【籠】【名】総称。
イカキ[ikaki]【笊籬】【名】楕円形のざる。
ソーケ[soːke]【名】手のついたもの。ご飯を
入れていた。

イカキ　　　　　ソーケ

■さわ【沢】《天地・季候》
サワ[sawa]【名】この地域にはない。
■さわぐ【騒ぐ】《行動・感情》
サワーグ[sawagu]【動】サワガン，サワーイ
ダ，サワギマス。コドモガ ——(子供が
騒ぐ)。
■さわる【触る・障る】《社会・交通》《時間・空間・

数量》
アタル[ataru]【当たる】【動】アタラン，アタ
ッタ，アタリマース。キタネーテデ アタ
ラレーナ(汚ない手で触るな)。ハーガ　テ
ニ ——(葉が手に触れる)。テニ ——
(手に触る)。
イラウ[irau]【動】イラワン，イロータ，イ
ライマス。触る。いじる。キタネーテデ
イラワレナ(汚ない手で触るな)。
■さん【桟】《住》
サーン[saɴ]【名】ショージノ ——(障子の
桟)。
■さんかく【三角】《時間・空間・数量》
サンーカク[saŋkaku]【名】
■さんがつ【三月】《民俗》
サンガツ[saŋgatsu]【名】
■さんちょう【山頂】《天地・季候》
テッペーン[teppeɴ]【天辺】【名】テンゴーラ，
ツジ，チョージョーなどの言い方もあるが，
劣勢である。
■さんにん【三人】《時間・空間・数量》
サンニン[saɲɲiɴ]【名】
■さんば【産婆】《民俗》
サンバサン[sambasaɴ]【産婆さん】【名】サ
ンバとも言う。
■さんま【秋刀魚】《動物》
サンマ[samma]【名】

し

■しあさって【明明後日】《時間・空間・数量》
シアサーッテ[ʃiasatte]【名】
■しいたけ【椎茸】《植物》
シーータケ[ʃiːtake]【名】
■しお【潮】《天地・季候》
シオー[ʃio]【名】
■しお【塩】《食》
シオー[ʃio]【名】

■しおひがり【潮干狩り】《遊戯》

ケァーヒ˥ロイ[kæːhiroi]【貝拾い】【名】

■しおれる【萎れる】《植物》⇒しなびる

ヒナエル[hinaeru]【動】ヒナエン，ヒナエ
タ。クサ˥ガ ──(草がしおれる)。

■しか【鹿】《動物》

シカ˥[ʃika]【名】

■しか【限定】《助詞・助動詞・その他》

シカ[ʃika]タッタ イ˥ッポンシカ ノコ˥
ットラン(たった一本しか残っていない)。
ハキャーより多く使われる。

ハキャー[hakjaː]タッタ イ˥ッポンハキャ
ー ノコ˥ットラン(たった一本しか残って
いない)。

■しかく【四角】《時間・空間・数量》

カク˥[kaku]【名】

マッカク˥[makkaku]【名】真四角。

■しかたがない【仕方が無い】《行動・感情》

ショーガネ˥ー[ʃoːganeː]【仕様が無い】
【形】ショーガノ˥ナル，ショーガナ˥ケリャ。
オコ˥ッテモ ──(怒っても仕方がない)。

■しがつ【四月】《民俗》

シガツ˥[ʃigatsu]【名】

■しかる【叱る】《教育》《人間関係》

シカル[ʃikaru]【動】シカラン，シカッタ，
シカリマ˥ス。コドモー ──(子供を叱
る)。

■じかん【時間】《時間・空間・数量》

ジカ˥ン[ʤikaɴ]【名】──ガ カカ˥ル(時間
がかかる)。──ガ タ˥ツ(時間がたつ)。

■しきい【敷居】《住》

シキー[ʃikiː]【名】

■しきみ【樒】《民俗》

シキ˥ビ[ʃikibi]【樒】【名】お墓や仏様にお供
えする木。

■しげる【茂る】《植物》

シゲル[ʃigeru]【動】シゲラ˥ン，シゲ˥ッタ，
シゲリマ˥ス。クサ˥ガ ──(草が茂る)。

オゴル[ogoru]【動】オゴラ˥ン，オゴ˥ッタ，
オゴリマ˥ス。クサ˥ガ ──(草が茂りは

びこる)。

■しけん【試験】《教育》

シケン[ʃikeɴ]【名】──ニ ゴーカクスル
(試験に合格する)。──ニ ウカ˥ル(試験
に受かる)。

■じごく【地獄】《民俗》

ジゴク[ʤigoku]【名】

■しごと【仕事】《職業》

シゴト[ʃigoto]【名】

■しごとぎ【仕事着】《衣》⇒はんてん，ももひき

シゴトギ˥[ʃigotogi]【名】サギョーギ˥とも
言う。

タンボギ˥[tambogi]【名】農業をする時の仕
事着。

ノラギ˥[noragi]【野良着】【名】タンボギ˥に
同じ。

ハッピ[happi]【名】大工仕事をする時の仕事
着。

■しじみ【蜆】《動物》

シジメ[ʃiʤime]【名】

■じしょ【地所】《職業》

ジ˥ショ[ʤiʃo]【名】

■じじょ【次女】《人間関係》

ジ˥ジョ[ʤiʤo]【名】

■じしん【地震】《天地・季候》

ジシン[ʤiʃiɴ]【名】──ガ イク(地震が起
こる)。──ガ イル(地震が起こる)。前
者の表現が優勢。

■しずか・しずかだ【静か・静かだ】《社会・交通》
《時間・空間・数量》

シ˥ズカナ[ʃizukana]①──トコロ(静かな
所)。シ˥ズカニ アル˥ク(静かに歩く)。
マツリガ ス˥ンデ シ˥ズカンナッタ(祭
りが済んで静かになった)。②シ˥ズカナ
クチョー(静かな口調〈稀〉)。③シ˥ズカニ
シェラレ˥ー(静かにしなさい)。

■しずく【雫】《天地・季候》

シズク[ʃizuku]【名】

■しずむ【沈む】《時間・空間・数量》⇒しずめる

シズム[ʃizumu]【動】シズマ˥ン，シズンダ，

シズミマス。ヒ⌐ガ ——（日が沈む）。

■**しずめる【沈める】**《時間・空間・数量》新のみ⇨しずむ

シズメル[ʃizumeru]【動】シズメン，シズメタ，シズメマス。ウ⌐ミニ ——（海に沈める）。

■**しそ【紫蘇】**《植物》

シソ[ʃiso]【名】

■**じぞう【地蔵】**《民俗》

オジゾー⌐サマ[oʒizoːsama]【御地蔵様】【名】アクセントはオジゾ⌐ーサマとも。

■**した【下】**《天地・季候》《時間・空間・数量》

シタ[ʃita]【名】

■**した【舌】**《人体》

ベ⌐ロ[bero]【名】①舌。アワテテ クⁿーテ ベ⌐ロー カンダ（あわてて食べて舌をかんだ）。②ことば。——ガ マワラン（舌が回らない）。シタ⌐ガ マワランとも言う。

■**しだ【歯朶】**《植物》

シダ⌐[ʃida]【名】

■**したぎ【下着】**《衣》⇨はだぎ

シタギ⌐[ʃitagi]【名】上着の下に着る衣服。襦袢，肌着，パンツなど。特に肌に直接着る衣服に言う。下半身のいちばん上にはく，「ズボン」「スカート」などには言わない。

■**したく【支度】**《職業》⇨つくる

コシラエ[koʃirae]【拵え】【名】デカケル —— スル（出掛ける仕度をする）。

■**しちがつ【七月】**《民俗》

ヒチガツ[hitʃigatsu]【名】

■**しちごさん【七五三】**《民俗》

ヒモートシ⌐[himoːtoʃi]【名】男子は三歳と五歳，女子は三歳と七歳とに当たる年の十一月十五日に行う祝儀。しかし，ほとんど三歳の時にするだけである。子供に美しい衣裳を着せ，神社へ参る。

■**しちや【質屋】**《職業》

ヒチヤ[hitʃija]【名】

■**しつける【仕付ける・躾る】**《教育》

シツケ⌐ル[ʃitsukeru]【動】シツケ⌐ン，シ

ツ⌐ケタ，シツケマ⌐ス。コドモー ——（子供をしつける）。

■**しつこい**《食》《行動・感情》新のみ

シツケ⌐ー[ʃitsukeː]【形】シツ⌐コーナル，シツ⌐コケリャー。味がしつこい。甘みも含めて言う。

■**しっち【湿地】**《天地・季候》

ジリー⌐ トⁿチ[ʒiriː totʃi]ジリーは，ぬかるんでいることを表す形容詞。

■**しっと【嫉妬】**《社会・交通》

ヤッカ⌐ム[jakkamu]【動】ヤッカマⁿ，ヤッカ⌐ンダ，ヤッカミマ⌐ス。ヒトⁿ シェーコーオ ——（他人の成功を嫉妬する）。

セラウ[serau]【動】セラワン，セロータ セライマ⌐ス。ヒトⁿ シェーコーオ ——（他人の成功を嫉妬する）。オトートバー カワイガⁿルンデ オニー⌐チャンガ ——（弟ばかりかわいがるのでお兄ちゃんが嫉妬する）。

■**してはならない**《時間・空間・数量》

シタ⌐ラ イケン[ʃitara ikeŋ]句。ハナシュー ——（話をしてはならない）。

シタ⌐ラ オエン[ʃitara oeŋ]句。シタ⌐ライケンよりもぞんざいな言い方。ハナシュー ——（話をしてはならない）。

■**じてんしゃ【自転車】**《社会・交通》

ジテンシャ[ʒitenʃa]【名】

■**しなびる【萎びる】**《植物》⇨しおれる

ヒナエル[hinaeru]【動】ヒナエン，ヒナエタ。ナ⌐スガ ——（木になっている茄子がしなびる）。

スバビル[subabiru]【動】スバビン，スバビタ。ナ⌐スガ ——（木からとった茄子がしなびる）。

■**じなん【次男】**《人間関係》

ジナンボー[ʒinamboː]【次男坊】【名】ジナンとも。真中の子をナカアイと言う。これは二番目に限らず，長男長女と末子以外の何番目でも言う。大勢の場合はオーキーナ カカアイなどと言うこともある。

■しぬ【死ぬ】《動物》
シヌル[ʃinuru]【動】シナン，シンダ，シニマス。①ヒトガ ──(人が死ぬ)。②ケモノガ ──(獣が死ぬ)。③サカナガ ──(魚が死ぬ)。④トリガ ──(鳥が死ぬ)。
ゴネル[goneru]【動】ゴネン，ゴネタ，ゴネマス。悪口を言うような場合に使う卑語。ヒトガ ──(人が死ぬ)。
■じぬし【地主】《職業》
ジヌシ[ʒinuʃi]【名】
■しば【柴】《農・林・漁業》
シバ[ʃiba]【名】
■しばい【芝居】《遊戯》
シベー[ʃibeː]【名】
■しはらい【支払い】《勤怠・難易・経済》
シハライ[ʃiharai]【名】
■しばる【縛る】《時間・空間・数量》
ククル[kukuru]【括る】【動】ククラン，ククッタ，ククリマス。シバルとも言う。ニュー ──(荷物を縛る)。アシュー ──(足を縛る)。⇨むすぶ
■しぶい【渋い】《食》
シビー[ʃibiː]【形】シブーナル，シブケリャー。
■しぶしぶ【渋渋】《行動・感情》
シブシブ[ʃibuʃibu]副詞。── ホンマノコトー イーハジメタ(しぶしぶ本当のことを言い始めた)。
■しぼむ【萎む】《植物》⇨しおれる
シボム[ʃibomu]【動】シボマン，シボンダ，シボミス。ハナガ ──(花がしぼむ)。
■しま【島】《天地・季候》
シマ[ʃima]【名】
■しまう【仕舞う】《住》
ナオス[naosu]【動】ナオサン，ナオシタ，ナオシマス。シマウとも。ドーグ ──(道具をしまう)。
■じまん【自慢】《社会・交通》
ホラー フク[horaː ɸuku]ジブンノコトー

── ──(自分のことを自慢する)。
■しみ【染み】《衣》
シミ[ʃimi]【名】ショーユー タラシテ ──ガ デキタ(しょうゆをたらして染みができた)。
■じみ【地味】《衣》
ジミナ[ʒimina]身なりだけでなく，性格についても言う。
■しめなわ【注連縄】《民俗》
シメナワ[ʃimenawa]【名】新年に門戸に張って，禍神が内に入らぬようにとの意を示すもの。昔は，商家などでは，わらをもらってきて自分で作り，張っていた。
■しめる【閉める】《住》
シメル[ʃimeru]【動】シメン，シメタ，シメマス。トー ──(戸を閉める)。
■しめる【湿る】《時間・空間・数量》
シメル[ʃimeru]【動】シメラン，シメッタ，シメリマス。フトンガ ──(布団が湿る)。
■じめん【地面】《天地・季候》
ジメン[ʒimeŋ]【名】
■しも【下】《天地・季候》
シモ[ʃimo]【名】カワノ ──(川の下)。
■しも【霜】《天地・季候》
シモ[ʃimo]【名】
■しゃがむ【人体】
シャガム[ʃagamu]【動】シャガマン，シャガンダ，シャガミマス。シトガ ──(人がしゃがむ)。
カガム[kagamu]【屈む】【動】カガマン，カガンダ，カガミマス。オテータ モノー カガンデ トル(落とした物をしゃがんで取る)。ヒトガ ──(人がしゃがむ)。
ツクワム[tsukuwamu]【動】ツクワマン，ツクワンダ，ツクワミマス。うずくまる。古い言い方。コドモガ ダダー コネテ ソノバニ ──(子供が駄々をこねてその場にしゃがむ)。ヒトガ ──(人がしゃがむ)。ミチバタニ ──(道端にしゃ

しぬ～じゅうごや　71

■しゃくし【杓子】《食》

シャモジ［∫amoʒi］【杓文字】【名】木の杓子も、金属の杓子も、シャモジと言う。

■しゃし【斜視】《人体》

ヤブニラミ［jabuɲirami］【藪睨み】【名】ヒンガラメとも。

■しゃっきん【借金】《勤怠・難易・経済》

シャクシェン［∫aku∫eɴ］【借銭】【名】

■じゃないか【断定強調の反語・断定強調の念押し】《助詞・助動詞・その他》

ローガ［roːga］①断定強調の反語を表す。モー　セーデ　ヨカローガ（もう、それでいいじゃないか）。②断定強調の念押しを表す。モー　セーデ　ヨカローガ（もう、それでいいじゃないか）。

■しゃぶる《食》

ネブル［neburu］【舐る】【動】ネブラン、ネブッタ、ネブリマス。スルミョー　──（するめをしゃぶる）。赤ん坊にするめをよくしゃぶらせる習慣がある。そのするめを、ネブリコと言う。

■しゃべる【喋る】《人体》⇒いう、かたる、はなす

シャベル［∫aberu］【動】シャベラン、シャベッタ、シャベリマス。口数多く言う。アリャー　ヨー　──（あの人はよくしゃべる）。

モトール［motoːru］【動】モトーラン、モトータ、モトーリマス。口数多く言う。クチガ　ヨー　──（口がよくまわるくしゃべる）。仕事がよくできるという意味でも使う。テガ　──（仕事が早い、うまい）。

ユー［juː］【言う】【動】イワン、ユータ、イーマス。①話す。言う。ヨケーナ　コター　イワンヨーニ　シテツカーセー（余計なことは言わないようにしてください）。敬卑による別の語はない。

■じゃま【邪魔】《勤怠・難易・経済》

イランシェワ［iraɴ∫ewa］イランシェワー　スル（邪魔をする）。邪魔をすることを、デシャバルとも言う。

■しゃれ【洒落】《勤怠・難易・経済》

ヒョーキン［hjoːkiɴ］【名】──オ　ユー（洒落を言う）。

■じゃれる【戯れる】《動物》

ジャレル［ʒareru］【動】ジャレン、ジャレタ、ジャレマス。コイヌガ　──（小犬がじゃれる）。

チョーケル［t∫oːkeru］【動】チョーケン、チョーケタ、チョーケマス。昔の言い方。コイヌガ　──（小犬がじゃれる）。

■じゃんけん【じゃん拳】《遊戯》

ジャンケン［ʒaŋkeɴ］【名】手の形と呼び方は、握りこぶしをグー、イシ、人差し指と中指を立てたのをチョキ、ハサミ、全部開いた形をパー、カミと言う。掛け声はジャンケン　ポン、昔はジャンケンホェーとも言った。

■じゅういちがつ【十一月】《民俗》

ジューイチガツ［ʒuːit∫igatsu］【名】

■しゅうかく【収穫】《農・林・漁業》

シューカク［∫uːkaku］【名】①農作物の取り入れ。コメノ　──ガ　オイカッタ（米の収穫が多かった）。②良い結果。ハナシャェーワ　ナンノ──モ　ナカッタ（話し合いは何の収穫もなかった）。

■しゅうかくいわい【収穫祝い】《民俗》

ニワアゲ［ɲiwaage］【庭上げ】【名】稲刈りがすんで、米を俵に入れてしまい、全部終わったあと、五目飯を作って祝う。

■じゅうがつ【十月】《民俗》

ジューガツ［ʒuːgatsu］【名】十月に行われる行事には、アキマツリがある。そのときには、お鮨を作って食べたり、甘酒を飲んだりする。そして氏神へ参る。

■じゅうごや【十五夜】《民俗》

オツキミ［otsukimi］【御月見】【名】陰暦八月十五夜、及び九月十三夜の月を賞すること。なすで牛やちょうちんを作ったり、白玉粉のお団子をお供えする。そして、すすきを

飾る。

メーゲツ[meːgetsu]【名月】《名》陰暦八月十五夜の月。また九月十三夜の月。なすで牛やちょうちんを作ったり，白玉粉のお団子をお供えして，月を賞する。すすきも飾る。

■しゅうぜん【修繕】《住》
シューゼン[ʃuːzen]《名》イョー ── スル(家を修繕する)。

■しゅうと【舅】《人間関係》
シュート[ʃuːto]《名》敬称としてはオシュートサン。呼びかけにはオトーサン。

■しゅうとめ【姑】《人間関係》
シュートメ[ʃuːtome]《名》敬称としてはオシュートサンで，「姑さん」とは言わない。呼び掛けにはオカーサン。

■じゅうにがつ【十二月】《民俗》
ジューニガツ[ʒuːɲigatsu]《名》

■しゅうにゅう【収入】《勤怠・難易・経済》
モーケ[moːke]《名》

■じゅうのう【十能】《住》
シェンバ[ʃemba]《名》

■じゅうばこ【重箱】《食》
ジューバコ[ʒuːbako]《名》

■じゅくす【熟す】《植物》《農・林・漁業》
ウレル[ureru]【熟れる】《動》ウレン，ウレタ，ウレマース。①カキガ ──(柿が熟す)。ウレタカキ(熟した柿)。栗，稲がウレルとは言わない。

■じゅず【数珠】《民俗》
ジュズ[ʒuzu]《名》
ジズ[ʒizu]《名》

■しゅっさんいわい【出産祝い】《民俗》
シュッサンイワイ[ʃussaɲiwai]《名》お祝いには，産着を贈ることが多い。ヒチヤ(七夜)，フタヒチヤ(生まれて十四日目)。

■しょいこ【背負い子】《農・林・漁業》
該当する語形を得られなかった。この道具はない。

■しょうが【生姜】《植物》

ショーガ[ʃoːga]《名》

■しょうがつ【正月】《民俗》
オショーガツ[oʃoːgatsu]【御正月】《名》喜ばしいことが重なった時，オショーガツガキータ(お正月が来た)と言う。また，そのような時の気持ちを，オショーガツキーブンブン(お正月気分)と言う。

■しょうじ【障子】《住》
ショージ[ʃoːʒi]《名》

■しょうじきだ【正直だ】《行動・感情》
ショージキーナ[ʃoːʒikina]【正直な】アノーカー ──(あの子は正直だ)。

■じょうず【上手】《教育》《時間・空間・数量》
ジョーズ[ʒoːzu]《名》

■じょうだん【冗談】《社会・交通》
ジョーダン[ʒoːdaɲ]《名》── ユー(冗談を言う)。

■しょうにん【商人】《職業》⇨しょうばい
ショーバエニーン[ʃoːbaeɲiɲ]【商売人】《名》

アキーンド[akindo]【商人】《名》

■しょうばい【商売】《職業》⇨しょうにん
ショーーバエ[ʃoːbae]《名》

■じょうひん・じょうひんだ【上品・上品だ】《衣》《社会・交通》
ジョーヒン[ʒoːhiɲ]《名》──ナ ガラ(上品な柄)。

■しょうぶごと【勝負事】《遊戯》
カケーゴト[kakegoto]【賭け事】《名》

■しょうぶのせっく【菖蒲の節句】《民俗》
ショーブ[ʃoːbu]【菖蒲】《名》五月五日の端午の節句に，菖蒲の葉を入れて沸かした風呂にはいる習慣があるので，ショーブと言う。また，この日に柏餅を作る。⇨もものせっく

■しょうべん【小便】《人体》
ショーベン[ʃoːben]《名》①ニンゲンノ ──(人間の小便)。ヒトーガ ── スル(人が小便をする)。②イヌノ ──(犬の小便)。イヌーガ ── スル(犬が小便を

しゅうぜん〜しんぞう　73

する）。
■しょうゆ【醤油】《食》
ショーユ[ʃoːju]【名】
■しょうゆのかび【醤油の黴】《食》
ゾーゾー[zoːzoː]【名】
■しょくじ【食事】《食》
ショク¬ジ[ʃokuʒi]【名】
■しょくじどき【食事時】《食》
ゴハンジ¬ブン[gohanʤibuɴ]【御飯時分】【名】
ゴハンドキ[gohandoki]【御飯時】【名】
■しょくたく【食卓】《住》
ハンダイ[handai]【飯台】【名】チャブダイは，おせん茶の台を言う。
■しょくにん【職人】《職業》
ショクニン[ʃokuɲiɴ]【名】
■しょくよく【食欲】《食》
ショク¬ヨク[ʃokujoku]【名】──ガ　ネ¬ー（食欲がない）。
■しょくりん【植林】《農・林・漁業》
ショクリン[ʃokuɾiɴ]【名】
バッセァー[bassæː]【伐採】【名】
■じょせいせいき【女性性器】《人体》
オソ¬ソ[ososo]【名】
■しょっぱい《食》
カレ¬ー[kareː]【辛い】【形】カ¬ローナ¬ル，カラ¬ケリャー。
■しらが【白髪】《人体》
シ¬ラ[ʃira]【白】【名】
■しらみ【虱】《動物》
シラミ[ʃirami]【名】
■しり【尻】《人体》
シリ¬[ʃiri]【名】尻の肉が厚くなっている所を，シリコ¬ブとかシリタ¬ブと言う。
シリコ¬ブタ[ʃirikobuta]【名】尻の肉づきの厚い所を言う。
シリコ¬ブ[ʃirikobu]【名】尻の肉づきの厚い所。
シリタ¬ブ[ʃiritabu]【名】尻の肉づきの厚い所。

■しりはしょり【尻端折り】《衣》
シリカ¬ラゲ[ʃirikarage]【尻紮げ】【名】
■しりょう【飼料】《農・林・漁業》⇨えさ
エサ¬[esa]【餌】【名】
■しる【汁】《食》
シ¬ル[ʃiru]【名】種類には，スマシジ¬ル，ミソシ¬ル，ウシオジ¬ルなどがある。
オ¬ツ[otsu]【御汁】【名】
■しる【知る】《教育》
シル[ʃiru]【動】シラン，シッタ，シリマス。①分かる。マ¬エカラ　シット¬ル（前から知っている）。②理解する。フランスゴ¬シット¬ル（フランス語を知っている）。③気がつく。ドロボーガ　ハイ¬ッタノーシラ¬ナンダ（泥棒が入ったのを知らなかった）。④人と交際する。アノ¬ヒトノ　コタ¬ー　ヨ¬ー　シット¬ル（あの人のことはよく知っている）。
■しろ【白】《天地・季候》《時間・空間・数量》
シ¬ロ[ʃiro]【名】
■しろい【白い】《時間・空間・数量》
シレ¬ー[ʃireː]【形】シロ¬ーナル，シ¬ロケリャ。アクセントはシローナ¬ル，シロ¬ケリャとも。
■しろかき【代掻き】《農・林・漁業》
シロカキ¬[ʃirokaki]【名】
■しわ【皺】《天地・季候》《人体》
シワ[ʃiwa]【名】①ひだ。②顔のしわ。⇨ひだ
■じんじゃ【神社】《民俗》
オミヤ[omija]【御宮】【名】皇室の祖先や神代の神，または国家に功労のあった人を神として祀ったところ。
■しんせつ・しんせつだ【親切・親切だ】《行動・感情》
シン¬シェツ[ʃiɴʃetsu]【名】①ヒト¬ノ──ガ　ミニ　シミル（人の親切が身にしみる）。②アノ¬ヒタ¬ー──ナ（あの人は親切だ）。
■しんぞう【心臓】《人体》

シンゾー[ʃinzoː]【名】
■しんのあるめし【芯の有る飯】《食》
一語では言わない。ゴハ¬ンニ　シ¬ンガア¬ル（ご飯に芯がある）と言う。
■しんぱい【心配】《行動・感情》
シンペー[ʃimpeː]【名】コドモノ　コト¬ーースル（子供のことを心配する）。
■しんるい【親類】《人間関係》
イ¬ッケ[ikke]【一家】【名】

す

■す【州】《天地・季候》⇨あさせ
ナ¬カ¬ス
[nakasu]
【中州】【名】
スカ[suka]
【名】ぞんざいで下品な言い方。

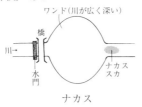

■す【巣】《動物》
ス[su]【名】①鳥の巣。②蜘蛛の巣。
■す【酢】《食》
ス¬[su]【名】
■すいか【西瓜】《植物》
スイカ[suika]【名】ヤマトズイカ，イジンズイカ，ポケットズイカなどの種類がある。
■すいじ【炊事】《食》
ス¬イジ[suiʒi]【名】ス¬イジューする（炊事をする）。
■すいしゃ【水車】《農・林・漁業》
ス¬イシャ[suiʃa]【名】
■すう【吸う】《食》
スー[suː]【動】スワン，スータ，スイマ¬ス。スイモノ　ーー（吸物を吸う）。
■すえ【末】《時間・空間・数量》
スエ[sue]【名】
■すえっこ【末っ子】《人間関係》

オトンボ[otombo]【名】男女ともに言う。特に女の子の末子を言う時はオ¬トゴと言う。オトンボは比較的男児に多く用いる。
オ¬トゴ[otogo]【乙子】【名】女の子の末子に言うことが多い。
■すがた【姿】《天地・季候》《人体》
カッコー[kakkoː]【格好】【名】スガ¬タとも言うが劣勢。
■すき【鋤】《農・林・漁業》
スキ[suki]【名】
■すぎ【杉】《植物》
スギ[sugi]【名】
■すきだ【好きだ】《行動・感情》
スキ¬ナ[sukina]ミカ¬ンガーー（みかんが好きだ）。
■すぎな【杉菜】《植物》
スギナ[sugina]【名】
■すきま【隙間】《天地・季候》
エァーダ[æːda]【間】【名】
■すぐ【直ぐ】《時間・空間・数量》
ス¬グ[sugu]①時間的。ーーニ　ヘンジ¬ースル（すぐに返事をする）。②距離的。ーー　ソコ¬ジャ（すぐそこだ）。ツ¬イ　コ¬ジャとも言う。
■すくない【少ない】《時間・空間・数量》
スクネァ¬ー[sukunæː]【形】スク¬ノーナル，スケ¬ナケリャー。アクセントはスクノ¬ナルとも。
■すこし【少し】《時間・空間・数量》
チ¬ート[tʃiːto]スコ¬ーシ，チョ¬ット，チョビ¬ットとも言う。①程度。ーーエ¬ー（少し良い）。②量。ーーア¬メガ　フル（少し雨が降る）。
■すし【鮨】《食》
ス¬シ[suʃi]【名】種類には，マキ¬ズシ（巻鮨），キツネ¬ズシ（稲荷鮨），バラ¬ズシ（散らし鮨），ニギリ¬ズシ（握り鮨）などがある。
■すす【煤】《住》
ス¬ス[susu]【名】
■すすき【薄】《植物》

スキ

しんのあるめし～すむ　75

ススキ[susuki]〖名〗ススキは山に生え，カヤは平地の土堤の両わきなどに生えている。

■すすはらい【煤払い】《民俗》新のみ

ススハ￢ライ[susuharai]〖名〗大掃除の時，長い棒で，家中の高い所(天井など)をきれいにする。

■すずめ【雀】《動物》

スズ￢メ[suzume]〖名〗

■すずり【硯】《教育》

スズリ￢[suzuri]〖名〗

■すする【啜る】《食》⇨すう

ススル[susuru]〖動〗ススラン，ススッタ，スス リマ￢ス。スイモノ─ ──(吸い物をすする)。オチャ─ ──(お茶をすする)。

■すそ【裾】《衣》

スソ[suso]〖名〗

■すだれ【簾】《住》

スダレ[sudare]〖名〗

■すたれる【廃れる】《衣》《社会・交通》

スタレ￢ル[sutareru]〖動〗スタレ￢ン，スタ￢レタ，スタレマ￢ス。ミニスカ─トガ スタ￢レタ(ミニスカートが廃れた)。

■ずつ【宛】《時間・空間・数量》

ズ￢ツ[zutsu]スコ─シ── タベル(少しずつ食べる)。ヒトツ── ヤル(一つずつやる)。

■ずつう【頭痛】《人体》

アタマ￢ガ　ワリ￢ー[atamaga wari:]【頭が悪い】頭痛が直った時はアタマ￢ガ ヨ─ナ￢ッタ(頭が良くなった)と言う。

■すっかり《時間・空間・数量》

スッカ￢リ[sukkari]── ワスレト￢ッタ(すっかり忘れていた)。ワスレテ イッコ￢モ オボエ￢ン(忘れて全然覚えていない)とも言う。

■すっぱい【酸ばい】《食》

スイ￢ー[sui:]【酸い】〖形〗ス￢ユ─ナル，ス￢イケリャ─。

■すてる【捨てる】《時間・空間・数量》

ステル[suteru]〖動〗ステン，ステタ，ステ

マス。ゴミュ￢─ ──(ごみを捨てる)。

■すな【砂】《天地・季候》⇨いし

スナ[suna]〖名〗

■すなお・すなおだ【素直・素直だ】《行動・感情》

スナオナ[sunaona]── シェ─シツ(素直な性質)。── ジ(素直な字)。

■すね【脛・臑】《人体》

ムコ─￢ズネ[muko:zune]【向こう脛】〖名〗脛の前面を言う。脛を単にスネとは言わない。スネは膝，特に膝頭を言う。

スネ￢[sune]〖名〗膝頭。

スネボ￢ーズ[sunebo:zu]〖名〗膝頭。

スネノサラ[sunenosara]〖名〗膝関節の骨の前面を言う。

■すねる【拗ねる】《人間関係》

スネ￢ル[suneru]〖動〗スネ￢ン，スネ￢タ，スネマ￢ス。コドモガ ──(子供がすねる)。

■すべる【滑る】《時間・空間・数量》

スベ￢ル[suberu]〖動〗スベラ￢ン，スベッタ，スベリマス。アシガ ──(足が滑る)。

■すみ【隅】《天地・季候》

ス￢ミ[sumi]〖名〗ハタケノ──(畠の隅)。ニワノ──(庭の隅)。ヘヤノ──(部屋の隅)。

■すみ【炭】《住》

スミ￢[sumi]〖名〗

■すみ【墨】《教育》

スミ￢[sumi]〖名〗

■すみません【済みません】《社会・交通》

スュ─マシェ￢ン[sy:maʃeɴ]①すみません。申し訳ない。ワスレト￢ッテ ──(忘れていてすみません)。②すみません。ありがとう。イッツ￢モ ──(いつもすみません)。

■すみれ【菫】《植物》

スミレ[sumire]〖名〗

■すむ【住む】《住》

ス￢ム[sumu]〖動〗スマ￢ン，ス￢ンダ，スミマ￢ス。ドコニ ス￢ンドンナラ(どこに住んでいるのか)。

■すもう【相撲】《遊戯》
スモー[sumoː]【名】

■すりきれる【擦り切れる】《衣》
スリキレ￢ル[surikireru]【動】スリキレ￢ン，スリキ￢レタ，スリキレマ￢ス。①擦れて薄くなっただけ。②擦れて穴があく。ズボ￢ンガ ── (ズボンが擦り切れる)。

■すりこぎ【擂り粉木】《食》⇒すりばち
デンギ￢[deŋgi]【名】

■すりばち【擂り鉢】《食》⇒すりこぎ
スリバ￢チ[suribatʃi]【名】

■する【為る】《行動・感情》
スル[suru]【動】シェン，シタ，シマ￢ス。ベンキョー ── (勉強する)。

■ずるい【狡い】《勤怠・難易・経済》
コシ￢ー[koʃiː]【形】コ￢シューナル，コ￢シケリャー。「けちだ」の意味もある。

■すわる【座る】《人体》《住》
スワル[suwaru]【動】スワラン，スワッタ，スワリマ￢ス。①タタミニ ── (畳に座る)。②イスニ ── (椅子に座る)。③アカンボーノ クビガ ── (赤ん坊の首が座る)。座り方の違いによりヨコズワリ，ヘタルを用いる。
カケ￢ル[kakeru]【動】カケ￢ン，カ￢ケタ，カケマス。 スワルとは言わない。イシー ── (椅子に座る)。
ヨコズワリ[jokodzuwari]【横座り】【名】横向きに座る座り方。── スル(横座りする)。
ヘタル[hetaru]【動】ヘタラン，ヘタッタ，ヘタリマス。尻を下につけて座ること。ジ￢メンニ ヘタッタ(地面に尻をつけて座った)。

せ

■せ【背】《人体》

シェ[ʃe]【名】身長。── ガ タケァ￢ー (背が高い)。「後ろ」の意味では，シェナと言う。
シェナ[ʃena]【背】【名】後ろ。タイ￢ヨーニ シェナー ムケテ タ￢ツ(太陽に背を向けて立つ)。

■ぜいきん【税金】《勤怠・難易・経済》
ジェーキン[ʒeːkiŋ]【名】

■せいこうする【性交する】《人体》
オメ￢コー スル[omekoː suru]

■せいざ【正座】《人体》
シェーザ[ʃeːza]【名】「正座する」ことはスワル。スワルと言えば，だいたい正座することを言う。幼児語では，チャンコ￢ースルと言う。
スワル[suwaru]【座る】【動】スワラン，スワッタ，スワリマス。タタミノウエ￢─── (畳の上に正座する)。

■せいしつ【性質】《行動・感情》
シェー￢シツ[ʃeːʃitsu]【名】

■ぜいたく【贅沢】《勤怠・難易・経済》
ジェー￢タク[ʒeːtaku]【名】

■せいぼ【歳暮】《民俗》
オシェーボ[oʃeːbo]【御歳暮】【名】年末の贈答品の意で用いる。必ずオ-をつける。年末の意味では使わない。

■せおう【背負う】《人体》《職業》
オ￢ウ[ou]【動】オワン，オ￢ータ，オイマ￢ス。①背中で物を支え持つ。荷物を負う。シェナカニ ニ￢モツ ── (背中で荷物を背負う)。②子供を負う。ア￢カチャンオ ── (赤ちゃんを負う)。アカンボー ── (赤ん坊を背負う)。対象による差はない。

■せき【堰】《天地・季候》
セキ￢[seki]【名】用水取り入れのため水をせき止めているもの。
ヒ[hi]【名】セキと同意。
ヨー￢スイ[joːsui]【用水】【名】堰から流れていく水路。

■せき【咳】《人体》
シェキ⌐[ʃeki]【名】カジョー　ヒーテ　──　ガ　デル(風邪をひいてせきが出る)。「せきをする」という動詞形は，コズ⌐クと言う。

コズ⌐ク[kozuku]【動】コズカ⌐ン，コズュ⌐ータ，コズキマス。せきをする。カジョー　ヒーテ　──(風邪をひいてせきをする)。昔の言い方。今はシェ⌐ク(せく)と言う。

シェ⌐ク[ʃeku]【咳く】【動】シェカ⌐ン，シェ⌐ータ，シェキマス。カジョー　ヒーテ　──(風邪をひいてせきをする)。

■せきたん【石炭】《天地・季候》⇒せきゆ
シェキ⌐タン[ʃekitaŋ]【名】
ゴーヘーダ[goːheːda]【名】今の老年層が子供のころは使っていた。今は使わない。

■せきゆ【石油】《天地・季候》⇒せきたん
シェキユ[ʃekiju]【名】

■せきれい【鶺鴒】《動物》
セキレー[sekireː]【名】理解語彙。

■せっけん【石鹸】《衣》《住》
シェ⌐ッケン[ʃekken]【名】

■ぜっこう【絶交】《社会・交通》
ジェッコー[ʒekkoː]【名】トモダチト　──　スル(友達と絶交する)。

■せつぶん【節分】《民俗》
マメマキ⌐[mamemaki]【豆撒き】【名】節分の夕暮れ，「鬼は外，福は内」と言って豆をまく習慣があるため，マメマキと言う。セツブンとも言う。

■せなか【背中】《人体》
シェナ[ʃena]【背】【名】①背中。シェナカとも言う。②後ろ。タイ⌐ヨーニ　シェナ⌐ームケテ　タ⌐ツ(太陽に背を向けて立つ)。

シェナカ[ʃenaka]【名】

■せぼね【背骨】《人体》
シェボネ[ʃebone]【名】

■せまい【狭い】《時間・空間・数量》
セメァ⌐ー[semæː]【形】セモーナル，セマケリャ。アクセントはセモーナ⌐ルとも。

①面積が少ない。ニワガ　──(庭が狭い)。
②カタ⌐ミガ　──(肩身が狭い)。

■せみ【蝉】《動物》
シェミ⌐[ʃemi]【名】
ヒグ⌐ラシ[higuraʃi]【蜩】【名】ひぐらし。
オーシェミ[oːʃemi]【大蝉】【名】熊蝉。
カタビラ⌐[katabira]【名】みんみん蝉。
コジェミ[koʒemi]【小蝉】【名】油蝉。

■せり【芹】《植物》
シェリ⌐[ʃeri]【名】

■せる・させる【強制・許容】《助詞・助動詞・その他》
ス[su]①強制。ノミ⌐トーネ⌐ーヒト⌐ニ　サキョー　ノマ⌐ス(飲みたくない人に酒を飲ませる)。②許容。ノミテ⌐ーダ⌐キ　ノマ⌐ス(飲みたいだけ飲ませる)。

サス[sasu]①強制。ム⌐リニ　オモ⌐チャーステサス(無理におもちゃを捨てさせる)。五段活用以外の動詞に接続。②許容。ステテ⌐ー　ユ⌐ーンデ　ステサス(捨てたいと言うので捨てさせる)。一段活用の場合。五段活用動詞にはスの形で接続する。

■せわ【世話】《社会・交通》
メンド⌐ー[mendoː]【面倒】【名】ヒト⌐ノ　メンド⌐ー　ミ⌐ル(人の世話をする)。

■ぜん【膳】《食》
オジェン[oʒeŋ]【御膳】【名】足のついているものと，足のついていないものと，二種類ある。名前は特に区別しない。

■せんげつ【先月】《時間・空間・数量》
シェン⌐ゲツ[ʃeŋgetsu]【名】

■せんこう【線香】《民俗》
シェン⌐コー[ʃeŋkoː]【名】

■せんせい【先生】《教育》
シェンシェ[ʃeŋʃe]【名】アクセントはシェン⌐シェとも。

■せんぞ【先祖】《人間関係》
ゴシェ⌐ンゾ[goʃeŋzo]【御先祖】【名】普通接頭語ゴ──を略さない。

■せんたく【洗濯】《衣》

シェンタク[ʃentaku]〘名〙シェンタクというのは、洋服に対して言い、和服に対しては、アライハリと言う。

■せんちょう【船長】《農・林・漁業》⇨せんどう

シェン˥チョー[ʃentʃoː]〘名〙

■せんどう【船頭】《農・林・漁業》⇨せんちょう

シェンド˥ー[ʃendoː]〘名〙

■ぜんぶ【全部】《時間・空間・数量》

ジェ˥ンブ[ʒembu]〘名〙①——ノ　カモクガ　マンテ˥ンジャッタ(全部の課目が満点だった)。②——　ヨ˥ンデシモ˥ータ(全部読んでしまった)。

■せんべい【煎餅】《食》

シェ˥ンベー[ʃembeː]〘名〙①米粉のせんべい。②小麦粉のせんべい。

■ぜんまい【薇】《植物》

ゼンメァー[zemmæː]〘名〙

そ

■そ【強い断定】《助詞・助動詞・その他》⇨さ

ゾ[zo]助詞。文の終わりに下接し、強い断定を表す。ソケ˥ー　ア˥ルゾ(そこにあるぞ)。

ガ[ga]助詞。文の終わりに下接し、強い断定を表す。ソケ˥ー　ア˥ルガ(そこにあるぞ)。

デ[de]助詞。文の終わりに下接し、強い断定を表す。ソケ˥ー　ア˥ルデ(そこにあるぞ)。

■そいつ【其奴】《助詞・助動詞・その他》⇨あいつ、こいつ

セー˥ツ[seːtsu]目下に言う。主に男性が用い、「ソノヒト」「ソイツ」に相当する。女性は「ソノ˥ヒト」を用いる。[soitsu]が融合して[seːtsu]になった。

セー[seː]目下に言う。主に男性が用い、「ソノヒト」「ソイツ」に相当する。

ソノメー[sonomeː]目下。主に女性が用い、「ソノヒト」に相当する。古い語。

■そいつら【其奴等】《助詞・助動詞・その他》

セーツラ˥ー[seːtsuraː]目下に。複数。主に男性が用い、「ソノヒトラ(タチ)」「ソイツラ」に相当する。女性は「ソノ˥ヒトラー」を用いる。[soitsuraː]が融合して[seːtsuraː]になった。

セーラ˥ー[seːraː]目下に。複数。主に男性が用い、「ソノヒトラ(タチ)」「ソイツラ」に相当する。

ソノメーラ˥ー[sonomeːraː]目下に。複数。主に女性が用い、「ソノヒトラ(タチ)」に相当する。古い語。

■そう【然う】《助詞・助動詞・その他》⇨ああ、こう

ソネー[soneː]情態を表す。

■ぞうきん【雑巾】《住》

ゾーキ˥ン[zoːkiɴ]〘名〙

■そうじ【掃除】《住》

ソージ[soːʑi]〘名〙ソージュー　スル(掃除をする)。

■そうしき【葬式】《民俗》

ソー˥シキ[soːʃiki]〘名〙葬礼関係の語として、コツアゲ(骨上げ)、ユーカン(湯灌)、ノーカン(納棺)などがある。

■ぞうすい【雑炊】《食》

ゾースイ[zoːsui]〘名〙

■そうそふ【曽祖父】《人間関係》

オーキーオジ˥ーサン[oːkiːoʑiːsaɴ]【大きい御爺さん】〘名〙①名称。ヒ˥ージーサン、ヒ˥ンジサン、ヒ˥ンジーサンとも。曽々祖父はツ˥ルジーサン。曽々々祖父はシャ˥ハジーサン。②呼称。オジ˥ーサンとも。

■そうそぼ【曽祖母】《人間関係》

オーキーオバ˥ーサン[oːkiːobaːsaɴ]【大きい御婆さん】〘名〙①名称。ヒ˥ーバーサン、ヒ˥ンバサン、ヒ˥ンバーサン、オーババとも。曽々祖母はツ˥ルバーサン、曽々々祖母はシャ˥ハバーサン。②呼称。オバ˥

せんちょう～そのひと　79

ーサンとも。

■**そうだ**【様態・伝聞】《助詞・助動詞・その他》

ソーナ[soːna]① 様態。用言の連用形に接続する。ソ⌐ター　デーブ　サムソ⌐ーナ（外はだいぶ寒そうだ）。コノ　オカ⌐シワ　オイシソーナ（ウマソ⌐ーナとも）（このお菓子はおいしそうだ）。② 伝聞。用言の終止形に接続する。アノカー　ゴーカクシタ　ソ⌐ーナ（あの子は合格したそうだ）。終止・連体形ともにソーナ。

■**そうだん**【相談】《社会・交通》

ソーダン[soːdaɴ]【名】オヤ⌐ニ　　　スル（親に相談する）。

■**ぞうり**【草履】《衣》

ゾー⌐リ[zoːri]【名】

■**そうりょ**【僧侶】《職業》

オジュッチャン[oʒutʃaɴ]【名】

ボーサ⌐ン[boːsaɴ]【坊さん】【名】ボンサンとも言う。

オショーニ⌐ン[oʃoːɲiɴ]【御上人】【名】日蓮宗の場合。呼び掛けにはオショーニ⌐ンサン。

オジュ⌐ージ[oʒuːʒi]【御住持】【名】真言宗の場合。呼び掛けにはオジュッツァン。

オテラサマ[oterasama]【御寺様】【名】

■**そこ**【底】《天地・季候》

ソコ[soko]【名】タニナドノ　　　（谷などの底）。

■**そこ**【其処】《助詞・助動詞・その他》⇨あそこ

ソコ⌐[soko]所を表す。

■**そこら**【其処ら】《助詞・助動詞・その他》

ソノヘン[sonoheɴ]【其の辺】所を表す。

■**そだつ**【育つ】《植物》《民俗》

ソダ⌐ツ[sodatsu]【動】ソダタ⌐ン，ソダッ⌐タ，ソダチマ⌐ス。植物が育つ。バラガ　　　（バラが育つ）。

オーキューナ⌐ル[oːkjuːnaru]【大きくなる】オーキューナラ⌐ン，オーキューナ⌐ッタ，オーキューナリマ⌐ス。子供が成長する。コドモガ　　　（子供が育つ）。

■**そだてる**【育てる】《動物》《教育》新のみ

ソダテ⌐ル[sodateru]【動】ソダテ⌐ン，ソダ⌐テタ，ソダテマス。コドモー　　　（子供を育てる）。

オー⌐キュースル[oːkjuːsuru]【大きくする】コドモー　　　（子供を育てる）。

■**そちら**【其方ら】《天地・季候》《助詞・助動詞・その他》⇨そっち，あちら，こちら

ソッチ[sottʃi]方角を表す。

■**そっち**【其方】《助詞・助動詞・その他》新のみ⇨そちら

ソッチ[sottʃi]方角を表す。

■**そっと**《行動・感情》

ソ⌐ット[sotto]副詞。①　　　コドモー　ダク（そっと子供を抱く）。② コーフンシト⌐ルカラ　　　シト⌐ク（興奮しているのでそっとしておく）。　　　ナミ⌐ダーフク（そっと涙をふく）。

■**そで**【袖】《衣》

ソデ[sode]【名】袖の種類（着物の場合）には，女性用として，フリソデ（振り袖），チューフリソデ（中振り袖），ゲンロクソ⌐デ（元禄袖）などがあり，男性用として，フナゾコソ⌐デがある。特に，女性では，袖の丸みは年齢によって違う。

■**そと**【外】《天地・季候》《時間・空間・数量》

ソ⌐ト[soto]【名】① 外側。② 家の外。エ⌐ノ　　　（家の外）。ヤシキマ⌐ワリ（家の外）とも。

■**その**【其の】《助詞・助動詞・その他》⇨あの，この

セーノ[seːno]関係を表す。ソレノから。

■**そのかた**【其の方】《助詞・助動詞・その他》⇨あのかた，このかた，そのひと

ソノ⌐ヒト[sonohito]【其の人】目上に。男女ともに用いる。

ソノメ⌐ー[sonomeː]目上に。主に女性が用い，「ソノカタ」「ソノヒト」に相当する。古い語。

■**そのひと**【其の人】《助詞・助動詞・その他》⇨そ

のかた

セーˉツ[seːtsu]【其奴】同等。主に男性が用い、「その人」「そいつ」に相当する。女性はソノˉヒトを用いる。[soitsu]が融合して[seːtsu]になった。

セー[seː]同等。主に男性が用い、「その人」「そいつ」に相当する。

ソノメー[sonomeː]同等。主に女性が用い、「その人」に相当する。古い語。

■そのまま【其の儘】《時間・空間・数量》

ソノマˉマ[sonomama]——ニ　シトˉク（そのままにしておく）。

■そば【蕎麦】《植物》《食》

ソバ[soba]【名】①植物としてのそば。②食品としてのそば。そば粉はソバコと言う。

■そば【側】《時間・空間・数量》

ヘリˉ[heri]【縁】【名】ミシェˉノ　——（店のそば）。

■そふ【祖父】《人間関係》

オジˉーサン[oʤiːsaɴ]【御爺さん】【名】①名称。ソフの語は学校で習った語で、日常あまり用いない。②呼称。オジˉーチャンとも。ジジˉー（卑語）。オジˉーは、子供が言う。

■そぼ【祖母】《人間関係》

オバˉーサン[obaːsaɴ]【御婆さん】【名】①名称。ソボの語は学校で習った語で、日常あまり用いない。②呼称。オバˉーチャンとも。バハˉー、オバˉーは卑語。

■そら【空】《天地・季候》

ソˉラ[sora]【名】空と区別された「天」という概念はない。

■そらまめ【蚕豆・空豆】《植物》

ソラˉマメ[soramame]【名】

■そり【橇】《社会・交通》

ソˉリ[sori]【名】

■そる【剃る】《衣》

ソˉル[soru]【動】ソラˉン、ソˉッタ、ソリマˉス。ヒギョー　——（髭を剃る）。

■それ【其れ】《助詞・助動詞・その他》⇨あれ、こ

れ

セー[seː]物を表す。ソレの融合変化。

■それら【其れら】《助詞・助動詞・その他》⇨あれら、これら

セーラˉー[seːraː]物を表す。ソレラーからの変化。

■そろそろ《行動・感情》

ソˉロソˉロ[sorosoro]①——　デカキョˉー（そろそろ出かけよう）。②——　アˉツーナッテキタ（そろそろ暑くなってきた）。③——　アルˉク（そろそろ歩く）。

ボˉツボツ[botsubotsu]やがて、まもなく。しだいに、ゆっくり、少しずつ。①——　デカキョˉー（そろそろ出かけよう）。②——　アˉツーナッテキタ（そろそろ暑くなってきた）。③——　アルˉク（ゆっくり歩く）。

■そろばん【算盤】《教育》《勤怠・難易・経済》

ソロバン[sorobaɴ]【名】

■そん【損】《勤怠・難易・経済》

ソˉン[soɴ]【名】——　スル（損をする）。

■ぞんざい・ぞんざいだ《時間・空間・数量》

ゾンˉゼァーナ[zoɴzæːna]——　コトバ（ぞんざいなことば）。昔はベラˉナとも言った。ベラˉナ　コトバ（ぞんざいなことば）。

■そんとく【損得】《勤怠・難易・経済》

ソˉントク[sontoku]【名】

トク[toku]【得】【名】トクー　スル（得をする）。

ソˉン[soɴ]【損】【名】——　スル（損をする）。

■そんな《助詞・助動詞・その他》

ソネーナ[soneːna]情態を表す。

た

■た【田】《農・林・漁業》

タ[ta]【名】

■た【過去】《助詞・助動詞・その他》

タ[ta]テガミュー　ケァ￣タ(手紙を書いた)。ケ￣サー　ボッコー　ネム￣タカッター(今朝はとても眠かった)。

ダ[da]ホ￣ン　ヨ￣ンダ(本を読んだ)。

■だ【断定】《助詞・助動詞・その他》

ジャ[ʒa]名詞に下接し、断定を表す。コリ￣ャー　ワシノ　ホ￣ンジャ(これは私の本だ)。

■たい【鯛】《動物》

ティァ￣ー[tæː]〖名〗

■たい【希望】《助詞・助動詞・その他》

ティァー[tæː]動詞、助動詞の連用形に接続し、動作の主体の希望を表す。オヤ￣ー　アンシンサシェ　ティァ￣ー(親を安心させたい)。ハ￣ヨー　イキティァ￣ー(早く行きたい)。

■だいく【大工】《職業》

ダイ￣ク[daiku]〖名〗

■たいくつだ【退屈だ】《行動・感情》

テークツナ[teːkutsuna]ナン￣モ　スルコト￣ガ　ノーテ　──(何もすることがなくて退屈だ)。

■たいこ【太鼓】《遊戯》

ティァ￣ーコ[tæːko]〖名〗

■だいこん【大根】《植物》

ダイ￣コ￣ン[daikoŋ]〖名〗ミヤエダイコン、ショーゴインダイコン、シリマルダイコンなどの種類がある。

■だいじ・だいじにする【大事・大事にする】《勤怠・難易・経済》

デージ￣[deːʒi]〖名〗──ニ　スル(大事にする)。

■だいず【大豆】《植物》

ダイ￣ズ[daizu]〖名〗

ミソ￣マメ[misomame]【味噌豆】〖名〗古い語。

■だいどころ【台所】《住》

ダイ￣ドコロ[daidokoro]〖名〗昔は、カマヤ、スイジバとも言った。

■たいひ【堆肥】《農・林・漁業》

タ￣イヒ[taihi]〖名〗

■たいふう【台風】《天地・季候》

オーカ￣ゼ[oːkaze]【大風】〖名〗ティーフ￣ーとも。⇨あらし

■だいべん【大便】《人体》

クソ￣[kuso]【糞】〖名〗①人間の大便。ニンゲンノ　──(人間の大便)。ヒト￣ガ　クソ￣　スル(人間が大便をする)。クソ￣ヒ￣ル、タレ￣ルとも言う。②犬の大便。イヌ￣ノ　──(犬の大便)。イヌ￣ガ　クソ￣　スル(犬が大便をする)。ヒ￣ル、タレ￣ルとも言う。③鳥の大便。トリノ　フ￣ン(鳥の糞)。トリガ　フ￣ンオ　タレ￣ル(鳥が糞をする)。

■たいよう【太陽】《天地・季候》

ティァ￣ーヨ[tæːjoː]〖名〗

ティァ￣ーヨーサマ[tæːjoːsama]【太陽様】〖名〗

オヒ￣サマ[ohisama]【御日様】〖名〗

ニッテン￣ノーサマ[ɲittennoːsama]〖名〗昔の言い方。

■たいら・たいらだ【平ら・平らだ】《時間・空間・数量》

スギ￣ー[sugiː]〖形〗ス￣グーナル、ス￣グケリャ。──トコ(平らな所)。

■たうえ【田植え】《農・林・漁業》

タウエ￣[taue]〖名〗

■たおこし【田起こし】《農・林・漁業》

タンボー　ツカウ[tamboː tsukau]

■たおす【倒す】《時間・空間・数量》

タオ￣ス[taosu]〖動〗タオサ￣ン、タウェ￣ータ、タオシマス。キュ￣ー　──(木を倒す)。

■たおれる【倒れる】《時間・空間・数量》新のみ

タオレ￣ル[taoreru]〖動〗タオレ￣ン、タオレタ、タオレマス。キ￣ガ　──(木が倒れる)。

■たかい【高い】《時間・空間・数量》

タケァ￣ー[takæː]〖形〗タ￣コーナル、タ￣カ

ケリャ。①シェ˥ガ ── (背が高い)。②ヤマ˥ガ ──(山が高い)。③ソ˥ラガ ── (空が高い)。

■たかげた【高下駄】《衣》
タカゲタ[takageta]【名】

■たがやす【耕す】《農・林・漁業》
オコ˥ス[okosu]【起こす】【動】オコサ˥ン，オコ˥シタ，オコシマス。ハタキョー ── (畑を耕す)。

■たき【滝】《天地・季候》
タキ[taki]【名】

■たきぎ【薪】《住》《農・林・漁業》
ワリキ[wariki]【割り木】【名】たてに割って燃えやすくした木。
タキツケ[takitsuke]【焚き付け】【名】種類は，マツや細い木など。

■たきび【焚き火】《住》
トンド[tondo]【名】

■たく【炊く】《食》⇒にる
タク[taku]【動】タカ˥ン，タイタ，タキマ˥ス。ゴハン ── (ご飯を炊く)。

■だく【抱く】《人体》
ダク[daku]【動】ダカ˥ン，ダ˥ータ，ダキマ˥ス。片手で支え持つ場合にも言う。人，動物を対象。アカンボー ── (赤ん坊を抱く)。荷物を両手で抱く場合はカカエルを用いる。
カカエル[kakaeru]【抱える】【動】カカエ˥ン，カケ˥ータ，カカエマ˥ス。主に荷物について，両手で抱く場合に言う。ニ˥モツー ── (荷物を抱える)。

■たくあん【沢庵】《食》
コ˥ーコ[koːko]【香香】【名】

■たくさん【沢山】《時間・空間・数量》⇒おおい
ヨ˥ーケ[joːke]【余計】── ア˥ル(たくさんある)。
イケァ˥ーコト[ikæːkoto]── ア˥ル(たくさんある)。
ボッ˥コー[bokkoː]── ア˥ル(たくさんある)。

ギョー˥サン[gjoːsaɴ]【仰山】── ア˥ル(たくさんある)。

■たけ【竹】《植物》
タケ[take]【名】モーソーダケ，マダケ，ハチク，クロダケなどの種類がある。

■たけ【丈】《衣》
タケ[take]【名】タキとも言う。

■だけ【量的限定・範囲の限定】《助詞・助動詞・その他》
ダケ[dake]①量の限定を表す。劣勢。テ˥ー モテルダ˥ケ モト˥ー(手に持てるだけ持とう)。②範囲の限定。ワシダ˥ケイク(私だけ行く)。
ダキ[daki]①量の限定を表す。優勢。テ˥ー モテルダ˥キ モト˥ー(手に持てるだけ持とう)。②範囲の限定。ワテダ˥キ イク(私だけ行く)。

■たけうま【竹馬】《遊戯》
タケウマ[takeuma]【名】

■たけのこ【筍】《植物》
タケノ˥コ[takenoko]【名】

■たこ【蛸】《動物》
タ˥コ[tako]【名】

■たこ【胼胝】《人体》
タコ˥[tako]【名】

■たこ【凧】《遊戯》
イカ[ika]【烏賊】【名】細い竹の骨に紙を張り，糸を付けて空に飛ばすおもちゃ。大小にかかわらずイカと言った。

■だし【出汁】《食》
ダシ[daʃi]【名】煮出し汁。材料による名称の区別はない。ダシュ˥ー トル(出汁をとる)。

■だし【山車】《民俗》
ダシ[daʃi]【名】
ダンジリ˥[danʒiri]【名】

■だす【出す】《時間・空間・数量》
ダ˥ス[dasu]【動】ダサ˥ン，ダ˥ータ，ダシマス。①外に示す。コ˥ヨー ── (声を出す)。②テ˥ョー ── (手を出す)。

たかげた～たはた　83

■**たすき**【襷】《衣》
タ⌐スキ[tasuki]〖名〗タスキュー　カケ⌐ル
（たすきを掛ける）。

■**たずねる**【尋ねる・訪ねる】《行動・感情》
タズネ⌐ル[tazuneru]〖動〗タズネ⌐ン，タ
ズネタ，タズネマ⌐ス。①探し求める。
ハ⌐ハオ　──（母を尋ねる）。②訪れる。
シェンペァーノ　イヨ⌐ー　──（先輩の家
を訪ねる）。

ト⌐ウ[tou]【問う】〖動〗トワン，トータ，トェ
ーマ⌐ス。質問する。カンジノ　ヨミカ⌐タ
ー（漢字の読み方を尋ねる）。

■**たたく**【叩く】《社会・交通》《時間・空間・数量》
タタ⌐ク[tataku]〖動〗タタカ⌐ン，タタァ⌐
タ，タタキマ⌐ス。①ボーデ　──（棒で叩
く）。②ヒラテデ　──（平手で叩く）。③
タイコー　──（太鼓を叩く）。タイコー
ウ⌐ツ（太鼓を打つ）。

■**たたみ**【畳】《住》
タタ⌐ミ[tatami]〖名〗

■**たたむ**【畳む】《衣》
タタ⌐ム[tatamɯ]〖動〗タタマ⌐ン，タタンダ，
タタミマ⌐ス。キモノー　──（着物を畳
む）。カ⌐サー　──（傘を畳む）。

■**たつ**【立つ】《人体》《住》
タテ⌐ル[tateru]【立てる】〖動〗タテラ⌐ン，
タテ⌐ッタ，タテリマ⌐ス。アクセントはタ
テルとも。足で支えてまっすぐになる。ヒ
ト⌐ガ　タテ⌐ットル（人が立っている）。

タ⌐ツ[tatsu]【立つ】〖動〗その場を離れる。
セキュー　──（席を立つ）。

■**だって**【強調】《助詞・助動詞・その他》
デモ[demo]コドモデ⌐モ　シット⌐ル（子供
でも知っている）。

■**だって**【疑問】《助詞・助動詞・その他》
ジャッテ[ʒatte]文の終わりに ド接し，疑問
を表す。エッ⌐ク⌐ルンジャッテ（えっ，来
るのだって）。ド⌐ー　ナンジャッ⌐テ（えっ，
何だって）。ジャ⌐テとも。

■**たて**【縦】《天地・季候》《時間・空間・数量》

タ⌐テ[tate]〖名〗

■**たてる**【建てる】《住》
タテ⌐ル[tateru]〖動〗タテ⌐ン，タ⌐テタ，タ
テマ⌐ス。イヨ⌐ー　──（家を建てる）。

タ⌐ツ[tatsu]【建つ】〖動〗タタ⌐ン，タ⌐ッタ，
タテマ⌐ス。イヨ⌐ー　──（家が建つ）。

■**たな**【棚】《住》
タ⌐ナ[tana]〖名〗

■**たなばた**【七夕】《民俗》
タナバ⌐タサマ[tanabatasama]【七夕様】
〖名〗岡山では，八月七日に行う年中行事の
一つ。短冊に願い事を書いて葉竹につけて
立てる。

■**たに**【谷】《天地・季候》
タ⌐ニ[taɲi]〖名〗

■**たにし**【田螺】《動物》
タ⌐ニシ[taɲiʃi]〖名〗

■**たぬき**【狸】《動物》
タ⌐ヌキ[tanuki]〖名〗

■**たね**【種】《植物》
タ⌐ネ[tane]〖名〗

■**たねまき**【種蒔き】《農・林・漁業》
タネ⌐マキ[tanemaki]〖名〗

■**たのしい**【楽しい】《行動・感情》
タノシ⌐ー[tanoʃiː]〖形〗タノシューナ⌐ル，
タ⌐ノシケリャー。エンソカー　──（遠足
は楽しい）。

タノシミ⌐ナ[tanoʃimina]【楽しみだ】形容
動詞。コドモノ　シェーチョーダ⌐キガ
──（子供の成長だけが楽しみだ）。

■**たのむ**【頼む】《社会・交通》
タノ⌐ム[tanomu]〖動〗タノマ⌐ン，タノ⌐ン
ダ，タノミマ⌐ス。ヒト⌐ニ　カイモノー
──（人に買い物を頼んだ）。

■**たばこ**【煙草】《食》《農・林・漁業》
タバコ[tabako]〖名〗タバコー　スー（煙草
を吸う）。刻み煙草をキザミと言う。

■**たはた**【田畑】《農・林・漁業》
該当する語形は得られなかった。田畑の総称
はない。

■たび【足袋】《衣》
タビ[tabi]【名】大工・農業用の足袋は，ジカタビと言う。
■たび【旅】《社会・交通》
タビ[tabi]【名】
■たぶん【多分】《行動・感情》
タブン[tabuɴ]── アスワ アメジャロー(たぶん，明日は雨だろう)。──ニウタガワシー(多分に疑わしい〈稀〉)。── ノ キフ(多分の寄付〈稀〉)。
キット[kitto]きっと。アメャー ── フル(雨はきっと降る)。
■たべもの【食べ物】《食》
タベモン[tabemoɴ]【名】
■たま【玉・球・弾】《天地・季候》
タマ[tama]【名】
■たまご【卵】《動物》
タマゴ[tamago]【名】
■だます【騙す】《社会・交通》
ダマクラカス[damakurakasu]【騙くらかす】【動】ダマクラカサン，ダマクラカシタ，ダマクラカシマス。ヒトー──(人を騙す)。
■たまねぎ【玉葱】《植物》《食》
タマネギ[tamanegi]【名】タマネギとも言う。
■たまる【溜る】《時間・空間・数量》
タマル[tamaru]【動】タマラン，タマッタ，タマリマス。①ミズガ ──(水がたまる)。②オカネガ ──(お金がたまる)。
■だまる【黙る】《社会・交通》
ダマル[damaru]【動】ダマラン，ダマッタ，ダマリマス。チューイサレタカラ ダマッタ(注意されたので黙った)。
■だめ【駄目】《時間・空間・数量》
イケン[ikeɴ]──コト(だめなこと)。
オエン[oeɴ]──コト(だめなこと)。ぞんざいな言い方。
■ためる【貯める】《勤怠・難易・経済》
タメル[tameru]【動】タメン，タメタ，タメ

マス。ジェニュー ──(金をためる)。
■たもあみ【攩網】《農・林・漁業》
ドージリ[doːʒiri]【名】竹であんだ籠を用いるもの。
スキーダマ[sukiːdama]【名】四つ手網から魚をすくい取るのに使うたも。

スキーダマ

■たもと【袂】《衣》
タモト[tamoto]【名】
■たよる【頼る】《社会・交通》
タヨル[tajoru]【動】タヨラン，タヨッタ，タヨリマス。ヒトニ ──(人に頼る)。
■たらい【盥】《衣》
タライ[tarai]【名】
■だらしない【衣】《行動・感情》
ダラシネー[daraʃineː]【形】ダラシノーナル，ダラシナケリー・ダラシナケリャー。①時間・約束などを守らない。アノヒタ ジカンニ ──(あの人は時間にだらしない)。②身なりなどがきちんとしていない。── カッコー(だらしのない格好)。
■たりない【足りない】《時間・空間・数量》
タラン[taraɴ]【足らん】ミズガ ──(水が足りない)。
■たるき【垂木】《住》
タルキ[taruki]【名】
■だろう【推量】《助詞・助動詞・その他》
ジャロー[ʒaroː]動詞の終止形に接続する。ソッカラナラ ヨー ミエルジャロー(そこからなら，よく見えるだろう)。断定の助動詞を介さずにミョー(「見え・う」の融合変化)と言う方が多い。
■たわし【束子】《食》
タワシ[tawaʃi]【名】
■たわら【俵】《農・林・漁業》
ターラ[taːra]【名】

■だんご【団子】《食》
ダンゴ[daŋgo]【名】

■たんじょう【誕生】《民俗》
オタンジョー[otaŋʒoː]【御誕生】【名】この日に，一升餅を赤ん坊の背中に背負わす習慣がある。
タジョー[taʒoː]【名】オタンジョーと同義。

■たんす【箪笥】《住》
タンス[tansu]【名】

■だんせいせいき【男性器】《人体》
チンポ[tʃimpo]【名】
キンダマ[kindama]【金玉】【名】睾丸。

■だんだん【段段】《時間・空間・数量》
ダンダン[dandaŋ]── ヨーナル(だんだん良くなる)。

■たんぽぽ【蒲公英】《植物》
タンポポ[tampopo]【名】根から抜き取り，陰干しにしたものを煎じて飲むと，利尿剤になる。

ち

■ち【血】《人体》
チ[tʃi]【名】幼児語はベンベン。血液。血統はチスジと言う。
チスジ[tʃisuʒi]【血筋】【名】血統。

■ちいさい【小さい】《時間・空間・数量》⇨こまかい，ほそい
コメァー[komæː]【細い】【形】コモーナル，コマケリャ。アクセントはコモーナルとも。カラガ ──(体が小さい)。⇨こまかい

■ちかい【近い】《時間・空間・数量》
チケァー[tʃikæː]【形】チコーナル，チカケリャ。アクセントはチコーナル，チカケリャとも。

■ちから【力】《人体》
チカラ[tʃikara]【名】

■ちち【乳】《人体》《食》
チチ[tʃitʃi]【名】①乳房。②母乳。③牛乳，ミルク。男女老幼の差はない。
チマメ[tʃimame]【名】乳首。

■ちち【父】《人間関係》
チチ[tʃitʃi]【名】①名称。オトーサン，オヤジ(卑語)とも。②呼称。オトーサン，オトーチャン，オトンとも。オトンは昔の語。漁師町ではオトーといった(理解語)。

■ちゃ【茶】《植物》《食》
オチャ[otʃa]【御茶】【名】①植物としての茶。②飲み物としての茶。オチャー　イレル(お茶を入れる)。
チャチャ[tʃatʃa]【名】オチャの幼児語。飲み物としての茶。

■ちゃづけ【茶漬け】《食》
チャズケ[tʃazuke]【名】

■ちゃわん【茶碗】《食》
チャワン[tʃawaŋ]【名】チャワンと言うと，メシジャワンをさし，お茶を飲むものは，ユノミジャワンと言う。

■ちゅうい【注意】《行動・感情》
キーツケル[kiːtsukeru]【気を付ける】クルマニ ──(車に注意する)。

■ちゅうげん【中元】《民俗》
オチューゲン[otʃuːgeŋ]【御中元】【名】旧暦七月十五日自体の称では用いない。このころの贈答の品に言う。必ずオーをつける。──オ　オクル(中元を贈る)。

■ちょう【蝶】《動物》
チョーチョ[tʃoːtʃo]【蝶蝶】【名】蛾のことを言うこともある。⇨が
チョコマ[tʃokoma]【名】昔の語。

■ちょう【腸】《人体》
チョー[tʃoː]【名】

■ちょうし【銚子】《食》
チョーシ[tʃoːʃi]【名】

■ちょうじょ【長女】《人間関係》
チョージョ[tʃoːʒo]【名】一人娘の跡継ぎの

場合はソーリョーム┐スメ。

■**ちょうど**【丁度】《時間・空間・数量》

チョー┐ド[tʃoːdo]── ヨ┐カッタ（ちょう
ど良かった）。

ツッキ┐リ[tsukkiri]昔の語。── ヨ┐カ
ッタ（ちょうど良かった）。

■**ちょうなん**【長男】《人間関係》

ソーリョー[soːrjoː]【総領】〖名〗ソーリョー
ム┐スコとも。

■**ちょっと**《時間・空間・数量》

チョ┐ット[tʃotto]── マ┐テー（ちょっと
待て）。

チート[tʃiːto]── マ┐テー（ちょっと待
て）。──バ┐ー（ちょっとばかり，少しだ
け）。

■**ちらかす・ちらかっている**【散らかす・散らかっ
ている】《住》

チラカス[tʃirakasu]〖動〗チラカサン，チラ
カシタ，チラカシマ┐ス。ヘヤ┐ー ──
（部屋を散らかす）。

■**ちらかる**【散らかる】《住》新のみ

チラカル[tʃirakaru]〖動〗チラカラン，チラ
カッタ，チラカリマ┐ス。ヘヤ┐ガ チラカ
ット┐ル（部屋が散らかっている）。

■**ちりとり**【塵取り】《住》

ゴミトリ[gomitori]【ごみ取り】〖名〗

■**ちる**【散る】《植物》

チル[tʃiru]〖動〗チラン，チッタ，チリマ┐ス。
ハナ┐ガ ──（花が散る）。

つ

■**つい**《行動・感情》

チー┐ー[tʃiː]①時間的にほんのわずか。──
サ┐ッキマデ ソコ┐ニ オッタ（つい先ほ
どまでそこに居た）。②うっかり。──ワ
スレト┐ッタ（つい忘れていた）。

■**ついていく**【付いて行く】《社会・交通》

ツレノーテ イク[tsurenoːte iku]オヤ┐
ニ ──（親について行く）。

■**つえ**【杖】《衣》

ツ┐エ[tsue]〖名〗

■**つかい**【使い】《社会・交通》

ツカイ[tsukai]〖名〗コドモー ──ニ ダ┐
ス（子供を使いに出す）。この言い方はあま
り使わない。

■**つかむ**【摑む】《行動・感情》

ツカ┐ム[tsukamu]〖動〗ツカマ┐ン，ツカ┐ン
ダ，ツカミマ┐ス。①握り持つ。ウデョ┐ー
ツカ┐ンデ ハナサ┐ン（腕をつかんで放さ
ない）。②手に入れる。ティーキンオ
──（大金をつかむ）。

■**つかれる**【疲れる】《人体》

クタブレ┐ル[kutabureru]【草臥れる】〖動〗
クタブレ┐ン，クタブ┐レタ，クタブレマ┐ス。
①労働による疲労。イッショーケ┐ンメー
ハタレータ┐ンデ クタブレタ（一所懸命働
いたので疲れた）。②病気による疲労。カ
ラダガ ワリ┐ーカラ クタブレヤシ┐ー
（体が悪いので疲れやすい）。

エレァ┐ー[eræː]〖形〗エローナ┐ル，エラ
ケ┐リャー。カラダガ ──（体が疲れてだ
るい）。

■**つき**【月】《天地・季候》《時間・空間・数量》

オツ┐キサマ[otsukisama]【御月様】〖名〗天
体としての月。お月様。

ガッテン┐ノーサマ[gattennoːsama]〖名〗
昔の言い方。

ツキ┐[tsuki]〖名〗月数。ツキュ┐ー カズエ┐
ル（月を数える）。

■**つぎ**【継ぎ】《衣》⇨つくろう

ツギ[tsugi]〖名〗ツギュー アテル（継ぎを当
てる）。

■**つぎ**【次】《時間・空間・数量》

ツギ[tsugi]〖名〗──ノ ヒ（次の日）。

■**つきあう**【付き合う】《社会・交通》

ツキア┐ウ[tsukiau]〖動〗ツキアワ┐ン，ツキ
オ┐ータ，ツキアイマ┐ス。トモダチト

ちょうど～つねる　87

——（友達と付き合う）。

■**つきあたり**【突き当たり】《社会・交通》
ユキドマリ[jukidomari]【行き止まり】【名】

■**つく**【搗く】《食／農・林・漁業》
ツク[tsuku]【動】ツカ￢ン，ツ￢イタ，ツキ
マ￢ス。モチュー　——（餅を搗く）。

■**つく**【付く・着く】《時間・空間・数量》
ツ￢ク[tsuku]【動】ツカ￢ン，チ￢ータ，ツキ
マ￢ス。ゴミ￢ガ　——（ごみが付く）。

■**つぐ**【注ぐ】《食》
ツグ[tsugu]【動】ツガ￢ン，ツ￢イダ，ツギマ￢ス。
サキョー　——（酒を注ぐ）。オチャー
——（お茶を注ぐ）。

■**つくえ**【机】《住》《教育》新のみ
ツクエ[tsukue]【名】

■**つくし**【土筆】《植物》
ホー￢シ[ho:ʃi]【名】ツクシとも言う。

■**つくる**【作る】《勤怠・難易・経済》《職業》⇨した
く
コシラエル[koʃiraeru]【拵える】【動】コシ
ラエン，コシラエタ，コシラエマ￢ス。フ￢
クー　——（服を作る）。

■**つくろう**【繕う】《衣》⇨つぎ
ツクロ￢ウ[tsukurou]【動】ツクロワ￢ン，ツ
クロ￢ータ，ツクロイマ￢ス。ソデグ￢チュ
ー——（袖口を繕う）。

■**つげぐち**【告げ口】《社会・交通》
ツゲグ￢チ[tsugeguʧi]【名】コドモガ　ツゲ
グ￢チュー　スル（子供が告げ口をする）。

■**つけもの**【漬物】《食》
ツケモ￢ノ[tsukemono]【名】

■**つごう**【都合】《行動・感情》
ツゴ￢ー[tsugo:]【名】①手はず。——ガ￢
カ￢ン（都合がつかない）。——デ　コレ￢ン
（都合で来られない）。②機会。——　ヨ￢
ー　イエ￢ニ　オッタ（都合よく家に居た）。
③やりくり。イチマンエーバ￢ー　——　シ
テクレ￢（一万円ばかり都合してくれ）。

■**つち**【土】《天地・季候》
ツチ￢[tsuʧi]【名】

■**つち**【槌】《農・林・漁業》
ツ￢チ[tsuʧi]【名】

■**つつみ**【堤】《天地・季候》
ドテ￢[dote]【土手】【名】

■**つつむ**【包む】《衣》
ツツ￢ム[tsutsumu]【動】ツツマ￢ン，ツツ￢ン
ダ，ツツミマ￢ス。シナモノー　——（品物
を包む）。

■**つて**【伝】《社会・交通》
ツテ￢[tsute]【名】ツチョ￢ー　タヨ￢ル（つて
を頼る）。

■**つとめる**【勤める・務める・努める】《職業》
ツト￢メル[tsutomeru]【動】ツトメ￢ン，ツ
ト￢メタ，ツトメマ￢ス。①勤務する。ニジ
ュ￢ーネン　ツト￢メトル（二十年勤めてい
る）。②精を出して仕事をする。シェーシ
ンシェ￢ーイ　——（誠心誠意努める）。③
役目の仕事をする。ケ￢ーチョーオ　——
（会長を務める）。④我慢する。ナミ￢ダオ
ミセ￢ンヨーニ　——（涙を見せないように
努める）。
オットメ[otsutome]【御勤め】【名】勤行。
ア￢サバン　オットミョ￢ースル（朝夕勤行
をする）。

■**つな**【綱】《住／農・林・漁業》
ツナ￢[tsuna]【名】麻の綱もツナと言う。

■**つなぐ**【繋ぐ】《時間・空間・数量》
ツナグ[tsunagu]【動】ツナガ￢ン，ツネ￢ーダ，
ツナギマ￢ス。結んで一つにする。ヒモ￢ー
——（紐をつなぐ）。犬はククルと言う。イ
ヌ￢ー　ククル（犬をつなぐ）。

■**つなみ**【津波】《天地・季候》
ツナミ[tsunami]【名】

■**つねる**【抓る】《社会・交通》
ツメ￢ル[tsumeru]【動】ツメラ￢ン，ツメッ￢
タ，ツメリマ￢ス。ユビ￢デ　——（指でつ
ねる）。ツネ￢ルとも言う。戸などに指先を
少しはさまれたような場合や皮膚を少しは
さまれたような場合にもツメ￢ル（ツ
メ￢ン，ツ￢メタ，ツメマ￢ス）を用いる。

■つば【唾】《人体》
ツバ［tsuba］〖名〗ツバ── ハ┐ク（唾を吐く）。

■つばき【椿】《植物》
ツ┐バキ［tsubaki］〖名〗

■つばめ【燕】《動物》
ツバ┐クロ［tsubakuro］〖名〗ツバメとも言う。
ヒ─ゴ［hi:go］〖名〗ツバ┐クロより古い語。

■つぶ【粒】《天地・季候》
ツ┐ブ［tsubu］〖名〗

■つぶす【潰す】《時間・空間・数量》
ツブス［tsubusu］〖動〗ツブサン，ツビ─タ，ツブシマス。カタマリュー──（固まりをつぶす）。

■つぼ【壺】《食》
ツボ［tsubo］〖名〗

■つぼみ【蕾】《植物》
ツボミ┐［tsubomi］〖名〗

■つま【妻】《人間関係》
カミサン［kamisaɴ］〖上さん〗〖名〗呼び掛けにはカ─チャン。後妻はノチゾイ。

■つまさき【爪先】《人体》
ツマサキ［tsumasaki］〖名〗

■つまずく【躓く】《人体》
ケツマズク［ketsumazuku］〖蹴躓く〗〖動〗ケツマズカ┐ン，ケツマジ─タ，ケツマズキマス。

■つまらない《行動・感情》
ツマラ┐ン［tsumaraɴ］ハナシ┐ガ──（話がつまらない）。

■つまる【詰まる】《時間・空間・数量》
ツマ┐ル［tsumaru］〖動〗ツマラ┐ン，ツマ┐ッタ，ツマリマス。ハナガ──（鼻が詰まる）。

■つむ【摘む】《植物》
ツム［tsumu］〖動〗ツマン，ツンダ，ツミマ┐ス。ハナ─ ──（花を摘む）。髪の毛の散髪にもツムと言う。⇨かる

■つむ【積む】《時間・空間・数量》
ツム［tsumu］〖動〗ツマン，ツンダ，ツミマ

ス。ニ┐モツー ──（荷物を積む）。

■つむぐ【紡ぐ】《農・林・漁業》
ツム┐グ［tsumugu］〖動〗ツムガ┐ン，ツム┐イダ，ツムギマ┐ス。イ┐ト─ ──（糸を紡ぐ）。

■つむじ【旋毛】《人体》
ギリギリ［girigiri］〖名〗

■つめ【爪】《動物》《人体》
ツメ［tsume］〖名〗ツミョ─ ┐ ム（爪を切る）。

■つめたい【冷たい】《天地・季候》
ツメ┐タ─［tsumetæ:］〖形〗ツメトーナ┐ル，ツメ┐タケリャー。

■つや【通夜】《民俗》
オツ┐─ヤ［otsu:ja］〖御通夜〗〖名〗

■つゆ【露】《天地・季候》
ツ┐ユ［tsuju］〖名〗

■つゆ【梅雨】《天地・季候》
ツユ［tsuju］〖名〗── ガ アケタ（梅雨が明けた）。

■つよい【強い】《時間・空間・数量》
ツエ┐─［tsue:］〖形〗ツョ─ナ┐ル，ツ┐ヨケリャー。① ヒモガ──（紐が強い）。② カゼガ──（風が強い）。

■つらい【辛い】《行動・感情》
ツレ┐─［tsure:］〖形〗ツロ─ナ┐ル，ツ┐ラケリャー。ワカレ┐ガ──（別れがつらい）。

■つらら【氷柱】《天地・季候》
ツララ［tsurara］〖名〗

■つり【釣り】《農・林・漁業》⇨つる
ツリ［tsuri］〖名〗

■つる【鶴】《動物》
ツ┐ル［tsuru］〖名〗

■つる【蔓】《植物》
ツル［tsuru］〖名〗

■つる【釣る】《農・林・漁業》⇨つり
ツル［tsuru］〖動〗ツラン，ツッタ，ツリマ┐ス。サカナ─ ──（魚を釣る）。

■つるはし【鶴嘴】《農・林・漁業》
ツル┐ハシ［tsuruhaʃi］〖名〗

つば～てぶくろ　89

て

■て【手】《人体》⇨うで

テ￢[te]〖名〗①腕のつけ根から指先まで。②手首から先の部分。――デ￢ハ￢シュー　モ￢ツ(手にはしを持つ)。③手の平。テョ￢ー　タタ￢ク(手をたたく)。主に手首から先をテと言い、上肢全部はウデと言う。

■て【理由】《助詞・助動詞・その他》

テ[te]用言の連用形に下接し、理由を表す。アシ￢ガ　イ￢トーテ　アルケ￢ン(足が痛くて歩けない)。

■で【場所・手段・方法・原因・理由】《助詞・助動詞・その他》

デ[de]①場所。カワ￢デ　アソンダ(川で遊んだ)。②手段・方法。ペ￢ンデ　カ￢ク(ペンで書く)。③原因・理由。カゼデ　タオレ￢ル(風で倒れる)。

■てあし【手足】《人体》新のみ

テ￢アシ[teaʃi]〖名〗――ガ　ヒエ￢ル(手足が冷える)。

■てある【結果存続】《助詞・助動詞・その他》

テアル[tearu]動詞の連用形に接続する。ホ￢ンガ　エーテア￢ル(本が置いてある)。

■ていさい【体裁】《社会・交通》新のみ

テーセー[teːseː]〖名〗テーセー　ツクロ￢ー(体裁を繕う)。

■ていねい・ていねいだ【丁寧・丁寧だ】《時間・空間・数量》

テー￢ネーナ[teːneːna]―― コトバ(丁寧なことば)。

■ている【進行・既然】《時間・空間・数量》

ヨール[joːru]動詞の連用形に接続し融合して、進行を表す。イ￢マ　トナリデ　キモ￢ノー　キョール(今、隣で着物を着ている)。

トル[toru]動詞の連用形に接続し、既然を

表す。キョ￢ーワ　アケ￢ー　ヨーフク￢ー　キト␣ル(今日は、赤い洋服を着ている)。

■でかせぎ【出稼ぎ】《職業》

デカシェギ[dekaʃegi]〖名〗

■てがみ【手紙】《教育》《社会・交通》

テガミ[tegami]〖名〗

■できもの【出来物】《人体》

デモノ￢[demono]【出物】〖名〗

アシェモ[aʃemo]【汗疹】〖名〗

ニキ￢ビ[nikibi]【面皰】〖名〗

■てくび【手首】《人体》

テク￢ビ[tekubi]〖名〗

■てしまう・てしまった【終結・完了】《助詞・助動詞・その他》

テシモータ[teʃimoːta]動詞の連用形に接続する。バ￢サ　モ￢ー　イッテシモータ(バスはもう行ってしまった)。

■です・でした【丁寧な断定】《助詞・助動詞・その他》

デス[desu]名詞に接続し、丁寧な断定を表す。ボッ￢コー　キレ￢ーナ　ハナ￢デスラー(とてもきれいな花ですよ)。

■てつ【鉄】《天地・季候》

テツ￢[tetsu]〖名〗

■てつだい【手伝い】《職業》

テゴ￢[tego]〖名〗テゴ￢ー　スル(手伝いをする)。

■てつびん【鉄瓶】《食》新のみ

テツビン[tetsubin]〖名〗

■てっぽう【鉄砲】《遊戯》《農・林・漁業》

テッポ￢ー[teppoː]〖名〗

■てぬぐい【手拭い】《住》

テヌギー[tenugiː]〖名〗

■てのこう【手の甲】《人体》

テ￢ノコー[tenokoː]〖名〗

■てのひら【手の平・掌】《人体》

テノ￢ヒラ[tenohira]〖名〗

■てぶくろ【手袋】《衣》

テブ￢クロ[tebukuro]〖名〗テブ￢クロー　ハメル(手袋をはめる)。テブ￢クロー　ハク

（手袋をはめる）。テブ⌐クロー　スル（手袋をはめる）。テブ⌐クロー　サ⌐ス（手袋をはめる）。

■てほん【手本】《教育》
テホン［tehoɴ］〖名〗① シュージノ　──（習字の手本）。② オヤ⌐オ　──ニスル（親を手本にする）。

■てま【手間】《職業》
テマ［tema］〖名〗テマ⌐──　ク⌐ウ（手間がかかる）。

■ても・でも【逆接】《助詞・助動詞・その他》
テモ［temo］逆接。アシタ⌐──　ア⌐メガ　フ⌐ッテモ　イク（明日は雨が降っても行く）。
デモ［demo］逆接を表す。ナンボ　ノ⌐ンデモ　ヨワ⌐ン（いくら飲んでも酔わない）。

■でも【提示の限定】《助詞・助動詞・その他》
デモ［demo］オチャデ⌐モ　ノモ⌐ーエー（お茶でも飲もうよ）。

■でもどり【出戻り】《民俗》
フゴ⌐ー　ウル［Fugoː uru］年を取って嫁に行かぬ人を，ユカズ，イカズオ⌐ンナと言う。出戻りは，デモドリ。年を取って嫁をもらわぬ人を，ヤモメデ　トオスと言う。ヤモメは寡夫の意もある。⇨やもめ

■てら【寺】《民俗》
テラ⌐［tera］〖名〗

■てる【照る】《天地・季候》
テル［teru］〖動〗テラ⌐ン，テ⌐ッタ，テリマ⌐ス。ヒガ　──（日が照る）。

■でる【出る】《時間・空間・数量》
デ⌐ル［deru］〖動〗デ⌐ン，デ⌐タ，デマ⌐ス。① 外に移る。ヘャーリグ⌐チカラ　──（入り口から出る）。② 体の外へ流れる。ハナジガ　──（鼻血が出る）。

■てんき【天気】《天地・季候》
テン⌐キ［teɴki］〖名〗

■てんじょう【天井】《住》
テンジョー［teɴʒoː］〖名〗

■てんびんぼう【天秤棒】《農・林・漁業》

オーコ［oːko］〖名〗

■てんぷら【天麩羅】《食》
テンプラ［tempura］〖名〗

と

■と【戸】《住》
ト［to］〖名〗

■とい【樋】《住》
ト⌐イ［toi］〖名〗

■どいつ【何奴】《助詞・助動詞・その他》
デー⌐ツ［deːtsu］目下に用いる。主に男性が用い，「ドノヒト」「ドイツ」に相当する。女性はドノ⌐ヒトと言う。
デー［deː］目下に用いる。主に男性が用い，「ドノヒト」「ドイツ」に相当する。
ドノメー［donomeː］目下に用いる。主に女性が用い，「ドノヒト」に相当する。古い語。

■どいつら【何奴等】《助詞・助動詞・その他》
デー⌐ツラ⌐ー［deːtsuraː］目下に用いる。複数。主に男性が用い，ドノヒトラ（タチ）・ドイツラーに相当する。女性はドノ⌐ヒトラを用いる。
デーラ⌐ー［deːraː］目下に用いる。複数。主に男性が用い，ドノヒトラ（タチ）・ドイツラーに相当する。
ドノメーラ⌐ー［donomeːraː］目下に用いる。複数。主に女性が用い，ドノヒトラ（タチ）に相当する。古い語。

■どう【銅】《天地・季候》
ド⌐ー［doː］〖名〗

■どう【胴】《人体》
ド⌐ー［doː］〖名〗

■どう【如何】《助詞・助動詞・その他》
ドネー［doneː］情態を表す。

■とうがらし【唐辛子】《植物》《食》
トンガラシ［toŋgaraʃi］〖名〗

てほん～とげ 91

■とうき【陶器】《食》
カラーツ[karatsu]【唐津】【名】カラツツヤ(陶器屋)、カラツカケ(瀬戸物のかけら)。

■とうげ【峠】《天地・季候》
タワー[tawa]【名】嵶という字を書くこともある。

■とうじ【冬至】《民俗》
トージ[toːʒi]【名】ナンキン(かぼちゃ)を食べると中風にならないと言われているので、この日にそれを食べる。反対語はゲシ・ゲジ(夏至)である。

■どうそじん【道祖神】《民俗》新のみ
コージンサマ[koːʒinsama]【庚申様】【名】道祖神、庚申塚の場合。

■とうに【疾うに】《時間・空間・数量》
トーニ[toːɲi]副詞。—— オワッタ(とうに終わった)。—— オワットル(とうに終わっている)。
ハー[haː]副詞。—— オワッタ(とうに終わった)。

■とうふ【豆腐】《食》
トーフ[toːɸu]【名】

■どうぶつ【動物】《動物》
ドーブツ[doːbutsu]【名】

■とうもろこし【玉蜀黍】《植物》《農・林・漁業》
ナンバ[namba]【南蛮】【名】粉にしてだんごを作った。

■どうらく【道楽】《遊戯》新のみ
ドーラク[doːraku]【名】

■とお【十】《時間・空間・数量》
トー[toː]【名】

■とおい【遠い】《時間・空間・数量》
トエー[toeː]【形】トヨーナル、トイケリャ。アクセントはトヨーナル、トヨケリャとも。トイーとも言う。

■とおせんぼう【通せん坊】《遊戯》
ハットーバリ[hattoːbari]【名】

■とかい【都会】《社会・交通》
トケー[tokeː]【名】

■とかげ【蜥蜴】《動物》⇒かまきり、かなへび

トカケ[tokake]【名】

■とかす【梳かす】《人体》⇒とく
トーク[toku]【梳く】【動】トカン、テータ、トキマス。カミュー —— (髪をとかす)。

■とき【時】《時間・空間・数量》
トキ[toki]【名】ゴハンドキ(ご飯時)。クル—— (来る時)。クルオリ(来る時)とも。

■ときどき【時々】《時間・空間・数量》
トキドーキ[tokidoki]—— アウ(時々会う)。
チョーイチョイ[tʃoitʃoi]トキドーキより古い言い方。—— アウ(時々会う)。

■とく【梳く・解く】《衣》⇒とかす
トーク[toku]【動】トカン、トイタ、トキマス。カミュー クシデ —— (髪を櫛でとく)。

■とく【得】《勤怠・難易・経済》
トク[toku]【名】トクー スル(得をする)。

■とぐ【研ぐ】《食》新のみ
トーグ[toɡu]【動】トガン、テーダ、トギマス。①コメョー —— (米を研ぐ)。②ホーチョー —— (包丁を研ぐ)。
トガラース[togarasu]【動】トガラサン、トガラシタ、トガラシマス。エンピツノ シンオ —— (鉛筆の芯を研ぐ)。

■どく【毒】《人体》《食》
ドク[doku]【名】

■とくい【得意】《行動・感情》《職業》
オトクイ[otokui]【御得意】【名】いちばんのオトクイを、ジョートクイと言う。
トギー[togiː]【名】

■とくいがお【得意顔】《行動・感情》
トキーガオ[tokiːgao]【名】

■どくだみ【蕺草】《植物》
クサギ[kusagi]【名】出来物につける薬草。

■とげ【刺】《植物》
トゲ[toge]【名】枝や茎についている針のようなもの。バラノ —— (ばらのとげ)。
ソゲ[soge]【名】竹や木のささくれが皮膚に刺さったもの。——ガ タツ(とげが刺さ

る）。

■**とける**【溶ける】《天地・季候》

トケ￢ル[tokeru]〖動〗トケ￢ン，ト￢ケタ，トケマス。コーリガ ── （氷が溶ける）。

■**どこ**【何処】《助詞・助動詞・その他》

ドコ[doko]所を表す。

■**とこや**【床屋】《職業》

サンパツヤ[sampatsuja]〖散髪屋〗〖名〗トコヤとも言う。

■**どこら**【何処等】《助詞・助動詞・その他》

ドノヘン[donoheŋ]所を表す。

■**とさか**【鶏冠】《動物》

トサカ￢[tosaka]〖名〗

■**とし**【年】《人間関係》《時間・空間・数量》

トシ￢[toʃi]〖年〗〖名〗年齢。トシュ￢ー　ト￢ル（年を取る）。

■**としのくれ**【年の暮れ】《民俗》⇨せいぼ

オーツ￢モゴリ[oːtsumogori]〖大晦〗〖名〗十二月の晦日。

■**どじょう**【泥鰌】《動物》

ドンジョー[donʒoː]〖名〗ドジョーとも言う。

ドジョー[doʒoː]〖名〗ドンジョーと同義。

■**としより**【年寄り】《人間関係》

トシヨリ￢[toʃijori]〖名〗別棟に隠居しておれば，インキョヤノオジ￢ーサンと呼ぶ。呼び掛けには，オジ￢ーサン，オバ￢ーサン。

■**とじる**【閉じる】《時間・空間・数量》⇨しめる

シメ￢ル[ʃimeru]〖閉める〗〖動〗シメ￢ン，シ￢メタ，シメマス。トビラー ── （扉を閉じる）。ホン ── （本を閉じる）。ホ￢ン　タタム（本を閉じる）とも言う。

■**どそう**【土葬】《民俗》

ドソー[dosoː]〖名〗

■**とだな**【戸棚】《住》

トダナ[todana]〖名〗

■**どちら**【何方】《助詞・助動詞・その他》⇨どっち

ドッチ[dottʃi]方角を表す。

■**とっくり**【徳利】《食》新のみ

トック￢リ[tokkuri]〖名〗

■**どっち**【何方】《助詞・助動詞・その他》⇨どちら

ドッチ[dottʃi]方角を示す。

■**とどく**【届く】《行動・感情》《時間・空間・数量》⇨つく

タウ￢[tau]〖動〗タワン，タッタ，タイマ￢ス。テ￢ガ ── （手が届く）。

タル[taru]〖動〗タラン，タッタ，タリマ￢ス。テ￢ガ ── （手が届く）。

ツ￢ク[tsuku]〖着く〗〖動〗ツカ￢ン，ツィ￢ータ，ツキマス。①テ￢ガ ── （手が届く）。②テガミガ ── （手紙が届く）。

■**とどける**【届ける】《社会・交通》

トドケ￢ル[todokeru]〖動〗トドケ￢ン，ト￢ドケタ，トドケマ￢ス。ヤクバニ ── （役場に届ける）。

■**となり**【隣】《社会・交通》《時間・空間・数量》

トナリ[tonari]〖名〗──ン　スワル（隣に座る）。

■**どなる**【怒鳴る】《社会・交通》

ドナ￢ル[donaru]〖動〗ドナラ￢ン，ドナ￢ッタ，ドナリマ￢ス。アイテカマ￢ワズ ── （相手構わずどなる）。

■**どの**【何の】《助詞・助動詞・その他》

デーノ[deːno]関係を表す。ドレノから。

■**どのかた**【何の方】《助詞・助動詞・その他》新のみ

ドナタ[donata]〖何方〗目上に，男女ともに用いる。ドノ￢ヒトも用いられる。

ドノメー[donomeː]目上に，主に女性が用い，「どなた」「どのひと」に相当する。古い語。

■**どのひと**【何の人】《助詞・助動詞・その他》

デー￢ツ[deːtsu]同等。主に男性が用い，「どのひと」「どいつ」に相当する。女性はドノ￢ヒトを用いる。

デー[deː]同等。主に男性が用い，「どのひと」「どいつ」に相当する。

ドノメー[donomeː]同等。主に女性が用い，「どのひと」に相当する。古い語。

■**とびうお**【飛魚】《動物》

トビ￢ウオ[tobiuo]〖名〗理解語彙。

とける～どろだらけ　93

■とぶ【飛ぶ・翔ぶ】《動物》
トブ[tobu]【動】トバン，トンダ，トビマス。
①空を飛ぶ。トリガ ── (鳥が飛ぶ)。②
跳ねる。ウサギガ ── (うさぎが跳ねる)。
タツ[tatsu]【立つ】【動】タタン，タッタ，
タチマス。鳥が飛び上がる場合に言う。ト
リガ ── (鳥が飛び立つ)。

■どぶ【溝】《住》新のみ
ドブ[dobu]【名】汚水の流れる溝。ドブを流
れる汚水はドブミズと言う。

■とぶくろ【戸袋】《住》
トブクロ[tobukuro]【名】

■どま【土間】《住》
ドマ[doma]【名】

■とまと【赤茄子】《植物》
トマト[tomato]【名】

■とまる【止まる・留まる・泊まる】《時間・空間・
数量》
トマル[tomaru]【動】トマラン，トマッタ，
トマリマス。①留まる。トリガ　キニ
──(鳥が木にとまる)。②停車する。バ
スガ　テーリューショニ ──(バスが停
留所に止まる)。③流れなくなる。ミズノ
ナガレガ ──(水の流れが止まる)。④
動かなくなる。トケーガ ──(時計が止
まる)。

■とまる【泊まる】《住》
トマル[tomaru]【動】トマラン，トマッタ，
トマリマス。シンシェキノ　イエー　ト
マッテキタ(親戚の家に泊まってきた)。

■とめる【止める】《時間・空間・数量》
トメル[tomeru]【動】トメン，トメタ，トメ
マス。クルマー ──(車を止める)。

■とも【艫】《農・林・漁業》
トモ[tomo]【名】

■ともだち【友達】《人間関係》
トモダチ[tomodatʃi]【名】

■どもる【吃る】《人体》
ドモル[domoru]【動】ドモラン，ドモッ
タ，ドモリマス。名詞形はドモリと言う。

アノ　ヒター　スコーシ ──(あの人は
少しどもる)。

■どよう【土用】《民俗》
ドヨー[dojoː]【名】夏のいちばん暑い時と言
われ，スタミナをつけるためにうなぎを食
べる。また，着物の虫干しをする。

■とら【虎】《動物》
トラ[tora]【名】

■とらえる【捕らえる】《動物》
ツカメール[tsukameːru]【捕まえる】【動】ツ
カマエン，ツカメータ，ツカメーマス。①
ネコガ　ネズミュー ──(猫が鼠を捕ま
える)。ネコガ　ネズミュー　トルとも言
う。②ドロボーオ ──(泥棒を捕まえる)。
⇨とる
トル[toru]【捕る】【動】トラン，トッタ，
トリマス。ネコガ　ネズミュー ──(猫
が鼠を捕らえる)。⇨つかまえる

■とり【鳥】《動物》
トリ[tori]【名】

■とりかご【鳥籠】《農・林・漁業》
トリカゴ[torikago]【名】

■とりごや【鳥小屋】《農・林・漁業》
ケーシャ[keːʃa]【鶏舎】【名】

■とる【取る・捕る・採る・執る・撮る】《社会・交
通》《時間・空間・数量》
トル[toru]【動】トラン，トッタ，トリ
マス。クサー ──(草を取る)。カキュ
ー ──(柿を取る)。柿などを木から取る
場合は，チギルとも言う。

■どれ【何れ】《助詞・助動詞・その他》
デー[deː]物を表す。ドレからの変化。

■どれら【何れら】《助詞・助動詞・その他》
デーラー[deːraː]物を表す。ドレラーから。

■どろ【泥】《天地・季候》
ドロ[doro]【名】

■どろだらけ【泥だらけ】《衣》
ドロマミレ[doromamire]【泥塗れ】【名】ド
ロンコとも言う。子供の場合，ドロンコの
方を使う。コドモガ　ドロンコニナッテ

カエ￢ッテキタ (子供が泥だらけになって帰って来た)。

■**どろぼう**【泥棒】《社会・交通》

ヌスット[nusutto]【盗人】【名】

■**どんな**《助詞・助動詞・その他》

ドネーナ[doneːna]情態を表す。

■**どんぶり**【丼】《食》

ドンブ￢リ[domburi]【名】

■**とんぼ**【蜻蛉】《動物》

トンボ[tombo]【名】

シオカラト￢ンボ[ʃiokaratombo]【塩辛蜻蛉】【名】

ヤ￢ンマ[jamma]【蜻蜓】【名】やんま。

オニヤ￢ンマ[oɲijamma]【鬼蜻蜓】【名】

イトト￢ンボ[itotombo]【糸蜻蛉】【名】

■**とんや**【問屋】《職業》

オロシヤ￢[oroʃija]【卸屋】【名】

な

■**な**【菜】《植物》《農・林・漁業》

ナ￢[na]【名】

ナ￢ッパ[nappa]【菜っ葉】【名】幼児語はナ￢ナ。

■**な**【禁止・軽い命令】《助詞・助動詞・その他》

ナ[na]禁止を表す。カ￢サヤコー　ワスレ￢ナ (傘など忘れるな)。五段動詞には書クナなど終止形につくが，一段動詞には連用形につく。カ変にはク￢ナ，サ変にはス￢ナ。軽い命令に対応する語形は得られなかった。いつも動詞の命令形でのみ表す。子供などに対する親愛表現では，尊敬の助動詞レル，ラレルの命令形を下接して表すことがある。ハ￢ヨ　イカ￢レ (早く行きなさい)。

■**ない**【無い】《時間・空間・数量》

ネァ￢ー[næː]【形】ノーナ￢ル，ナ￢ケリャ。

■**ない**【打ち消し】《助詞・助動詞・その他》

ン[ŋ]ワシャー　ナン￢モ　シラン (私は何も

知らない)。

■**ないしょく**【内職】《衣》

ネァ￢ーショク[næːʃoku]【名】副業，主婦の賃仕事，ともに言う。学生のアルバイトにはナイショクとは言わない。

■**なう**【綯う】《農・林・漁業》

ナ￢ウ[nau]【動】ナワ￢ン，ノ￢ータ，ナイマ￢ス。ナワ￢ー　——（縄をなう）。

■**なえ**【苗】《農・林・漁業》

ナ￢エ[nae]【名】

■**なおす**【直す・治す】《職業》

ナオ￢ス[naosu]【動】ナオサ￢ン，ナオ￢シタ，ナオシマ￢ス。ヤ￢ニョー　——（屋根を直す）。

■**なか**【中】《天地・季候》《時間・空間・数量》

ナ￢カ[naka]【名】

■**ながい**【長い】《時間・空間・数量》

ナガァ￢ー[nagæː]【形】ナ￢ゴーナル，ナ￢ガケリャ。アクセントはナゴーナ￢ルとも。

■**ながし**【流し】《住》

ナガシバ[nagaʃiba]【流し場】【名】標準語的。

ハシリ￢[haʃiri]【走り】【名】在来の方言。

■**なかゆび**【中指】《人体》

タカタカ￢ユビ[takatakajubi]【高高指】【名】ナカ￢ユビとも言うが共通語的。

■**ながら**【同時】《助詞・助動詞・その他》

モッテ[motte]用言の中止形に下接し，動作の同時性を表す。ノミモッテ　ハナソ￢ー（飲みながら話しましょう）。

ノミノミ[nominomi]用言の連用形を繰り返し，動作の同時性を表す。ノ￢ミノミ　ハナソ￢ー（飲みながら話しましょう）。

■**なぎ**【凪】《天地・季候》

ナギ￢[nagi]【名】

■**なきむし**【泣き虫】《人間関係》

ナキミ￢ソ[nakimiso]【泣き味噌】【名】

■**なく**【鳴く】《動物》

ナク[naku]【動】ナカン，ネァ￢ータ，ナキマ￢ス。①トリガ　——（鳥が鳴く）。②ケモノガ　——（獣が鳴く）。③ムシガ　——（虫

が鳴く)。

■なく【泣く】《人体》《人間関係》

ナク[nakū]〖動〗ナカン，ネァータ，ナキマ
ス。コ¬ヨー　アゲテ　――(声を上げて泣
く)。コ¬ケテ　――(転んで泣く)。

ホエ¬ル[hoeru]【吠える】〖動〗ホエ¬ン，ホ¬
エタ，ホエマス。古い語。卑語。大人が声
を出して泣くような場合に言う。ヒトマエ
デ　――(人前で泣く)。

■なぐる【殴る】《社会・交通》

ナグ¬ル[naguru]〖動〗ナグラ¬ン，ナグ¬ッ
タ，ナグリマ¬ス。ヒト¬ー　――(人を殴
る)。

■なげる【投げる】《時間・空間・数量》

ホール[ho:ru]【放る】〖動〗ホーラン，ホー¬ッ
タ，ホーリマス。ボ¬ールー　――(ボール
を投げる)。

■なこうど【仲人】《民俗》

ナカホドニ¬ン[nakahodoniɲ]〖名〗ナコ¬ー
ドサンとも言うが共通語的。

■なし【梨】《植物》

ナシ¬[naʃi]〖名〗オクサン，チョージュウロ
ー，ヤーリー，アタゴなどの種類がある。

■なす【茄子】《植物》

ナス¬ビ[nasubi]【茄子】〖名〗

■なぜ【何故】《行動・感動》

ドーシテ[do:ʃite]副詞。――　イカンノ
(なぜ行かないの)。

■なだれ【雪崩】《天地・季候》

ナダレ¬[nadare]〖名〗

■なつ【夏】《天地・季候》

ナ¬ツ[natsu]〖名〗夏の最盛期はドヨー。⇨
どよう

■なっとう【納豆】《食》

アマナ¬ットー[amanatto:]【甘納豆】〖名〗
昔は「ひき納豆」は食べなかった。

■ななつ【七つ】《時間・空間・数量》

ナナ¬ツ[nanatsu]〖名〗

■ななめ【斜め】《時間・空間・数量》

ハスケァー[hasukæ:]【斜交い】〖名〗

■なにか【何か】《時間・空間・数量》

ナン¬ゾ[nanzo]【何ぞ】――　クレ¬ー(何か
くれ)。

■なのはな【菜の花】《植物》

ナタネ[natane]【菜種】〖名〗

ナタネア¬ブラ[nataneabura]【菜種油】
〖名〗

■なべ【鍋】《食》

ナ¬ベ[nabe]〖名〗

■なべしき【鍋敷き】《食》

ナベ¬シキ[nabeʃiki]〖名〗

■なま【生】《食》

ナ¬マ[nama]〖名〗――デ　タベ¬ル(生で食
べる)。――ノ　サカナ(生の魚)。生の魚
の「刺身」はオック¬リ。

■なまえ【名前】《社会・交通》

ナメー[name:]〖名〗

■なまけもの【怠け者】《行動・感情》⇨なまける

オーチャクモ¬ン[o:tʃakumoɲ]【横着者】
〖名〗

■なまける【怠ける】《勤怠・難易・経済》⇨なまけ
もの

オーチャク¬ー　スル[o:tʃaku: suru]【横
着をする】アノ¬ヒトワ　オーチャク¬ー
ショ¬ール(あの人は怠けている)。

■なみ【波】《天地・季候》

ナ¬ミ[nami]〖名〗

■なみだ【涙】《人体》

ナミ¬ダ[namida]〖名〗ツ¬ローテ　――ガ
デ¬ル(つらくて涙が出る)。

■なめくじ【蛞蝓】《動物》

ナメ¬クチ[namekutʃi]〖名〗ナメ¬クジとも
言う。

■なめる【嘗める】《食》

ネブ¬ル[neburu]【舐る】〖動〗ネブラ¬ン，ネ
ブ¬ッタ，ネブリマス。アミョ¬ー　――
(飴をなめる)。

■なや【納屋】《住》《農・林・漁業》

ナガヤ[nagaja]〖名〗瓦・藁屋根で，母屋の
続きにあり，雑物を入れるのに使われてい

る。

■なやむ【悩む】《行動・感情》
ナヤ￢ム[najamu]〖動〗ナヤマ￢ン，ナヤ￢ン
ダ，ナヤミマ￢ス。1精神的に苦しむ。コ￢
イニ ——（恋に悩む）。ショ￢ーレァーニ
ツ￢ーテ ——（将来について悩む）。2
肉体的に苦しむ。ズツ￢ーニ ——（頭痛に
悩む）。

■ならう【習う】《教育》
ケ￢ーコスル[ke:kosuru]〖稽古する〗〖動〗ケ
ー￢コシェン，ケ￢ーコシタ，ケーコシマ￢
ス。ソロバンオ ——（そろばんを稽古す
る）。

■なる【生る】《植物》《農・林・漁業》
ナ￢ル[naru]〖動〗ナラ￢ン，ナ￢ッタ，ナリ
マ￢ス。イモ￢ガ ——（芋がなる）。

■なる【為る】《時間・空間・数量》
ナ￢ル[naru]〖動〗ナラ￢ン，ナ￢ッタ，ナリマ
￢ス。1別のありさまに変わる。オ￢キョウ
ナ￢ッタラ イシャニ ——（大きくなった
ら医者になる）。2変化する。キュ￢ーニ
ア￢メン ナ￢ッタ（急に雨になった）。

■なるこ【鳴子】《農・林・漁業》
ナルコ[naruko]〖名〗

■なわ【縄】《農・林・漁業》
ナワ￢[nawa]〖名〗

■なわしろ【苗代】《農・林・漁業》
ナワシロ￢[nawaʃiro]〖名〗

■なわとび【縄跳び】《遊戯》
ナワ￢トビ[nawatobi]〖名〗

■なんか【例示】《助詞・助動詞・その他》
ヤコー[jako:]名詞に下接し，例示を表す。
カ￢サヤコー モ￢ー イラン（傘なんかも
ういらない）。

■なんぎ【難儀】《勤怠・難易・経済》
ナンギ￢ー スル[naŋgi: suru]〖難儀をす
る〗ナカナ￢カ デ￢キンデ ナンギ￢ー シ
タ（なかなかできなくて難儀した）。オ￢ー
ジョー スルとも言う。

に

■に【目的・場所】《助詞・助動詞・その他》
格助詞相当部分が長音化し，動作の目的を表
す。ホ￢ンオ カイー イク（本を買いに行
く）。
場所を表す名詞に下接する格助詞相当部分が
名詞の語末の母音を長音化させるか，また
は，それと融合する形で長音化する。ツク
エノ ウエ￢ー オク（机の上に置く）。コ
ケ￢ー オク（ここへ置く）。

■にあう【似合う】《衣》
ニヤ￢ウ[nijau]〖動〗ニヤワ￢ン，ニオ￢ータ，
ニヤイマ￢ス。コノ キモノナ￢ラ ヨ￢ー
——（この着物ならよく似合う）。

■におい【匂い・臭い】《人体》
カザ[kaza]〖名〗におい一般，芳香，悪臭に
も言う。ヘ￢ンナ ——ガ スル（変なにお
いがする）。エ￢ー ——ガ スル（良いに
おいがする）。

■にがい【苦い】《食》
ニゲ￢ー[niɡe:]〖形〗ニ￢ゴーナル，ニ￢ガケ
リャー。クスリガ ニゲ￢ー（薬が苦い）。
お茶，きゅうりなどに対してもニゲ￢ーと
言う。

■にかいだて【二階建て】《住》
ニケァーダテ[nikæ:date]〖名〗昔は，中二
階の家が多く，そこはほとんど物置として
使用されていた。

■にがつ【二月】《民俗》
ニガツ￢[niɡatsu]〖名〗

■にぎりめし【握り飯】《食》
オニギ￢リ[oɲiɡiri]〖御握り〗〖名〗

■にぎる【握る】《人体》
ニギル[ɲiɡiru]〖動〗ニギラン，ニギッタ，
ニギリマス。1アイテ￢ノ テョ￢ー ツ￢
ョー ——（相手の手を強く握る）。テョ￢

ー ──(手を握る)。②ジテ┐ンシャノ ハン┐ドルー ──(自転車のハンドルを握る)。「鮨を握る」のような表現はない。握り鮨の習慣がない。

■にく【肉】《人体》《食》
ニク┐[ɲiku]【名】

■にくい【憎い】《行動・感情》
ニキ┐ー[ɲiki:]【形】ニクーナ┐ル，ニ┐クケリャ。アノ┐ヒトガ ──(あの人が憎い)。

■にぐるま【荷車】《社会・交通》
シャリキ[ʃariki]【車力】【名】
ネコグ┐ルマ[nekoguruma]【猫車】【名】土などを運ぶ一輪車で長い柄をつけて押す。

■にげる【逃げる】《社会・交通》
ニゲ┐ル[ɲigeru]【動】ニゲン，ニ┐ゲタ，ニゲマ┐ス・ニゲマス。イヌ┐ガ ──(犬が逃げる)。ネ┐コガ ニ┐ギョール(猫が逃げている)。トリガ ──(鳥が逃げる)。

■にごりざけ【濁り酒】《食》
ドブロク[doburoku]【濁醪】【名】

■にごる【濁る】《時間・空間・数量》
ニゴ┐ル[ɲigoru]【動】ニゴラ┐ン，ニゴ┐ッタ，ニゴリマス。ミズガ ──(水が濁る)。

■にし【西】《天地・季候》
ニシ[ɲiʃi]【名】

■にじ【虹】《天地・季候》
ニ┐ジ[ɲiʒi]【名】

■にじむ【滲む】《時間・空間・数量》
ニジ┐ム[ɲiʒimu]【動】ニジマ┐ン，ニジ┐ンダ，ニジミマス。ア┐シェガ ──(汗がにじむ)。

■にせもの【偽物】《時間・空間・数量》
イン┐チキ[intʃiki]【名】ニシェモン，マヤカシモンとも言うが，今はイン┐チキと言うことが多い。⇨うそ

■にひゃくとうか【二百十日】《民俗》
ニヒャクトーカ[nihjakuto:ka]【名】

■にぶい【鈍い】《時間・空間・数量》
ニビ┐ー[ɲibi:]【形】ニ┐ブーナル，ニ┐ブケリャ。アクセントはニブ┐ケリャとも。ア

タマ┐ガ ──(頭が鈍い)。

■にぼし【煮干し】《食》
イリボシ[iriboʃi]【炒り干し】【名】

■にもの【煮物】《食》
ニモノ[ɲimono]【名】

■にらむ【睨む】《人体》
ニラ┐ム[ɲiramu]【動】ニラマ┐ン・ニラ┐ンダ，ニラミマス。ジロット ──(じろっとにらむ)。

■にる【煮る】《食》
タク[taku]【炊く】【動】タカン，タイタ，タキマ┐ス。ダイコ┐ン ──(大根を煮る)。

■にる【似る】《時間・空間・数量》
ニル[ɲiru]【動】ニン，ニタ，ニマス。オヤ┐ニ ──(親に似る)。

■にわ【庭】《住》
ニワ[ɲiwa]【名】①母屋の前の仕事をするための広場。②前栽。
カド┐[kado]【門】【名】母屋の前の農作業のための庭。
コニ┐ワ[koɲiwa]【小庭】【名】植込みや石などで作った庭。

■にわとり【鶏】《動物》
ニワトリ[ɲiwatori]【名】

■にんぎょう【人形】《遊戯》
ニンギョー[ɲiŋgjo:]【名】

■にんじょう【人情】《社会・交通》
ニン┐ジョー[ɲinʒo:]【名】
ハク┐ジョー[hakuʒo:]【薄情】【名】

■にんしん【妊娠】《民俗》⇨にんぷ
ニンシン[ɲinʃin]【名】妊娠していることを，デ┐キョールと言う。コドモガ デ┐キョール(妊娠している)。「出来ている」の意。

■にんじん【人参】《植物》
ニンジン[ɲinʒin]【名】

■にんにく【大蒜】《植物》
ニンニク[ɲinɲiku]【名】

■にんぷ【妊婦】《民俗》⇨にんしん
オー┐ハラ[o:hara]【名】ニ┐ンプとも言う(標準語的)。

ぬ

■ぬう【縫う】《衣》
ヌー[nuː]〖動〗ヌワ￢ン，ヌー￢タ，ヌイマ￢
ス。フ￢クー ── (服を縫う)。

■ぬか【糠】《農・林・漁業》
ヌカ￢[nuka]〖名〗

■ぬかみそ【糠味噌】《食》
ヌカミソ[nukamiso]〖名〗

■ぬぐ【脱ぐ】《衣》
ヌ￢グ[nugu]〖動〗ヌガ￢ン，ヌ￢イダ，ヌギ
マ￢ス。キモノー ── (着物を脱ぐ)。

■ぬすむ【盗む】《社会・交通》
ト￢ル[toru]【取る】〖動〗トラ￢ン，ト￢ッタ，
トリマ￢ス。モノ￢ー ── (物を盗む)。ヌ
ス￢ムとも言う。

■ぬの【布】《衣》
ツギ[tsugi]〖名〗キレ￢とも言う。種類はモメ
ン，キ￢ヌ，ケなど。

■ぬま【沼】《天地・季候》
ヌマ￢[numa]〖名〗

■ぬる【塗る】《時間・空間・数量》
ヌル[nuru]〖動〗ヌラ￢ン，ヌ￢ッタ，ヌリマス。
イロ￢ー ── (色を塗る)。

■ぬれる【濡れる】《天地・季候》《衣》
ヌレル[nureru]〖動〗ヌレ￢ン，ヌレ￢タ，ヌレ
マ￢ス・ヌレマ￢ス。ア￢メニ ── (雨に濡
れる)。ア￢メデ キモノガ ── (雨で着
物が濡れる)。

ね

■ね【根】《植物》
ネ￢[ne]〖名〗

■ねえ【感動】《助詞・助動詞・その他》

ナー[naː]文の終わりに下接し，感動を表す。
ホントニ ゲン￢キガ エ￢ーナ￢ー (実に元
気がいいねえ)。

■ねぎ【葱】《植物》《食》
ネブカ[nebuka]【根深】〖名〗

■ねこ【猫】《動物》
ネ￢コ[neko]〖名〗

■ねころぶ【寝転ぶ】《人体》
ネコ￢ロブ[nekorobu]〖動〗ネコ￢ロバン，ネ
コ￢ロンダ，ネコロビマ￢ス。フトンニ
── (布団に寝転ぶ)。

■ねずみ【鼠】《動物》
ネズミ[nezumi]〖名〗

■ねだる【強請る】《人間関係》
ネダ￢ル[nedaru]〖動〗ネダラ￢ン，ネダ￢ッ
タ，ネダリマ￢ス。コドモガ コズ￢カイオ
── (子供が小遣いをねだる)。

■ねだん【値段】《勤怠・難易・経済》
ネダ￢ン[nedaɴ]〖名〗

■ねつ【熱】《人体》
ネツ[netsu]〖名〗

■ねぼう【寝坊】《住》
ネボー[neboː]〖名〗── スル(寝坊をする)。

■ねまき【寝巻き・寝間着】《衣》
ネマキ[nemaki]〖名〗

■ねむる【眠る】《人体》
ネル[neru]【寝る】〖動〗ネン，ネタ，ネマ￢ス。
ヨ￢ー ネラレ￢ーデ コマ￢ル(よく眠れな
くて困る)。

■ねる【寝る】《人体》《住》
ネル[neru]〖動〗ネン，ネタ，ネマ￢ス。1休
む。カジョー ヒ￢ーテ ── (風邪を引い
て寝る)。2横になる。ネテ ホ￢ン ヨ￢
ム(寝て本を読む)。コロブとも言う。3床
に就く。ヨ￢ル ジュー￢ジ二ャー ──
(夜十時には寝る)。ク￢ジニ ── (九時に
寝る)。

■ねんねこ《民俗》
オイ￢コ[oiko]〖名〗市街地で言う。子守用の
綿入れのはんてん。

ぬう～のむ　99

オエ￣コ[oeko]〖名〗郊外の農家で言う。

の

■の【所有・疑問】《助詞・助動詞・その他》
ン[n]①代名詞に下接し，所有を示す。ソリ
　ャー　ワシ￣ンジャ(それは私のだ)。②文
　の終わりに下接し，疑問を表す。共通語と
　異なり，文末にも用いる。ケーカラ　ドー
　ナルン(これからどうなるの)。
■のうか【農家】《農・林・漁業》⇨のうぎょう
ノ￣ーカ[noːka]〖名〗
■のうかんき【農閑期】《農・林・漁業》⇨のうはん
　き
ノーカ￣ンキ[noːkaŋki]〖名〗
■のうぎょう【農業】《農・林・漁業》⇨のうか
ヒャクショ￣ー[hjakuʃoː]〖百姓〗〖名〗
■のうはんき【農繁期】《農・林・漁業》⇨のうかん
　き
ノーハ￣ンキ[noːhaŋki]〖名〗
■のか【疑問】《助詞・助動詞・その他》
ノカ[noka]用言の終止形に下接し，疑問を
　表す。ノンカとも。イク￣ンカ　イカンノ￣
　カ　ワカラ￣ン(行くのか行かないのかわか
　らない)。
■のき【軒】《住》
ノキ￣[noki]〖名〗①家の表側の軒。②家の裏
　側の軒。
■のこぎり【鋸】《住》《農・林・漁業》
ノコギ￣リ[nokogiri]〖名〗
ノコ￣[noko]〖鋸〗〖名〗
■のせる【載せる・乗せる】《時間・空間・数量》⇨
　かつぐ
ノス[nosu]〖動〗ノサン，ノシタ，ノシマス。
　①アタマ￣ニ　――(頭に載せる)。タナニ
　――(棚に載せる)。②カ￣サニ　――(傘に
　入れる)。⇨いれる
スケル[sukeru]〖動〗スケン，スケタ，スケ

マス。アタマ￣ニ　――(頭に載せる)。タ
　ナニ　――(棚に載せる)。
■のち【後】《時間・空間・数量》
ア￣ト[ato]〖後〗〖名〗セーカラ　――，セー
　カラ　サキ(それから後)。
■ので【原因・理由】《助詞・助動詞・その他》
テ[te]原因・理由を表す。アタマ￣ガ　イト
　ーテ　オキレ￣ン(頭が痛いので起きられな
　い)。
■のど【喉】《人体》⇨のどぼとけ
ノ￣ド[nodo]〖名〗①咽頭。カジョー　ヒー
　テ　――ガ　イテ￣ー(風邪を引いてのどが
　痛い)。②首の前面，あごの下の部分。③
　声。シビ￣ー　ノ￣ドー　キカシェル(渋い
　のどを聞かせる)。
■のどがかわく【喉が乾く】《人体》
ノ￣ドガ　カワ￣ク[nodoga kawaku]ノ￣ド
　ガ　カワカ￣ン，ノ￣ドガ　カウェ￣ータ，
　ノ￣ドガ　カワキマス。
■のどぼとけ【喉仏】《人体》⇨のど
ノドボ￣トケ[nodobotoke]〖名〗
■のに【逆接的前提】《助詞・助動詞・その他》
ノニ[noɲi]逆接的前提を表す。シェッカク
　ウエタ￣ノニ　カレテシモ￣ータ(せっかく
　植えたのに枯れてしまった)。
■のびる【伸びる】《植物》
ノビ￣ル[nobiru]〖動〗ノビ￣ン，ノ￣ビタ，ノ
　ビマス。①セ￣ーガ　――(背が伸びる)。
　②ゴ￣ムガ　――(ゴムが伸びる)。
■のぼる【昇る・登る・上る】《行動・感情》
ノボル[noboru]〖動〗ノボラン，ノボッタ，
　ノボリマス。①キ￣　――(木に登る)。
　②ヒ￣ガ　――(太陽が昇る)。③ヒャク￣ニ
　ンニ　――(百人に上る)。④アタマ￣ニ
　チガ――(頭に血がのぼる)。
■のみ【蚤】《動物》
ノミ￣[nomi]〖名〗
■のみや【呑み屋・飲み屋》《職業》
イザカヤ[izakaja]〖居酒屋〗〖名〗
■のむ【飲む・呑む】《人体》《食》

ノ￣ム[nomu]〖動〗ノマ￣ン，ノ￣ンダ，ノミ
　マ￣ス。①飲む。ミズ￣　──（水を飲む）。
　サキョ￣　──（酒を飲む）。オチャ￣
　──（お茶を飲む）。②飲み下す。ガンヤク
　ー　──（丸薬を飲む）。③すする。ミソ
　シ￣ルー　──（みそ汁を飲む）。
スー[suː]〖吸う〗〖動〗スワ￣ン，スータ，スィ
　ーマ￣ス。吸う。タバコ￣　──（煙草を飲
　む）。
■のらしごと【野良仕事】《農・林・漁業》
ノラシ￣ゴト[noraʃigoto]〖名〗
■のり【糊】《天地・季候》《衣》《教育》
ノリ￣[nori]〖名〗
■のり【海苔】《食》
ノ￣リ[nori]〖名〗
■のる【乗る】《社会・交通》《時間・空間・数量》
ノル[noru]〖動〗ノラ￣ン，ノッタ，ノリマ￣ス。
　バ￣スー　──（バスに乗る）。フ￣ネー
　──（舟に乗る）。

は

■は【葉】《植物》
ハ￣ッパ[happa]【葉っぱ】〖名〗ハ￣とも。
■は【歯】《人体》
ハ￣[ha]〖名〗ハ￣ー　ミガク（歯を磨く）。様
　態により名称が異なる。虫歯をムシ￣バ，
　出っ歯をデ￣バ，八重歯をヤエ￣バと言う。
■は【取り立て】《助詞・助動詞・その他》
取り立てを表す場合，通常「は」に当たる助
　詞が現れない。オメー　アシタ￣モ　キ￣テ
　クレル￣カー（君は明日も来てくれるかい）。
■はい【灰】《住》
ハイ[hai]〖名〗
■はい《社会・交通》
ヘ￣ー[heː]はい。応答のことば。注意を促
　す「はい，こっちを向いてください」に当
　たる「はい」に特に当たることばがない。

へーともハイとも言わない。
■はいたもの【吐いた物】《食》⇒はく
ゲ￣[ge]〖名〗ゲーとも言う。
■はう【這う】《人体》《行動・感情》
ハ￣ウ[hau]〖動〗ハワ￣ン，ホ￣ータ，ハイマ￣
　ス。アカチャンガ　──（赤ちゃんが這う）。
■はえ【蠅】《動物》
ヘァ￣ー[hæː]〖名〗
■はえる【生える】《植物》
ハエ￣ル[haeru]〖動〗ハエ￣ン，ハ￣エタ，ハ
　エマ￣ス。①クサ￣ガ　──（草が生える）。
　②カビガ　──（黴が生える）。
■はおり【羽織】《衣》
ハオリ[haori]〖名〗ハオリュー　キル（羽織
　を着る）。
■はか【墓】《民俗》
オハカ￣[ohaka]〖御墓〗〖名〗
■ばかだ【馬鹿だ】《行動・感情》
バ￣カナ[bakana]
■はかどる【捗る】《職業》
ギョーサ￣ン　デキ￣ル[gjoːsan dekiru]
　〖仰山出来る〗シゴトガ　──（仕事がはか
　どる）。
■はかま【袴】《衣》
ハカマ￣[hakama]〖名〗ハカマ￣ー　ハク（袴
　をはく）。
■はかまいり【墓参り】《民俗》
ハカマェ￣ーリ[hakamæːri]〖名〗
■はがゆい【歯痒い】《行動・感情》
イジマシ￣ー[iʒimaʃiː]〖形〗イジマシュー
　ナ￣ル，イジマ￣シケレァ￣ー。オメード￣ー
　リニ　イカ￣ンデ　──（思い通りに行かな
　くてはがゆい）。
■ばかり【限定・距離的程度】《助詞・助動詞・その
　他》
バー[baː]①限定を表す。ア￣メバ￣ー　フ
　ットル（雨ばかり降っている）。ア￣メガ
　フ￣ルバ￣ースル（雨ばかり降っている）とい
　う言い方もあり，バーはサ変動詞を伴う。
　カゼバ￣ー　ヒク（風邪ばかり引く）。カゼ

のらしごと～はじまる　101

ヒクバ￢ースル（風邪ばかり引く）。②距離
の程度を示す。イチリバ￢ー　アリ￢ータ
（一里ばかり歩いた）。

■はかる【計る・図る・測る・量る・謀る・諮る】
《時間・空間・数量》
ハカ￢ル[hakaru]【動】ハカラ￢ン，ハカ￢ッ
タ，ハカリマス。オ￢モサー　——（重さを
量る）。

■はきもの【履物】《衣》
ハキモン[hakimoɴ]【名】足に履く物の総称。
靴，下駄，足袋など，テブ￢クロー　ハク
とも言うが，手袋をハキモンとは言わない。

■はく【吐く】《人体》《食》
ハ￢ク[haku]【動】ハカ￢ン，ヘァータ・ハ￢イ
タ，ハキマス。①口の中の物を吐く。吐
き出す。クチンナ￢カノモノー　——（口の
中のものを吐く）。ツバ￢ー　——（唾を吐
く）。②戻す。タ￢ベタ　モノー　——（食
べた物を吐く）。③吸った息を出す。ス￢ー
タ　イ￢キュー　——（吸った息を吐く）。
④ことばにする。ホン￢ニョー　——（本音
を吐く）。胃の中のものを吐く時は，モド￢
ス，アゲルと言う。イノナ￢カノモノー
モドス（胃の中のものを吐く）。イノナ￢カ
ノモノー　アゲル（胃の中のものを吐く）。
ウタ￢ウ[utau]【歌う】【動】ウタワ￢ン，ウト￢ー
タ，ウタイマス。ことばに出す。ト￢ート
ー　ウトータ（とうとう本音を吐いた）。

■はく【履く・穿く・佩く】《人体》《衣》
ハク[haku]【動】ハカ￢ン，ヘァータ・ハイタ，
ハキマス。①クツ￢ー　——（靴を履く）。
ゲタ￢ー　——（下駄を履く）。ゾー￢リュー
——（草履を履く）。②ズボン　——（ズボ
ンを穿く）。タ￢ビュー　——（足袋を穿く）。
③テブ￢クロー　——（手袋を穿く）。手袋
の場合はサスとも言う。

■はく【掃く】《住》
ハ￢ク[haku]【動】ハカ￢ン，ハ￢イタ，ハキ
マ￢ス。ニワ￢ー　——（庭を掃く）。

■はぐき【歯茎】《人体》

ハ￢ジシ[haʑiʃi]【歯肉】【名】ハ￢ー　ニ￢タ
ア￢トデ　——カラ　チガ　デ￢ル（歯を抜
いた後で歯茎から血が出る）。

■はげあたま【禿頭】《人体》
キ￢ンカ[kiŋka]【金柑】【名】⇒いも

■はげる【禿げる】《人体》
ハゲ￢ル[hageru]【動】ハゲ￢ン，ハ￢ゲタ，ハ
ゲマ￢ス。アタマ￢ガ　——（頭がはげる）。

■はこ【箱】《住》
ハコ[hako]【名】

■はこぶ【運ぶ】《社会・交通》《職業》
ハコブ[hakobu]【動】ハコバ￢ン，ハコンダ，
ハコビマ￢ス。ニ￢モツー　——（荷物を運
ぶ）。

■はこべ【繁縷】《植物》
ヒズル[hizuru]【名】

■はさみ【鋏】《衣》
ハサミ￢[hasami]【名】

■はさむ【挟む】《時間・空間・数量》
ハサ￢ム[hasamu]【動】ハサマ￢ン，ハサ￢ン
ダ，ハサミマス。カミュ￢ー　——（紙を挟
む）。

■はさん【破産】《勤怠・難易・経済》
ツブレ￢ル[tsubureru]【潰れる】【動】ツブレ￢ン，
ツブレタ，ツブレマ￢ス。カイシャガ　ツ
ブレタ（会社が破産した）。

■はし【箸】《食》
ハ￢シ[haʃi]【名】種類には，サイバ￢シ，ワ
リバ￢シなどがある。

■はし【橋】《社会・交通》
ハシ[haʃi]【名】

■はし【端】《時間・空間・数量》
ハ￢ナ[hana]【端】【名】「端」を強調してト
ッパナとも言う。

■はしご【梯子】《住》
ハシゴ[haʃigo]【名】

■はじまる【始まる】《教育》
ハジマル[haʑimaru]【動】ハジマラン，ハジ
マッタ，ハジマリマス。①新たな状態に移
る。シンガ￢ッキガ　——（新学期が始ま

る）。②新たな行動が行われる。ケンカ￣ガ
チョ￣ットシタ　コトカラ　ハジマッタ（け
んかはちょっとしたことから始まった）。

■**はじめる**【始める】《職業》
ハジメル［haʒimeru］【動】ハジメン，ハジメ
タ，ハジメマ￣ス。①シゴトー　――（仕事
を始める）。②新しく行う。ショ￣ーベァー
オ　――（商売を始める）。

■**ばしょ**【場所】《時間・空間・数量》
バショ￣［baʃo］【名】

■**はしら**【柱】《住》
ハシラ［haʃira］【名】ディーコクバ￣シラ（大
黒柱），トコバ￣シラなどがある。

■**はしる**【走る】《人体》
カケ￣ル［kakeru］【駆ける】【動】カケラ￣ン，
カケ￣ッタ，カケリマ￣ス。ノ￣ハラー　――
（野原を走る）。

■**はす**【蓮】《植物》
ハス［hasu］【名】ハスの地下茎をレンコ￣ンと
言う。

■**バス**【乗合自動車】《社会・交通》
ジドーシャ［ʒidoːʃa］【自動車】【名】

■**はずかしい**【恥ずかしい】《社会・交通》
フ￣ーガ　ワリ￣ー［ɸuːga wariː］【風が悪
い】ヘ￣ンナ　カッコーデ　――（変な格好
で恥ずかしい）。

■**はずす**【外す】《衣》
ハズス［hazusu］【動】ハズサン，ハズシタ，
ハズシマ￣ス。①ユビワー　――（指輪を外
す）。ボタ￣ン　――（ボタンを外す）。コハ
ジョー　――（こはぜを外す）。メガ￣ニョ
ー　――（眼鏡を外す）。マ￣スクー　――
（マスクを外す）。②ガクー　――（額を外
す）。ショージュー　――（障子を外す）。
カンバン　――（看板を外す）。「的を外す」
に当たる言い方はない。
ヌ￣グ［nugu］【脱ぐ】【動】ヌガ￣ン，ヌィ￣ーダ，
ヌギマ￣ス。テブ￣クロー　――（手袋を外
す）。手袋にはハズスと言わない。
アケ￣ル［akeru］【空ける】【動】アケ￣ン，アケ

タ，アケマ￣ス。セキュー　――（席を外す）。
不在のことをセキアキと言う。

■**はずれ**【外れ】《社会・交通》
ハシ［haʃi］【名】図のような所を言う。マチ
ノ　――（町の端）。

集落

自分のいる所　　トリッキ　　　ハシ
　　　　　　　（自分に近い方）

■**はだ**【肌】《人体》
ハダ￣［hada］【名】①――ガ　シレ￣ー（肌が
白い）。②肩を出す。ハ￣ダー　ニ￣ーデ
カジョー　イレル（肌を脱いで風を入れる）。

■**はだか**【裸】《衣》
ハダカ［hadaka］【名】

■**はたき**【叩き】《住》
ウチハ￣ライ［uʧiharai］【打ち払い】【名】

■**はたけ**【畑】《農・林・漁業》
ハタケ［hatake］【名】

■**はだける**【開ける】《衣》
ハダケ￣ル［hadakeru］【動】ハダケ￣ン，ハ
ダ￣ケタ，ハダケマ￣ス。キモノガ　ハダ
ケトル（着物がはだけている）。

■**はだし**【裸足】《衣》
ハダシ［hadaʃi］【名】――ニ　ナ￣ル（はだし
になる）。

■**はたらきもの**【働き者】《行動・感情》⇒はたらく
ハタラキモン［hatarakimoɴ］【名】

■**はたらく**【働く】《職業》⇒はたらきもの
ハタラク［hataraku］【動】ハタラカン，ハタ
ライタ，ハタラキマ￣ス。ミシェ￣デ　――
（店で働く）。

■**はち**【蜂】《動物》
ハチ［haʧi］【名】

■**はち**【鉢】《食》
ハチ［haʧi］【名】

■**はちがつ**【八月】《民俗》
ハチガツ［haʧigatsu］【名】

■**はちまき**【鉢巻き】《衣》
ハチマ￣キ［haʧimaki］【名】

■**はちみつ**【蜂蜜】《食》

ハチミツ[hatʃimitsu]〖名〗

■ばった【飛蝗】《動物》
ハタハタ[hatahata]〖名〗バッタとも言う。

バッタ[batta]〖名〗ハタハタと同義。

■ばってん【罰点】《教育》
ペケ[peke]〖名〗

■はで【派手】《衣》
ハデシャ[hadeʃa]〖名〗身なりだけでなく、性格についても言う。アノヒター ── ジャ(あの人は派手好きだ)。

■はと【鳩】《動物》
ハト[hato]〖名〗

■はな【花】《植物》
ハナ[hana]〖名〗

■はな【鼻】《人体》
ハナ[hana]〖名〗①鼻。── ガ ヒキー(鼻が低い)。②鼻汁。ハナー トル(鼻をかむ)。

■はなお【鼻緒】《衣》
ハナオ[hanao]〖名〗

■はなす【話す】《人体》⇨いう, かたる, しゃべる
ハナス[hanasu]〖動〗ハナサン, ハナシタ, ハナシマス。①話す。モット ユックリ ハナシテ ツカーセ。ジジョー ──(事情を話す)。②相談する。シェンシェーニ ナヤミュー ──(先生に悩みを相談する)。「昔話を話す」は, ムカシバナシュー スル(昔話をする)と言う。

■はなす【離す】《時間・空間・数量》新のみ⇨はなれる
ハナス[hanasu]〖動〗ハナサン, ハネータ, ハナシマス。テョー ──(手を離す)。

■はなぢ【鼻血】《人体》
ハナジ[hanaʒi]〖名〗

■はなどり【鼻取り】《農・林・漁業》
ハナドリ[hanadori]〖名〗

ハナジリ[hanaʒiri]〖名〗牛の鼻どり。

■はなび【花火】《遊戯》
ハナビ[hanabi]〖名〗

ススキノ カラマツ[susukino karamatsu]〖名〗線香花火。

■はなみず【鼻水】《人体》
ハナミズ[hanamizu]〖名〗ミズッパナとも言う。

■はなむこ【花婿】《民俗》
ムコ[muko]【婿】〖名〗

■はなよめ【花嫁】《民俗》
ヨメ[jome]【嫁】〖名〗

■はなれる【離れる】《時間・空間・数量》⇨はなす
ハナレル[hanareru]〖動〗ハナレン, ハナレタ, ハナレマス。フネガ キシュー ──(舟が岸を離れる)。

■はね【羽】《動物》
ハネ[hane]〖名〗

■はね【跳ね】《衣》
ハネ[hane]〖名〗

シブキ[ʃibuki]〖名〗水しぶき。── ガ カカル(水しぶきがかかる)。

■はねる【跳ねる】《時間・空間・数量》
ハネル[haneru]〖動〗ハネン, ハネタ, ハネマス。ドロガ ──(泥が跳ねる)。

■はは【母】《人間関係》
ハハ[haha]〖名〗①オカーサン, ハハ, カクサン。カクサンは昔の丁寧な言い方, 呼び掛けでなくウチノ カクサンと人に話す時に言った。オフクロ(卑語)。②オカーサン, オカーチャン, 昔はオカン。漁師町ではオカー(理解語彙)。

■はま【浜】《天地・季候》
ハマ[hama]〖名〗

■はまぐり【蛤】《動物》
ハマグリ[hamaguri]〖名〗

■はめる【嵌める】《衣》
ハメル[hameru]〖動〗ハメン, ハメタ, ハメマス。①テブクロー ──(手袋をはめる)。手袋にはハク, サスがよく使われる。②ユビワー ──(指輪をはめる)。③ボタン ──(ボタンをはめる)。⇨はく, きる

■はやい【早い・速い】《時間・空間・数量》

ハイェァー[hajæ:][形]ハヨーナル。ハ
ヤケリャ。アクセントはハヨーナ⌐ル，ハ
ヤ⌐ケリャとも。①カエ⌐ルンガ ——(帰
るのが早い)。②アル⌐クンガ ——(歩く
のが速い)。

■はやし【林】《天地・季候》

ハヤシ[haja ʃi][名]

■はやる【流行る】《衣》《社会・交通》《職業》

ハヤ⌐ル[hajaru][動]ハヤラ⌐ン，ハヤッタ，
ハヤリマ⌐ス。①ミ⌐シェ⌐ガ ——(店がは
やる)。②ミニスカ⌐ートガ ——(ミニス
カートがはやる)。

■はら【腹】《人体》

ハラ[hara][名]①——ガ イテ⌐ー(腹が
痛い)。②——ガ ヘル(腹がすく)。③胃
または腸。腹下しをハラサゲ⌐と言う。ハ
ラ⌐ー サゲ⌐ル(腹を下す)。④母の胎内。
ハラ⌐ー イタ⌐メタ コ(腹を痛めた子)。
幼児語はオナ⌐。

■ばら【薔薇】《植物》

バラ[bara][名]野生のバラはノ⌐バラと言う。

■はらう【払う】《勤怠・難易・経済》

ハラ⌐ウ[harau][動]ハラワ⌐ン，ハロ⌐ータ，
ハレァ⌐ーマス。カンジョーオ ——(勘定
を払う)。ホコ⌐リュ —— (ほこりを払
う)。キ⌐ノ エダ⌐ー ——(木の枝を払う)。

■はらわた【腸】《動物》

ハラワタ⌐[harawata][名]

■はり【針】《衣》

ハ⌐リ[hari][名]

■はり【梁】《住》

ハリ⌐[hari][名]

■はりがね【針金】《住》

ハリガネ[harigane][名]

■はりのあな【針の穴】《衣》

ハ⌐リノアナ[harinoana][名]

■はる【春】《天地・季候》

ハ⌐ル[haru][名]

ハルサキ⌐[harusaki]【春先】[名]春の初め。

■はれ【晴れ】《天地・季候》

ハレ⌐[hare][名]

■はれる【晴れる】《天地・季候》

ハレ⌐ル[hareru][動]ハレ⌐ン，ハ⌐レタ，ハ
レマ⌐ス。ソ⌐ラガ ——(空が晴れる)。

■はれる【腫れる】《人体》

ハレル[hareru][動]ハレ⌐ン，ハ⌐レタ，ハレ
マ⌐ス。①腫れる。キズガ ——(傷が腫れ
る)。②むくむ。カオガ ——(顔が腫れ
る)。

■はんじょう【繁盛】《職業》

ハヤ⌐ル[hajaru]【流行る】[動]ハヤラ⌐ン，
ハヤ⌐ッタ，ハヤリマ⌐ス。

■はんてん【半纏】《衣》

ハンテ⌐ン[hanten][名]

■はんにち【半日】《時間・空間・数量》

ハンニ⌐チ[haɲ niʧi][名]

ヒナカ[hinaka]【日中】[名]昔の語。

■はんまい【飯米】《農・林・漁業》

フチカタ⌐[ɸuʧ ikata]【扶持方】[名]供出用
に対する保有米。

■ばんめし【晩飯】《食》

バンゴ⌐ハン[baŋ gohaŋ]【晩御飯】[名]その
他の食事としてはヤショクがある。

ひ

■ひ【火】《天地・季候》《住》

ヒ⌐[hi][名]ヒ⌐ー モヤ⌐ス(火を燃やす)。
ヒ⌐ー タ⌐ク(火を焚く)。⇨ひ

■ひ【日】《時間・空間・数量》

ヒ⌐[hi][名]——ガ タ⌐ツ(日が経つ)。

■ひえ【稗】《植物》

ヒエ⌐[hie][名]

■ひえる【冷える】《食》

ヒエ⌐ル[hieru][動]ヒエ⌐ン，ヒ⌐エタ，ヒ
エマ⌐ス。①冷たくなる。ヒ⌐エタ メシ⌐
(冷えた飯)。②気温が下がる。ヒ⌐エテ

クル(冷えてくる)。
■ひかげち【日陰地】《天地・季候》
ヒカ゛ゲ[hikage]【日陰】【名】
■ひがし【東】《天地・季候》
ヒガシ[higaʃi]【名】
■ひかり【光】《天地・季候》
ヒカリ゛[hikari]【名】日の光，月の光なども ヒカリ。
■ひかる【光る】《天地・季候》《時間・空間・数量》
ヒカ゛ル[hikaru]【動】ヒカラ゛ン，ヒカ゛ッタ，ヒカリマス。ホシガ —— (星が光る)。⇨ ひかる
■ひがん【彼岸】《民俗》
オヒガン[ohiɡaɴ]【御彼岸】【名】ヒガンの入りにお墓の掃除をし，ヒガンの中日にお墓参りをする。また，オヒガンの間に，お団子やよもぎもちを作って，親しい家へ配る。
■ひがんばな【彼岸花】《植物》
キツネ゛バナ[kitsunebana]【狐花】【名】根をすりつぶし，メリケン粉と混ぜてシップ (湿布)薬として使う。
■ひきがえる【蟇蛙】《動物》
ドーラン゛ビキ[doːrambiki]【名】疣のある土色の大きい蛙。蟇蛙。
■ひく【碾く・挽く】《農・林・漁業》
ヒク[hiku]【動】ヒカン，ヒータ，ヒキマ゛ス。①コナ゛— ——(粉をひく)。②ノコ゛— ——(のこぎりをひく)。
■ひく【引く】《農・林・漁業》
ヒク[hiku]【動】ヒカン，ヒータ，ヒキマス。①ヒモ— ——(紐を引く)。②ジュ゛ーカ ラ ゴ゛オ ——(十から五を引く)。③カタアシュー ヒーテ アル゛ク(片足を引いて歩く)。④アカイ シェ゛ンオ ——(赤い線を引く)。⑤クジュ゛— ——(くじを引く)。
■ひくい【低い】《時間・空間・数量》
ヒキ゛ー[hikiː]【形】ヒク゛ーナル，ヒクケリャ。アクセントはヒクーナ゛ルとも。①シェ゛ガ ——(背が低い)。②ヤマ゛ガ

——(山が低い)。③ソ゛ラガ ——(空が低い)。
■ひげ【髯】《人体》
ヒゲ[hige]【名】眉毛のことをマヒ゛ゲと言う。
■ひざ【膝】《人体》
ヒザ[hiza]【名】①すねの上端とももの下端との間の関節。スネ゛とも。②ももの前面。コドモー —— ニ ノス(子供をひざに載せる)。
スネ[sune]【脛】【名】①すねの上端とももの下端との間の関節。スニョー マゲル(ひざを曲げる)。②ひざ頭。—— ノ サラガ ワレタ(膝頭の骨をけがした)。スネボ゛ーズ，スネノサラとも。
■ひさし【庇・廂】《住》
ヒサシ[hisaʃi]【名】軒に差し出した小屋根。
■ひじ【肘】《人体》
ヒジ[hiʒi]【名】
■ひしゃく【柄杓】《食》
ヒシャク[hiʃaku]【名】
■びしょぬれ【びしょ濡れ】《衣》
ビショヌレ[biʃonure]【名】ビ゛ショとも言う。
■びじん【美人】《衣》
ベッピンサン[beppiɴsaɴ]【別嬪さん】【名】ベッピンとも言う。
■ひだ【襞】《天地・季候》
シワ[ʃiwa]【名】⇨しわ
■ひたい【額】《人体》
オデ゛コ[odeko]【名】
■ひだり【左】《時間・空間・数量》
ヒダリ[hidari]【名】
ヒダリガ゛ワ[hidarigawa]【左側】【名】ヒダリガワとも。
■びっこ【跛】《人体》
チンバ ヒク[tʃimba hiku]【跛を引く】
■ひっこし【引越し】《住》
ヒッコシ[hikkoʃi]【名】—— ノ テツダ゛イ オ タノ゛ム(引越しの手伝いを頼む)。
■ひでり【日照り】《天地・季候》《農・林・漁業》

ヒデリ⌐[hideri]〚名〛
カンパツ[kampatsu]【旱魃】〚名〛
■ひと【人】《人間関係》
ヒト⌐[hito]〚名〛
■ひどい【酷い・非道い】《行動・感情》
ヒデ⌐ー[hide:]〚形〛ヒドーナ⌐ル，ヒ⌐ドケリャー。アノ⌐ヒトノ シウチガ ——（あの人の仕打ちがひどい）。
■ひとさしゆび【人差し指】《人体》
ヒトサシ⌐ユビ[hitosaʃijubi]〚名〛
■ひとだま【人魂】《民俗》
ヒノ⌐タマ[hinotama]【火の玉】〚名〛
■ひとつ【一つ】《時間・空間・数量》
ヒト⌐ツ[hitotsu]〚名〛
■ひとばんじゅう【一晩中】《時間・空間・数量》
ヨドーシ[jodo:ʃi]【夜通し】—— ア⌐メガ フ⌐ル（一晩中，雨が降る）。
■ひとみ【瞳】《人体》
クロ⌐ボシ[kuroboʃi]【黒星】〚名〛瞳孔。
メ⌐ノホシ[menohoʃi]【目の星】〚名〛瞳孔。
ホトケサマ[hotokesama]【仏様】〚名〛瞳孔。
クロ⌐タマ[kurotama]【黒玉】〚名〛瞳孔と紅彩。
■ひとやま【一山】《時間・空間・数量》
ヒト⌐ヤマ[hitojama]〚名〛
■ひとり【一人・独り】《時間・空間・数量》
ヒト⌐リ[hitori]〚名〛——デ ア⌐ソブ（一人で遊ぶ）。
■ひとりもの【独り者】《人間関係》新のみ
シトリ⌐モン[ʃitorimoɴ]〚名〛①独身者の総称。②適齢期を過ぎて未婚の男性。シトリモンとも。
トシゴロ[toʃigoro]【年頃】〚名〛適齢期の未婚の人。男女総称。
ムスコ[musuko]【息子】〚名〛適齢期の未婚の男性。他人の家についてアソコ⌐ノ ムスコなどと言う。
ムスメ[musume]【娘】〚名〛適齢期の未婚の女性，他人の家について言う。アソコ⌐ノ ムスメとかマ⌐ダ ムスメ⌐ジャ（未婚）など

と言う。
ユカズ[jukazu]【行かず】〚名〛適齢期を過ぎて未婚の女性。ユカズゴ⌐ケとも。
ユカズゴ⌐ケ[jukazugoke]【行かず後家】〚名〛適齢期を過ぎて未婚の女性，ユカズとも。
ヤモメ[jamome]【鰥夫】〚名〛結婚後死別して独りでいる男性。離婚の場合には言わない。離婚の場合は特に語はない。
ゴケ[goke]【後家】〚名〛結婚後死別して独りでいる女性。離婚の場合にはデモドリと言い，ゴケとは言わない。
■ひなた【日向】《天地・季候》
ヒナ⌐タ[hinata]〚名〛
■ひなたぼっこ【日向ぼっこ】《遊戯》
ヒナタボ⌐ッコ[hinatabokko]〚名〛
■ひにく【皮肉】《社会・交通》
イヤミ⌐[ijami]【嫌味】〚名〛イヤミュ⌐ー ユー（皮肉を言う）。ヒニクとも言うが，イヤミの方が多く使われる。
■ひのき【檜】《植物》
ヒ⌐ノキ[hinoki]〚名〛植生がない。理解語。
■ひのこ【火の粉】《住》
ヒ⌐ノコ[hinoko]〚名〛
■ひばち【火鉢】《住》新のみ
ヒバ⌐チ[hibatʃi]〚名〛
■ひばり【雲雀】《動物》
ヒバリ[hibari]〚名〛
■ひふ【皮膚】《人体》
カワ⌐[kawa]【皮】〚名〛
■ひま【暇】《時間・空間・数量》
ヒマ[hima]〚名〛
■ひまご【曾孫】《人間関係》
ヒ⌐ーマゴ[hi:mago]〚名〛
ヒ⌐ンマゴ[himmago]〚名〛
■ひも【紐】《衣》
ヒモ[himo]〚名〛
■ひもの【干物】《食》
ヒモノ[himono]〚名〛魚の干物のみに使う。大根を干したものは，センギリ・ハナギリ

と言う。

■ひやとい【日雇い】《職業》

オヤ⌐ッチャン[ojattʃaɴ]〚名〛

オヤッサ⌐ン[ojassaɴ]〚名〛

■ひよう【費用】《勤怠・難易・経済》

ヒ⌐ヨー[hijoː]〚名〛ワリガ　デ⌐ル（費用がかかる）とも言う。

■ひょう【雹】《天地・季候》

ヒョー[çoː]〚名〛

■びょうき【病気】《人体》

ビョーキ[bjoːki]〚名〛①――ガ　ナオ⌐ル（病気が治る）。病気になるはワズラウ、または次の言い方をする。ビョーキュー　ス⌐ル（病気をする）。

ワズラウ[wazurau]【患う】〚動〛ワズラワン、ワズロータ、ワズレァーマス。ヒ⌐ッサ　ワズロータ（〈久しく患った〉長く病気をした）。グウェーガ　ワリ⌐ーとも言う。

■ひょうたん【瓢箪】《植物》

ヒョータ⌐ン[hjoːtaɴ]〚名〛

■ひよけ【日除け】《農・林・漁業》

ヒヨケ[hijoke]〚名〛

■ひよこ【雛】《動物》

ヒヨコ[hijoko]〚名〛

■ひよめき【顋門】《人体》

オドリコ[odoriko]〚名〛

■ひらく【開く】《時間・空間・数量》

アケル[akeru]【開ける】〚動〛アケン、アケタ、アケマス。ミセ⌐オ　――（店を開く）。ホ⌐ンオ　――（本を開く）。ホ⌐ンオ　ヒロゲル（本を開く）。

■ひらや【平家】《住》

ヒラヤ[hiraja]〚名〛

■びり《教育》

ベ⌐ットコ[bettoko]〚名〛

ベ⌐ッツク[bettsuku]〚名〛

■ひる【昼】《時間・空間・数量》

ヒル[hiru]〚名〛

ヒル⌐カラ[hirukara]【昼から】〚名〛

■ひる【簸る】《農・林・漁業》

サビ⌐ル[sabiru]〚動〛サビ⌐ン、サビ⌐ビタ、サビマス。ミ⌐デ　モミュー　サビ⌐ル（箕で籾を簸る）。

■ひるね【昼寝】《住》

ヒルネ[hirune]〚名〛

■ひるめし【昼飯】《食》

ヒルメシ[hirumeʃi]〚名〛

■ひれ【鰭】《動物》

ヒレ⌐[hire]〚名〛尾鰭のことはシッポ⌐と言う。

■ひろい【広い】《時間・空間・数量》

ヒレ⌐ー[hireː]〚形〛ヒローナル、ヒロケリャ。アクセントはヒロ⌐ーナル、ヒロ⌐ケリャとも。①ニワガ　――（庭が広い）。②カオガ　――（顔が広い）。

■ひろう【拾う】《時間・空間・数量》

ヒロウ[hirou]〚動〛ヒロワン、ヒロータ、ヒレーマス。サイフー　――（財布を拾う）。

■びわ【枇杷】《植物》

ビワ[biwa]〚名〛ビワ⌐の葉は薬用になる。

■びんぼう【貧乏】《勤怠・難易・経済》

ビ⌐ンボー[bimboː]〚名〛

ふ

■ふ【麩】《食》

フ[ɸu]〚名〛焼き麩。生麩は使われない。

■ふうせんだま【風船玉】《遊戯》

フーセンダマ[ɸuːsendama]〚名〛

■ふうふ【夫婦】《人間関係》

メ⌐オト[meoto]【女婦】〚名〛

■ふえ【笛】《遊戯》

フエ[ɸue]〚名〛横笛。横に持って吹く笛で、穴が七つあるのを言う。

■ふえる【殖える・増える】《時間・空間・数量》

フエ⌐ル[ɸueru]〚動〛フエ⌐ン、フエタ、フエマス。①コドモガ　――（子供が殖える）。②ミズガ　――（水が増える）。

■ふかい【深い】《天地・季候》

フカァー[ɸɯkæː]【形】フ￢コーナル，フ￢カケリャー。

■ふかす【蒸す】《食》⇨むす

ム￢ス[musu]【動】ムサ￢ン，ム￢シタ，ムシマス。イモ￢ー ──(芋をふかす)。ヒヤ￢ゴ￢ハンオ ──(冷やご飯をふかす)。

ウム￢ス[umusu]【動】ウムサ￢ン，ウム￢シタ，ウムシマス。イモ￢ー ──(芋をふかす)。ヒヤ￢ゴ￢ハンオ ──(冷やご飯をふかす)。

■ふき【蕗】《植物》

フキ[ɸɯki]【名】

■ふきのとう【蕗の薹】《植物》

フキノト￢ー[ɸɯkinotoː]【名】

■ふきん【布巾】《食》

フキ￢ン[ɸɯkiɴ]【名】

■ふく【吹く・噴く】《住》

フ￢ク[ɸɯku]【動】フカ￢ン，フィ￢ータ，フキマ￢ス。①カゼガ ──(風が吹く)。②ヒ￢オ フィ￢ーテ ケス(火を吹いて消す)。③フィ￢ーテ サマ￢ス(吹いて冷ます)。④クチブ￢ョー ──(口笛を吹く)。

■ふく【拭く】《住》

フク[ɸɯku]【動】フカ￢ン，フイタ，フキマ￢ス。ロ￢ーカー ──(廊下を拭く)。

■ふく【葺く】《住》

フク[ɸɯku]【動】フカ￢ン，フィ￢ータ，フキマ￢ス。ヤ￢ニョー ──(屋根をふく)。フク(吹く)とはアクセントの型が異なる。

■ふぐ【河豚】《動物》

フ￢グ[ɸɯgu]【名】

■ふくらはぎ【脹ら脛】《人体》

ショーズ￢ト[ʃoːzɯto]【名】

■ふくろ【袋】《衣》

フクロ￢[ɸɯkuro]【名】

■ふくろう【梟】《動物》

フ￢クロー[ɸɯkuroː]【名】

■ふけ【雲脂】《人体》

フケ[ɸɯke]【名】

■ふける【老ける】《人間関係》

フケ￢ル[ɸɯkeru]【動】キューニ フ￢ケタノー(急に老けたね)。

■ふさく【不作】《農・林・漁業》

フサク[ɸɯsaku]【名】

■ふさぐ【塞ぐ】《住》

フサ￢グ[ɸɯsagu]【動】フサガ￢ン，フセェ￢ーダ，フサギマ￢ス。カミ￢デ スキマ￢ー ──(紙で隙間をふさぐ)。ミチュ￢ー ──(道をさえぎる)。

タテ￢ル[tateru]【立てる】【動】タテ￢ン，タテタ，タテマ￢ス。ト￢ー ──(戸を閉ざす)。

ツグム[tsugumu]【動】ツグマ￢ン，ツグ￢ンダ，ツグミマ￢ス。クチュ￢ー ──(口を閉ざす)。

■ふざける【巫山戯る】《人間関係》

チバケル[tʃibakeru]【動】チバケン，チバケタ，チバケマ￢ス。コドモ￢ーシ ──(子供同士がふざける)。

■ふし【節】《植物》

フシ[ɸɯʃi]【名】

■ふじ【藤】《植物》

フジ[ɸɯʒi]【名】

■ぶしょう【無精・不精】《行動・感情》

ブ￢ショー[buʃoː]【名】

■ふすま【襖】《住》

カラカミ[karakami]【唐紙】【名】

■ふた【蓋】《住》

フタ[ɸɯta]【名】

■ぶた【豚】《動物》

ブ￢タ[buta]【名】

■ふたご【双子・二子】《人間関係》

フタゴ[ɸɯtago]【名】

■ふたつ【二つ】《時間・空間・数量》

フタ￢ツ[ɸɯtatsu]【名】

■ふたり【二人】《時間・空間・数量》

フタ￢リ[ɸɯtari]【名】

■ふだんぎ【普段着】《衣》

ヘーゼ￢ーギ￢[heːzeːgi]【平生着】【名】

■ふち【淵】《天地・気候》

ふかい～ふろ　109

フカミ[Fukami]【名】深み。——ニ　ハマル（深みにはまる）。

フチ「[Futʃi]【名】カワベリ（川べり）と同義。

■ぶつかる《時間・空間・数量》

ブ「ツケル[butsukeru]【動】ブッケン，ブ「ツケタ，ブ「ツケマス。イシュ「ー　——（石をぶつける）。

ブ「ツカル[butsukaru]【動】ブッカラン，ブ「ツカッタ，ブ「ツカリマス。ジド「ーシャガ　デンシンバ「シラニ　——（自動車が電信柱にぶつかる）。

■ぶつだん【仏壇】《民俗》

ブツゼン[butsuzeŋ]【仏前】【名】

■ふで【筆】《教育》

フデ[Fude]【名】

■ふでばこ【筆箱】《教育》

フデ「ツツ[Fudetsutsu]【筆筒】【名】

■ふとい【太い】《時間・空間・数量》

フテ「ー[Fute:]【形】フト「ナール，フ「トケリャ。アクセントはフト「ナ「ルとも。

■ふところ【懐】《衣》

フトコロ[Futokoro]【名】——ニ　イレル（懐に入れる）。

■ふとる【太る】《人体》

コエ「ル[koeru]【肥える】【動】コエ「ン，コ「エタ，コエマス。フト「ルとも言うが共通語的。ウンドーブ「ソクデ　——（運動不足で太る）。人にも動物にもコエ「ルと言う。マルマ「ル　コ「エタ　アカンボー（まるまる太った赤ん坊）。

■ふとん【布団】《住》

フトン[Futoŋ]【名】種類はナツブ「トン，フ「ユブ「トンなど。

■ふな【鮒】《動物》

フ「ナ[Funa]【名】

■ふね【舟・船】《社会・交通》《農・林・漁業》

フ「ネ[Fune]【名】

■ふへい【不平】《社会・交通》

フソク「　ユー[Fusoku: ju:]【不足を言う】オヤ「ニ　——（親に不平を言う）。フへ

——　ユーとも言う。

■ふみだい【踏み台】《住》

フミダイ[Fumidai]【名】

■ふむ【踏む】《人体》《時間・空間・数量》

フム[Fumu]【動】フマン，フンダ，フミマス。アシュ「ー　——（足を踏む）。

■ふもと【麓】《天地・季候》

フモト「[Fumoto]【名】

スソ[suso]【裾】【名】①麓。②着物などの裾。⇨すそ

■ふやかす《食》

モトエ　モド「ス[motoe modosu]【元へ戻す】ダイズー　——（大豆をふやかす）。アズキュ「ー　——（小豆をふやかす）。

■ふゆ【冬】《天地・季候》

フユ[Fuju]【名】

■ぶよ【蚋】《動物》

ブ「ト[buto]【蚋】【名】

■ぶらんこ《遊戯》

ブランコ[buraŋko]【名】

■ふる【降る】《天地・季候》

フ「ル[Fɯru]【動】フラン，フッタ，フリマス。ア「メガ　——（雨が降る）。

■ふる【振る】《時間・空間・数量》

フル[Furu]【動】フラン，フッタ，フリマス。①テョ「ー　——（手を振る）。②ベント「ーニ　ゴマシオー　——（弁当にごま塩を振る）。③オナゴ「ニ　フラレル（女に振られる）。

フリアテル[Furiateru]【振り当てる】【動】フリ「アテン，フリ「アテタ，フリ「アテマス。役を割り当てる。シベ「ーノ　ヤク「ー　——（芝居の役を振る）。

■ふるい【古い】《時間・空間・数量》

フリ「ー[Furi:]【形】フルーナル，フルケリャ。

■ふるい【篩】《農・林・漁業》

トーシ「[to:ʃi]【筵】【名】

■ふろ【風呂】《住》

フロ「[Furo]【名】①風呂。②風呂場。

■ふろしき【風呂敷】《衣》
フロ⌐シキ[ɸuroʃiki]〖名〗——デ ツツ⌐ム
（風呂敷で包む）。
■ぶんけ【分家】《人間関係》
シンヤ[ʃinja]〖新家〗〖名〗
■ぶんすいれい【分水嶺】《天地・季候》
シェキ[ʃeki]〖名〗理解語。
■ふんどし【褌】《衣》
フンドシ[ɸundoʃi]〖名〗フンドシュー スル（褌をする）。フンドシュー シメ⌐ル（褌を締める）。

へ

■へ【屁】《人体》
ヘ⌐[he]〖名〗ヘ⌐ー ヒ⌐ル（屁をひる）。
■へ【方向・場所】《助詞・助動詞・その他》
格助詞相当部分が先行名詞の語末母音と融合する形で長音化し、動作の帰着点を表す。マチ⌐ー イク（町へ行く）。コケ⌐ー コ⌐レ（ここへおいで）。ハ⌐ヘー テガミュ ー ケァ⌐ータ（母へ手紙を書いた）。
エ[e]先行名詞と融合的に長音化しないときにはエという形態をとる。ハコン ナ⌐カ エ イレル（箱の中へ入れる）。
■へい【塀】《住》
ヘー[heː]〖名〗
■へいたんち【平坦地】《天地・季候》
ヒラチ[hiratʃi]〖平地〗〖名〗
■へさき【舳先】《農・林・漁業》
ミオシ[mioʃi]〖名〗ミヨシとも言う。
■へそ【臍】《人体》
ヘソ[heso]〖名〗
■へそくりがね【臍繰り金】《勤怠・難易・経済》
ナイショガ⌐ネ[naiʃogane]〖内緒金〗〖名〗
■へた【蔕】《植物》
ヘタ[heta]〖名〗
■へた【下手】《教育》

ヘタ⌐[heta]〖名〗
■へちま【糸瓜】《植物》
ヘチマ⌐[hetʃima]〖名〗茎からとるヘチマ水は手の荒れに良い。
■べに【紅】《衣》
ベ⌐ニ[beɲi]〖名〗ホーベ⌐ニ（頬紅）とクチベ⌐ニ（口紅）がある。
■へび【蛇】《動物》
クチナワ[kutʃinawa]〖蛇〗〖名〗ヘ⌐ビとも言う。
ナガムシ⌐[nagamuʃi]〖長虫〗〖名〗昔の語。
■へる【減る】《時間・空間・数量》
ヘル[heru]〖動〗ヘラン、ヘッタ、ヘリマス。ミズガ ——（水が減る）。ミズガ ヒクとも。「すり減る」場合にはチビルを使う。
チビル[tʃibiru]〖動〗チビン、チビタ、チビマス。エンピツガ ——（鉛筆が減る）。他動詞「減らす」はヘス。ヘサン、ヘシタ、ヘシマス。
■べんきょう【勉強】《教育》
ベンキョー[beŋkjoː]〖名〗
■へんじ【返事】《社会・交通》
ヘンジ⌐ー スル[henʒiː suru]〖返事する〗オヤ⌐ニ ——（親に返事する）。
■べんじょ【便所】《住》
ベンジョ⌐[benʑo]〖名〗農家では、チョーズ⌐と言う。家の中から入る便所を、カミチョーズ⌐と言い、外から入る便所をシモチョーズ⌐と言う。
■べんしょう【弁償】《社会・交通》
マド⌐ウ[madou]〖動〗マドワ⌐ン、マド⌐ータ、マドイマ⌐ス。ガ⌐ラスー ワッテ ——（ガラスを割って弁償する）。
■べんとう【弁当】《食》
ベント⌐ー[bentoː]〖名〗

ふろしき～ぼくら　111

ほ

■ほ【穂】《植物》
ホ˥［ho］【名】

■ほ【帆】《農・林・漁業》
ホ˥［ho］【名】

■ぼう【棒】《天地・季候》《住》
ボー［boː］【名】

■ほうがく【方角】《天地・季候》
ホーガク［hoːgaku］【名】ハジメテノ　トチ
ジャ˥カラ　――モ　ワカラ˥ン（初めての
土地だから方角もわからない）。

■ぼうかんぎ【防寒着】《衣》
ト˥ンビ［tombi］【名】男性の和服の上に着る
外套。

ヒキマワシ［hikimawaʃi］【引き回し】【名】
マント。

タンジェ˥ン［tanʑeɴ］【丹前】【名】男性の和
服の防寒衣。

■ほうき【箒】《住》
ホー˥キ［hoːki］【名】種類は，タケボー˥キ，
クサボー˥キ，シュローなどがある。

■ほうさく【豊作】《農・林・漁業》
ホーサク［hoːsaku］【名】

■ほうじ【法事】《民俗》
ツイゼン［tsuizeɴ］【追善】【名】年忌には，一
年，三年，七年，十三年，十七年，二十五
年，三十三年，五十年がある。

■ぼうし【帽子】《衣》
ボー˥シ［boːʃi］【名】種類は，ヤマタカ˥ボー，
ナカオレボー˥シ，チャンチャン˥ボー（毛
糸）などがある。ボー˥シュー　キル（帽子
をかぶる）。

■ほうせんか【鳳仙花】《植物》
ホーシェ˥ンカ［hoːʃeɴka］【名】

■ほうちょう【包丁】《食》
ホーチョー［hoːtʃoː］【名】総称。

■ナキリボ˥ーチョー［nakiriboːtʃoː］【菜切り
包丁】【名】

デバボ˥ーチョー［debaboːtʃoː］【出刃包丁】
【名】

■ぼうふら【孑孑】《動物》
ボーフラ［boːɸura］【名】

■ほうもん【訪問】《社会・交通》
イク［iku］【行く】【動】イカン，イッタ，イキ
マ˥ス。ヒト˥ノ　イエ˥ー　――（人の家を
訪問する）。

■ほえる【吠える】《動物》
ホエ˥ル［hoeru］【動】ホエ˥ン，ホエタ，ホ
エマ˥ス。イヌ˥ガ　――（犬がほえる）。

シェ˥ク［ʃeku］【動】シェカ˥ン，シェ˥ータ，
シェキマ˥ス。昔の語。イヌ˥ガ　――（犬が
ほえる）。

■ほお【頬】《人体》
ホーダマ［hoːdama］【名】

■ほおかぶり【頬被り】《人体》《衣》
ホーカ˥ムリ［hoːkamuri］【名】ホーカ˥ブリ
とも。

■ほおずき【酸漿】《植物》
ホーズキ［hoːzuki］【名】

■ほか【他・外】《時間・空間・数量》
ホカノ［hokano］【他の】【名】コリャー　イケ
ン　ホカノ˥ー　モッテキ˥テクレ˥ー（これ
は駄目だ，ほかのを持って来てくれ）。

■ぼく【僕】《助詞・助動詞・その他》
ワシ［waʃi］【儂】同等。多くは男性に用い，
「ボク」「オレ」に相当する。女性も稀に
「ワシ」を用いる。

ウチ˥［utʃi］【内】同等。女性のみが用い，「ワ
タシ」に相当する。

ワッチ［wattʃi］同等。女性のみが用い，「ワ
タシ」に相当する。

■ほくとせい【北斗星】《天地・季候》
ホクト˥シェー［hokutoʃeː］【名】

■ぼくら【僕等】《助詞・助動詞・その他》
ワシラ˥［waʃira］【儂等】同等，複数。多く
は男性が用い，「ボクラ」「オレラ」に相当

する。女性が稀にワシラ⌐を用いる。

ウチラ⌐[uʃira]【内等】同等。複数。女性の
みが用い，「ワタシラ(タチ)」に相当する。

ワッチラ⌐[watʃira]同等。複数。女性のみ
が用い，「ワタシラ(タチ)」に相当する。

■ほこり【埃】《住》

ホコリ[hokori]〖名〗

■ほころびる【綻びる】《衣》

ホコロビ⌐ル[hokorobiru]〖動〗ホコロビ⌐ン，
ホコロ⌐ビタ，ホコロビマ⌐ス。フ⌐クガ
—— (服がほころびる)。

■ほし【星】《天地・季候》

ホシ[hoʃi]〖名〗

■ほしい【欲しい】《行動・感情》

ホシ⌐ー[hoʃiː]〖形〗ホシューナル，ホ⌐シ
ケリャー。①カ⌐メラガ —— (カメラが欲し
い)。②テ⌐ツド⌐ーテ——(手伝ってほし
い)。

■ほす【干す】《衣》《農・林・漁業》

ホ⌐ス[hosu]〖動〗ホサ⌐ン，ホ⌐シタ，ホシ
マ⌐ス。クサ⌐— —— (草を干す)。

■ぼせき【墓石】《民俗》

ハカイシ[hakaiʃi]【墓石】〖名〗

■ほそい【細い】《時間・空間・数量》

ホセ⌐ー[hoseː]〖形〗ホソーナル，ホ⌐ソケ
リャ。アクセントはホソーナ⌐ルとも。

■ほたる【螢】《動物》

ホ⌐タル[hotaru]〖名〗

■ぼたん【牡丹】《植物》

ボタ⌐ン[botaɴ]〖名〗

■ほど【量的程度・程度比較】《助詞・助動詞・その
他》

ホド[hodo]①量的程度。サンジョーホ⌐ド
ッカ⌐ーセ⌐ー(三升ほど下さい)。②程度比
較。オキョ⌐ケリャー オケ⌐ーホ⌐ド エ⌐
ー(大きければ大きいほどいい)。

バー[baː]量的程度。サンジョーバ⌐ー ッ
カ⌐ーセ⌐ー(三升ほど下さい)。

■ほどく【解く】《衣》

ト⌐ク[toku]【解く】〖動〗トカ⌐ン，ト⌐イタ，

トキマ⌐ス。ヌ⌐イミョ⌐ー —— (縫い目を
解く)。

■ほとけ【仏】《民俗》

ホトケサ⌐ン[hotokesaɴ]【仏さん】〖名〗幼児
語は，ノノ⌐サン，ノンノ⌐サン，ノーノ⌐
ーサンがあり神仏の区別はない。

■ほね【骨】《人体》

ホネ⌐[hone]〖名〗

■ほめる【褒める】《教育》

ホメ⌐ル[homeru]〖動〗ホメ⌐ン，ホ⌐メタ，
ホメマ⌐ス。コドモノ ヨ⌐ー —— (子供
の絵を褒める)。

■ほら【法螺】《社会・交通》

ホラ[hora]〖名〗ホラ⌐ー ツ⌐ク(ほらを吹
く)。オーブ⌐ロシキオ ヒロゲルとも言う。

■ほり【堀・濠】《天地・季候》

ホリ[hori]〖名〗①城の周りなどの堀。②小
さい池。

■ほる【掘る・彫る】《天地・季候》《時間・空間・数
量》

ホ⌐ル[horu]〖動〗ホラ⌐ン，ホ⌐ッタ，ホリマ⌐
ス。①地面に穴をあける。アナ⌐ー ——
(穴を掘る)。②刻む。キュ⌐ー —— (木を
彫る)。

■ぼろ【襤褸】《衣》

ボ⌐ロ[boro]〖名〗

■ほん【本】《教育》

ホ⌐ン[hoɴ]〖名〗

■ぼん【盆】《食》

オボン[oboɴ]【御盆】〖名〗

■ぼん【盂蘭盆】《民俗》

ボ⌐ニ[boɲi]【盆】〖名〗

シェン⌐ドマン⌐ド[ʃendomando]〖名〗初盆
に提灯をあげたお返しに，子供がお菓子を
もらうこと。

■ほんけ【本家】《人間関係》

モトヤ[motoja]【本家】〖名〗ホン⌐ケとも。
モトヤは昔の語。何代も前に本家だった家
をオーモトヤと言うこともある。

■ほんとう【本当】《時間・空間・数量》

ほこり～まずい　113

ホンマ[homma]【本真】【名】──ナ　コト（本当のこと）。

ま

■**まい**【否定推量・否定意志】《助詞・助動詞・その他》

メァー[mæː]動詞の終止形に接続する。マ￣ダ　エンポーエ￣ワ　イトルメァ￣ー（まだ遠くへは行くまい）。

マー[maː]動詞の終止形に接続する。①打消推量。マ￣ダ　エンポーエ￣ワ　イクマ￣ー（まだ遠くへは行くまい）。②否定の意志。ニド￣ト　イクマ￣ー（二度と行くまい）。

■**まいあさ**【毎朝】《時間・空間・数量》

メァーア￣サ[mæːasa]【名】

■**まいにち**【毎日】《時間・空間・数量》

メァーニ￣チ[mæːɲiʃi]【名】──　シゴト　ー　スル（毎日，仕事する）。

■**まいばん**【毎晩】《時間・空間・数量》

メァーバン[mæːbaŋ]【名】

■**まえ**【前】《時間・空間・数量》

マ￣エ[mae]【名】①前面。イエ￣ノ　ー（家の前）。②以前。ー　ノ　デキゴ￣ト（前の出来事）。

センキョ￣ー[seŋkjoː]【名】先刻。時間的に前の場合。──　ノ　デキゴ￣ト（前の出来事）。

■**まえだれ**【前垂れ】《衣》

マエカケ[maekake]【前掛け】【名】メァーダレ￣とも言う。幼児用も，マエカケと言う。

ヨーダレ￣カケ[joːdarekake]【涎掛け】【名】幼児用。

■**まえむき**【前向き】《天地・季候》

マエムキ[maemuki]【名】

■**まがる**【曲がる】《社会・交通》《時間・空間・数量》⇨まげる

マガル[magaru]【動】マガラン，マガッタ，

マガリマス・マガリマ￣ス。①カ￣ドー──（角を曲がる）。マチカ￣ドー　ー（町角を曲がる）。②ハリガネガ　ー（針金が曲がる）。

■**まく**【巻く】《時間・空間・数量》

マク[maku]【動】マカン，メァータ，マキマ￣ス。イトー　ー（糸を巻く）。

■**まく**【蒔く・播く・撒く】《農・林・漁業》

マ￣ク[maku]【動】マカン，マ￣イタ，マキマ￣ス。タネー　ー（種をまく）。

■**まぐさ**【秣】《農・林・漁業》

カイ[kai]【飼い】【名】ケァーとも。

■**まくら**【枕】《住》

マクラ[makura]【名】

■**まぐろ**【鮪】《動物》

マグロ[maguro]【名】

■**まぐわ**【馬鍬】《農・林・漁業》

マンガ[maŋga]【名】牛に引かせるものはウシンガと言う。

■**まける**【負ける】《社会・交通》

マケル[makeru]【動】マケン，マケタ，マケマ￣ス。スモーデ　ー（相撲で負ける）。

■**まげる**【曲げる】《時間・空間・数量》新のみ⇨まがる

マゲル[mageru]【動】マゲン，マゲタ，マゲマス。ハリガニョー　ー（針金を曲げる）。

■**まご**【孫】《人間関係》

マゴ[mago]【名】外孫はソト￣マゴ，内孫はウチ￣マゴ，孫息子はマゴム￣スコ，孫娘はマゴム￣スメ，初孫はハツ￣マゴ。

■**まじめだ**【真面目だ】《行動・感情》

マジメナ[maʑimena]【真面目な】①アノ￣ヒター　ー（あの人はまじめだ）。②マジメニ　ハタラク（まじめに働く）。

■**ます**【丁寧】《助詞・助動詞・その他》

マス[masu]動詞の連用形に接続し，動作の敬謙を表す。ケーカラ　ヤクベー　イキマス（これから役場へ行きます）。

■**まずい**【不味い】《食》

マジ￣ー[maʑiː]【形】マ￣ズーナル，マ￣ズケ

リャー。

■**まずしい**【貧しい】《勤怠・難易・経済》

マズシー[mazuʃiː]【形】マズ¬シューナル，マズ¬シケリャー。

■**まぜごはん**【混ぜ御飯】《食》

タキコミゴ¬ハン[takikomigohaɲ]【炊き込み御飯】【名】タキコミとも言う。

ゴ¬モク[gomoku]【五目】【名】しょうゆ味で，にんじん・こんにゃく・お揚げ・モガイなどを入れて炊く。

■**ませる**【老成る】《人間関係》

マシェ¬ル[maʃeru]【動】マシェ¬ン，マ¬シェタ，マシェマ¬ス。ボッコー マ¬シェタ コジャ(ずいぶんませた子だ)。

■**まぜる**【混ぜる】《時間・空間・数量》

マジェ¬ル[maʒeru]【動】マジェ¬ン，マ¬ジェタ，マジェマ¬ス。イロ¬ー —— (色を混ぜる)。「混ざる」の自動詞はマザ¬ルとも言うが，マジェ¬ルをマジェラ¬ン，マジェ¬ッタ，マジェリマスとラ行五段にも使う。イロ¬ガ マジェ¬ットル(色が混ざっている)。

■**ません**【丁寧な打ち消し】《助詞・助動詞・その他》

マシェン[maʃeɴ]動詞の連用形に接続し，丁寧な打ち消しを表す。ワシャー ナンニモ シリマシェン¬ガナー(私は何も知りません)。

■**また**【股】《人体》

マタ¬[mata]【名】

■**また**【又】《時間・空間・数量》

マ¬タ[mata]副詞。—— ク¬ル(また来る)。

■**まだ**【未だ】《時間・空間・数量》

マ¬ダ[mada]副詞。—— コ¬ン(まだ来ない)。

■**まち**【町】《社会・交通》

マチ¬[matʃi]【名】① 市街地。ケーモンニ マチ¬ー イク(買い物に町へ行く)。② 市街の区画。～チョーとも。地方自治体の町名はすべて～チョー。ミ¬ツ¬チョー(御津

町)など。③ 都会。ワケ¬ァ¬ーモンワ ニ デタガ¬ル(若者は町に出たがる)。

■**まつ**【松】《植物》⇨まつかさ

マ¬ツ[matsu]【名】

オチマ¬ツバ[otʃimatsuba]【落ち松葉】【名】

■**まつ**【待つ】《社会・交通》

マ¬ツ[matsu]【動】マツァ¬ン，マ¬ッタ，マチマ¬ス。ヒト¬ガ クルノ¬ー —— (人が来るのを待つ)。

■**まつかさ**【松毬】《植物》新のみ⇨まつ

マツガサ[matsugasa]【名】

■**まつげ**【睫】《人体》

マツ¬ゲ[matsuge]【名】

■**まっすぐだ**【真っ直ぐだ】《時間・空間・数量》

マッスギ¬ー[massugiː]【形】マッス¬グーナル，マッス¬グケリャ。—— ミチ(真っすぐな道)。

■**まつたけ**【松茸】《植物》

マッタケ[mattake]【名】きのこの総称には用いない。

■**まっち**【燐寸】《住》

マ¬ッチ[mattʃi]【名】

■**まつば**【松葉】《農・林・漁業》⇨まつのおちば

マツゴ[matsugo]【名】

■**まつり**【祭り】《民俗》

マツリ[matsuri]【名】ハルマツリ(春祭り)。ナツマツリ(夏祭り)。アキマツリ(秋祭り)。

■**まつりのぜんじつ**【祭りの前日】《民俗》

エーマツリ[eːmatsuri]【宵祭り】【名】祭日の前日に行う小祭。

■**まつりのよくじつ**【祭りの翌日】《民俗》

アトマツリ[atomatsuri]【後祭り】【名】

■**まど**【窓】《住》

マ¬ド[mado]【名】

■**まどり**【間取り】《住》

イマ¬[ima]【居間】【名】

キャクマ[kjakuma]【客間】【名】

オーシェツマ[oːʃetsuma]【応接間】【名】

ザシキ¬[zaʃiki]【座敷】【名】

ナカオエ[nakaoe]【名】玄関のそばの座敷。

ナカオエの奥がザシキ。

ナ゜ンド[nando]【納戸】〖名〗物を入れておく だけでなく，畳が敷いてあり寝るのにも使 う。

ヒヤ゜[hija]〖名〗納戸と同様。

■まないた【俎・俎板】《食》

キリバ[kiriba]〖名〗魚用，野菜用ともに言 う。

■まにあう【間に合う】《時間・空間・数量》

マニア゜ウ[maɲiau]〖動〗マニアワ゜ン，マ ニオ゜ータ，マニエァーマス。バ゜スニ ——(バスに間に合う)。

■まね【真似】《教育》《社会・交通》

マネ゜[mane]〖名〗ヒト゜ノ マネ゜ースル(人 のまねをする)。

■まねく【招く】《社会・交通》

マネ゜ク[maneku]〖動〗マネカ゜ン，マネ゜ー タ，マネキマ゜ス。ヒト゜ー ——(人を招 く)。

■まばたき【瞬き】《人体》

マバ゜タキ[mabataki]〖名〗

■まびく【間引く】《農・林・漁業》

マビ゜ク[mabiku]〖動〗マビカ゜ン，マビ゜ー タ，マビキマ゜ス。ナ゜ヨー ——(苗を間 引く)。

■まぶしい【眩しい】《人体》

マバイ゜ー[mabaiː]〖形〗マバ゜ユーナル，マ バ゜イケリャ。マバ゜ユーテ ミレ゜ン(まぶ しくて見られない)。アクセントは，マバ ゜ユーナル，マバイ゜ケリャーとも。

■まぶた【瞼】《人体》

マ゜ブタ[mabuta]〖名〗

■ままごと【飯事】《遊戯》

ママ゜ゴト[mamagoto]〖名〗

■ままはは【継母】《人間関係》

ママカ゜クサン[mamakakusaɴ]〖名〗必ず ～サンをつける。継父の言い方はない。継 子はママコ。⇨はは

■まむし【蝮】《動物》

ハミ゜[hami]〖名〗マムシとも言う。

マムシ[mamuʃi]〖名〗ハミ゜と同義。

■まめ【豆】《植物》《農・林・漁業》

マメ゜[mame]〖名〗①豆科の植物。②食用と しての豆科の実。

■まめ【肉刺】《人体》

マメ゜[mame]〖名〗

■まめだ【忠実だ】《勤怠・難易・経済》

マメ[mame]【忠実】〖名〗——ニ ハタラク (忠実に働く)。

■まめまき【豆撒き】《民俗》

マメマキ゜[mamemaki]〖名〗マメマキュ゜ー スル(豆まきをする)。

■まゆ【繭】《動物》《農・林・漁業》

マ゜ユ[maju]〖名〗

■まゆ【眉】《人体》

マヒ゜ゲ[mahige]【目髭】〖名〗

■まり【毬】《遊戯》

テンマル[temmaru]【手毬】〖名〗

■まる【丸】《教育》《時間・空間・数量》

マル[maru]〖名〗

■まるい【丸い・円い】《時間・空間・数量》

マリ゜ー[mariː]〖形〗マ゜ルーナル，マ゜ルケ リャ。

■まるた【丸太】《農・林・漁業》

マルタ[maruta]〖名〗

■まわり【周り・回り】《社会・交通》《時間・空間・ 数量》

グル゜リ[gururi]〖名〗イエ゜ノ ——(家の周 り)。

マ゜ーリ[maːri]〖名〗①周囲。イエ゜ノ —— (家の周り)。②身辺。ミノ——(身の回り)。

■まわる【回る】《時間・空間・数量》

マ゜ール[maːru]〖動〗マーラン，マーッタ， マーリマス。ミ゜テ——(見て回る)。

■まんげつ【満月】《天地・季候》⇨じゅうごや

マン゜ゲツ[maŋgetsu]〖名〗

■まんじゅう【饅頭】《食》

マンジュ゜ー[manʒuː]〖名〗

■まんちょう【満潮】《天地・季候》

ミチシオ[mitʃiʃio]【満ち潮】〖名〗

116

ミチ「[mitʃi]【満ち】【名】ミチ「ー　ムク(満潮になる)。

サシ「[saʃi]【名】サシ「ー　ムク(満潮になる)。

■まんぷく【満腹】《食》

ハライ「ッパイ[haraippai]【腹一杯】【名】──ニ　ナ「ル。ハラ「ガ　オー「キューナル(満腹になる)。

み

■み【実】《植物》《食》

ミ[mi]【名】果実。

グ[gu]【具】【名】汁の実。

■み【箕】《農・林・漁業》

ミ[mi]【名】

■みかづき【三日月】《天地・季候》

ミカズ「キ[mikazuki]【名】話者が子供のころには、三日月の時の朝，おこわを炊いたりしていた。

■みかん【蜜柑】《植物》

ミカ「ン[mikaɴ]【名】

■みき【幹】《植物》

ミ「キ[miki]【名】

■みぎ【右】《天地・季候》《時間・空間・数量》

ミギ[migi]【名】

ミギガ「ワ[migigawa]【右側】【名】ミギガワとも。

■みさき【岬】《天地・季候》

ミサキ[misaki]【名】

■みさげる【見下げる】《社会・交通》

ミサゲル[misageru]【動】ミサゲン，ミサゲタ，ミサゲマス。ヒト「ー　──(人を見下げる)。

■みじかい【短い】《時間・空間・数量》

ミジケァ「ー[miʒikæː]【形】ミジ「コーナル，ミジ「カケリャ。アクセントはミジコーナ「ルとも。

■みず【水】《天地・季候》《食》

ミズ[mizu]【名】

■みずあそび【水遊び】《遊戯》

ミズア「ソビ[mizuasobi]【名】水鉄砲で遊ぶこと。朝顔の葉の汁をしぼって色をつけて遊ぶことにも言う。

■みずたまり【水溜まり】《天地・季候》

ミズタマリ[mizutamari]【名】

■みすぼらしい【身窄らしい】《衣》

ヒン「ソーナ[hiɴsoːna]【貧相な】──　カッコー　シト「ル。

■みせ【店】《職業》

ミシェヤ「[miʃeja]【店屋】【名】

■みせもの【見世物】《遊戯》

ミセモノ[misemono]【名】

■みそ【味噌】《食》

ミ「ソ[miso]【名】①米のみそ。②大豆のみそ。

■みそか【晦日】《民俗》

ミソカ[misoka]【名】月末の日。八月のつもごりの言い方は無いが、昔，商売人は，年二回(八月と十二月の月末)決算をしていた。

■みぞれ【霙】《天地・季候》

ミゾレ[mizore]【名】

■みち【道】《天地・季候》《社会・交通》

ミチ[mitʃi]【名】道の総称。

オーレァー[oːræː]【往来】【名】幅の広い道。

ホソェァーミ「チ[hosoæːmitʃi]【細い道】【名】村の中を通る細い道。

タンボミ「チ[tambomitʃi]【田圃道】【名】田の中を通っている道。

アゼミ「チ[azemitʃi]【畦道】【名】田の境界。

■みちくさ【道草】《教育》

ヨリミ「チ[jorimitʃi]【寄り道】【名】ヨリミ「チュー　スル(寄り道をする)。

■みつける【見付ける】《時間・空間・数量》

ミ「ツケル[mitsukeru]【動】ミ「ツケン，ミ「ツケタ，ミ「ツケマス。ドロボー　──(泥棒を見つける)。

■みっつ【三つ】《時間・空間・数量》

まんぷく〜むぎまきいわい　117

ミ￢ッツ[mittsu]【名】

■みっともない《衣》《社会・交通》
ミットモネ￢ー[mittomone:]【形】ミットモノ￢ーナル・ミットモノーナ￢ル、ミットモナケリャー。ソンナ　カッコーワ　ミットモネ￢ーカラ　ヤメラレ￢ー(そんな格好はみっともないから止めなさい)。⇒みっともない

■みどり【緑】《時間・空間・数量》⇒あお
ミド￢リ[midori]【名】植物とか昆虫などの色は、ミドリ色でもアオ￢イと言うことがある。

■みなと【港】《天地・季候》《社会・交通》
ミナト[minato]【名】

■みなみ【南】《天地・季候》
ミナミ￢[minami]【名】

■みなり【身形】《衣》
ミ￢ナリ[minari]【名】エ￢ー　ミ￢ナリューシタ　ヒト(良い身なりをした人)。

■みにくい【醜い】《衣》《社会・交通》新のみ
ブセ￢ークナ[buse:kuna]【不細工な】ミニク￢イとも。

■みまい【見舞い】《社会・交通》
ミメァー[mimæ:]【見舞い】【名】ビョーインニ　──ニ　イク(病院に見舞いに行く)。カジ──(火事見舞い)。スューゲァー──(水害見舞い)。
ミマウ[mimau]【見舞う】【動】ミマワン、ミモータ、ミメァーマス。見舞う。ビョーニ￢ンオ　──(病人を見舞う)。

■みみ【耳】《人体》
ミ￢ミ[mimi]【名】①耳の外形。──　ガ　オケ￢ー(耳が大きい)。②聴力。──　ガ　トエ￢ー(耳が遠い)。③聞くこと。──ニスル(耳にする)。

■みみず【蚯蚓】《動物》
ミミズ[mimizu]【名】
ミミンズ[miminzu]【名】昔の語。

■みやまいり【宮参り】《民俗》新のみ
ミヤマイリ[mijamairi]【名】

■みょうあさ【明朝】《時間・空間・数量》
アシタノア￢サ[aʃitanoasa]【明日の朝】【名】

■みる【見る】《人体》
ミ￢ル[miru]【動】ミン、ミ￢タ、ミマス。①カオー──(顔を見る)。②観る。シベー──(芝居を見る)。シベーオとも言うが、「オ」が略される方がより方言的。カオー──(顔を見る)。③読む。シンブン──(新聞を見る)。

■みんな【皆】《時間・空間・数量》
ミンナ￢[minna]【名】①──デ　アソブ(みんなで遊ぶ)。②副詞的用法として。──ツコータ(みんな使った)。この意味では、ミ￢ナと言うことが多い。
ミ￢ナ[mina]【名】副詞的用法。──　ツコータ(みんな使った)。

む

■むかし【昔】《時間・空間・数量》
ムカシ[mukaʃi]【名】

■むかで【百足】《動物》
ムカデ￢[mukade]【名】

■むき【向き】《時間・空間・数量》
ム￢キ[muki]【名】ム￢キュー　カエル(向きを変える)。

■むぎ【麦】《植物》《食》《農・林・漁業》
ム￢ギ[mugi]【名】①植物名。②穀物。麦と米を混ぜたものをムギメシ、ムギゴ￢ハンと言い、特に5：5に混ぜることをハンバクと言う。
シアギム￢ギ[ʃiagimugi]【名】押し麦。

■むぎこがし【麦焦がし】《食》
ハッタイコ[hattaiko]【糗粉】【名】

■むぎまき【麦蒔き】《農・林・漁業》
ム￢ギマキ[mugimaki]【名】

■むぎまきいわい【麦蒔き祝い】《民俗》

回答を得られなかった。習慣もない。

■むぎわら【麦藁】《農・林・漁業》

ムギワ⌐ラ[mugiwara]〖名〗

■むく【剝く】《時間・空間・数量》⇒むける

ムグ⌐[mugu]〖動〗ムガン，ミーダ，ムギマス。カワ⌐ーー（皮をむく）。

■むける【剝ける】《時間・空間・数量》新のみ⇒むく

ムゲル[mugeru]〖動〗ムゲン，ムゲタ，ムゲマス。カワ⌐ガ ーー（皮がむける）。

■むこ【婿】《人間関係》

ム⌐コ[muko]〖名〗敬称はム⌐コサン。

■むし【虫】《動物》

ムシ⌐[mu∫i]〖名〗名前もわからないような小さい虫や，幼虫などを言い，蝶や，とんぼのようなものは言わない。

■むしあつい【蒸し暑い】《天地・季候》

ムシアツィ⌐ー[mu∫iatsiː]〖形〗ムシア⌐ツーナル，ムシア⌐ツケリャ。

■むしば【虫歯】《人体》

ムシ⌐バ[mu∫iba]〖名〗

■むしぼし【虫干し】《衣》

ドヨーボシ[dojoːbo∫i]〖土用干し〗〖名〗土用の日のころに虫干をするために，ドヨーボシという言い方がある。

■むしろ【莚】《住》《農・林・漁業》

ムシロ⌐[mu∫iro]〖名〗

■むす【蒸す】《食》⇒ふかす

ム⌐ス[musu]〖動〗ムサ⌐ン，ム⌐シタ，ムシマ⌐ス。モチゴミョー ーー（糯米を蒸す）。チャワンムシュー ーー（茶わん蒸しを蒸す）。ヒヤゴ⌐ハンオ ーー（冷やご飯を蒸す）。

ウム⌐ス[umusu]〖蒸す〗〖動〗ウム⌐サン，ウム⌐シタ，ウムシマ⌐ス。モチゴミョー ーー（糯米を蒸す）。イモ⌐ー ーー（芋を蒸す）。チャワンムシュー ーー（茶わん蒸しを蒸す）。ヒヤゴ⌐ハンオ ーー（冷やご飯を蒸す）。

■むずかしい【難しい】《時間・空間・数量》

ムツカシ⌐ー[mutsuka∫iː]〖形〗ムツカ⌐シューナル，ムツカ⌐シケリャ。アクセントはムツカシューナルとも。コノ モンデーワ ーー（この問題は難しい）。

■むずかる【憤かる】《人間関係》

イジ⌐ー ユー[iʒiː juː]〖動〗イジ⌐ー イワン，イジ⌐ー ユータ，イジ⌐ー イーマ⌐ス。イジを言うの意。コドモガ キゲンガ ワ⌐ルーテ ーー（子供が機嫌が悪くてむずかる）。

■むすこ【息子】《人間関係》

ムスコ[musuko]〖名〗ウチ⌐ノムスコという時はセガレ。オタクノムスコはムスコサン。

■むすぶ【結ぶ】《衣》《時間・空間・数量》

ムスブ[musubu]〖動〗ムスバン，ムスンダ，ムスビマ⌐ス。①ハオリノ ヒモー ーー（羽織の紐を結ぶ）。②オ⌐ビュー ーー（帯を結ぶ）。

ククル[kukuru]【括る】〖動〗ククラン，ククッタ，ククリマス。ヒモー ーー（紐を結ぶ）。ムスブ，ユワエ⌐ルとも言う。⇒むすぶ，しばる

■むすめ【娘】《人間関係》

ムスメ⌐[musume]〖名〗ウチ⌐ノムスメ⌐も，ムスメ⌐，オタクノムスメはムスメサン。

■むだ【無駄】《勤怠・難易・経済》

ムダ[muda]〖名〗ソリャー ナンニモナラ⌐ン コト⌐ジャ（それは無駄なことだ）とも言う。

■むっつ【六つ】《時間・空間・数量》

ム⌐ッツ[muttsu]〖名〗

■むね【胸】《人体》

ム⌐ネ[mune]〖名〗①胸部。②心臓。ーーガ ドキ⌐ドキ スル（胸がドキドキする）。③肺。ムニョ⌐ー ヤム（胸を病む）。④心。ムネ⌐ー タタンド⌐ク（胸に納めておく）。

■むね【棟】《住》

ムネ⌐[mune]〖名〗

■むら【村】《社会・交通》

ムラ⌐[mura]〖名〗田舎で人家の集まってい

る所。農村部(市や町でも言う)。地方自治
体にはムラとは言わない。

ソン[soɴ]【名】地方自治体の村名。ムラと
は言わない。ヤマテ￢ソン(山手村)など。

■むらさき【紫】《時間・空間・数量》

ムラ￢サキ[murasaki]【名】

■むらす【蒸らす】《食》

ムス[musu]【蒸す】【動】ムサ￢ン, ム￢シタ,
ムシマ￢ス。ムラ￢スとも言う。ゴハンオ
──(ご飯を蒸す)。

■むり【無理】《行動・感情》

ムリ￢[muri]【名】① ──ガ トー￢レバ ド
ーリ￢ガ ヒッコ￢ム(無理が通れば道理が,
引っ込む)。② ──ニ シゴトー タノ￢ム
(無理に仕事を頼む)。③ ビョーキノ カラ
ダデ ソリャー ──ジャ(病気の体でそ
れは無理だ)。

め

■め【芽】《植物》

メ￢[me]【名】

■め【目】《人体》

メ￢[me]【名】① 目。──ガ オケ￢ー(目が
大きい)。② 視力。トシュ￢ー トッテモ
──ガ エ￢ー(年を取っても目が良い)。
エ￢ー ミョ￢ー シト￢ル(良い目をしてい
る)。

■めい【姪】《人間関係》

メー￢[meː]【名】「あなたの──」はメーゴ￢
サン。

■めいわく【迷惑】《行動・感情》

メー￢ワク[meːwaku]【名】メー￢ワクー カ
ケ￢ル(迷惑をかける)。

■めうし【牝牛】《動物》

メンウ￢シ[meɴuʃi]【雌牛】【名】

ニュー￢[ɲuː]【名】妊娠中の牛。

■めかけ【妾】《人間関係》

ゴンセァー[goɴsæː]【権妻】【名】稀にテカ
￢ケとも言う。ニ￢ゴーサン, は最近の語。

■めがしら【目頭】《人体》

メガ￢シラ[megaʃira]【名】

■めがね【眼鏡】《衣》

メガ￢ネ[megane]【名】メガ￢ニョ￢ー カケル
(眼鏡をかける)。

■めざめる【目覚める】《人体》

メガ アク[mega aku]【目が開く】トリノ
オキ￢ゴ￢エデ メガ エータ(鳥の鳴き声
で目覚めた)。メガ サメ￢ルとも言う。

オキ￢ル[okiru]【起きる】【動】オキ￢ン, オ￢
キタ, オキマス。ア￢サ ハ￢ヨーカラ
──(朝早くから目覚める)。

■めし【飯】《食》

メシ￢[meʃi]【名】

■めしびつ【飯櫃】《食》

オヒ￢ツ[ohitsu]【御櫃】【名】

■めじろ【目白】《動物》

メジ￢ロ[meʒiro]【名】

■めす【雌】《動物》

メ￢ン[meɴ]【雌】【名】

メン￢ツ[mentsu]【名】男性語。

■めすうま【雌馬】《動物》

メスウマ[mesuuma]【名】

■めずらしい【珍しい】《行動・感情》《時間・空間・
数量》

メズラシ￢ー[mezuraʃiː]【形】メズラ￢シュ
ーナル・メズラシューナ￢ル, メズラ￢シケ
リャー。① 稀である。アレ￢ガ クル￢トワ
──コト￢ジャ(あの人が来るとは珍しいこ
とだ)。② 他と変わっている。

■めだか【目高】《動物》

コメァート[komæːto]【名】メダカとも言う。

メダカ[medaka]【名】コメァートと同義。

■めまい【眩暈】《人体》

タチクラミ[taʧikurami]【立ち暗み】【名】

■めんこ【面子】《遊戯》

ブッタ[butta]【名】パッチンよりも古い語。

パッ￢チン[patʧiɴ]【名】ブッタと同義。プ

ッタより新しい語。

も

■も【藻】《植物》
モ[mo]【名】
■もう《時間・空間・数量》
モ ー[moː]①既に。—— デ ┐キタ(もうで
きた)。—— ス ┐ンダ(もう済んだ)。②さ
らに。この上に。モー ヒ ┐ト ッ ク レ(も
う一つくれ)。この場合のアクセントは，
[moː]。③これ以上。—— イ ┐ラン(もう
要らない)。④間もなく。そろそろ。——
ク ┐ルジャロー(もう来るだろう)。
ハ ー[haː]すでに。—— デ ┐キタ(もうで
きた)。—— ス ┐ンダ(もう済んだ)。
■もうかる【儲かる】《勤怠・難易・経済》新のみ
モーカ ┐ル[moːkaru]【動】モーカラ ┐ン，モ
ーカ ┐ッタ，モーカリマ ┐ス。ジェ ┐ニガ
——(お金がもうかる)。
■もうける【儲ける】《勤怠・難易・経済》
モーケ ┐ル[moːkeru]【動】モーケ ┐ン，モーケ ┐
ケタ，モーケマ ┐ス。ジェ ┐ニュー ——
(お金をもうける)。
■もうじん【盲人】《人体》
メクラ ┐[mekura]【盲】【名】
■もうろく【老碌】《人間関係》
ボ ┐ケトル[boketoru]【惚けている】トシュ ┐
ート ┐ッテ ——(年を取ってもうろくして
いる)。ボ ┐ケタとも。
■もぐら【土竜】《動物》
モ ┐クロ[mokuro]【名】モグラとも言うが，
モ ┐クロの方が優勢。
■もぐる【潜る】《農・林・漁業》
モグ ┐ル[moguru]【動】モグラ ┐ン，モグ ┐ッ
タ，モグリマ ┐ス。ウ ┐ミー ——(海に潜
る)。
■もじ【文字】《教育》

ジ ┐[ʒi]【字】【名】
ヒラカ ┐ナ[hirakana]【平仮名】【名】
カタカ ┐ナ[katakana]【片仮名】【名】
カンジ[kanʒi]【漢字】【名】
■もち【餅】《民俗》
モチ[moʧi]【名】種類には，ウルモ ┐チ(うる
餅)，ボタモ ┐チ(ぼた餅)，ヤキモ ┐チ(焼き
餅)，ヨモギモ ┐チ(よもぎ餅)，カキモ ┐チ
(かき餅)，アラレ(あられ)，オカ ┐キ(おか
き)，ヒシモ ┐チ(ひし餅)などがある。幼児
語はバ ┐ブ。
■もちごめ【糯米】《食》
モチゴメ[moʧigome]【名】
■もちつき【餅搗き】《民俗》
モチツキ[moʧitsuki]【名】年の暮れに，正
月餅を搗く専門の男たちが五人ぐらいで得
意先を搗いて回った。
■もつ【持つ】《時間・空間・数量》
モ ┐ツ[motsu]【動】モタ ┐ン，モ ┐ッタ，モチ
マ ┐ス。ニ ┐モツー ——(荷物を持つ)。
■もっこ【畚】《農・林・漁業》
モッコ ┐[mokko]【名】
■もったいない【勿体無い】《勤怠・難易・経済》
モッテーネ ┐ー[motteːneː]【形】モッテー
ノ ┐ーナル，モッテーナ ┐ケリャー。ソリョ
ー ステル ┐ンワ ——(それを捨てるのは
もったいない)。
■もっと《時間・空間・数量》
モット[motto]—— タベ ┐タ ┐ー(もっと
食べたい)。
■もてなす【持て成す】《社会・交通》
モテナス[motenasu]【動】モテナサン，モ
テナシタ，モテナシマ ┐ス。オキャクー
——(お客をもてなしする)。
■もともと【元元】《時間・空間・数量》
モトモト[motomoto]アノオトカ ┐ー ——
ワスレッペ ┐ー(あの男は元々忘れっぽい)。
■もどる【戻る】《社会・交通》
モド ┐ル[modoru]【動】モドラ ┐ン，モ ┐ッ
タ，モドリマ ┐ス。ウチ ┐ー ——(家へ戻

る)。トチュ⌐ーカラ ── (途中から戻る)。モ⌐トノカタチニ ── (元の形に戻る)。

モド⌐ス[modosu]【戻す】【動】モドサ⌐ン，モド⌐ェ⌐ータ，モドシマ⌐ス。ホ⌐ンオ モド⌐ェ⌐ーテオク(本を戻しておく)。ワカ⌐ミョー ミズニ ツケテ ── (わかめを水につけて戻す)。

■もの【物】《時間・空間・数量》

モノ⌐[mono]【名】── ガ タケァ⌐ー(物が高い)。

■ものおき【物置】《住》

モノオキ⌐[monooki]【名】

■ものさし【物差・物指】《衣》

サシ[saʃi]【差】【名】

■ものもらい【麦粒腫】《人体》

ホェート[høːto]【名】ものもらいを直すには，つげのくしの背の部分を温め，目に当ててこするとよい。乞食のこともホェートと言う。

ヘート[heːto]【名】

■もふく【喪服】《衣》

モフク[moɸuku]【名】

■もみ【籾】《農・林・漁業》

モミ[momi]【名】

■もみがら【籾殻】《農・林・漁業》

スクモ[sukumo]【名】

■もも【桃】《植物》

モモ[momo]【名】ハクトー，オークボ，スイミツトーなどの種類がある。

■もも【腿】《人体》

モ⌐モ[momo]【名】

モモタ⌐ブラ[momotabura]【腿たぶら】【名】昔の用法。

■もものせっく【桃の節句】《民俗》

オヒ⌐ナ[ohina]【御雛】【名】岡山では四月三日に女の子の節句として雛人形を飾ってお祝いする。昔は，赤飯で作ったお握りや白酒や巻き鮨などのご馳走をして，近所の同じ年ごろの子供を何人も呼び合った。

オシェック[oʃekku]【御節句】【名】もっぱら

桃の節句をさす。「端午の節句」の方はショーブ。⇨しょうぶのせっく

■ももひき【股引き】《衣》

モモヒキ⌐[momohiki]【名】モモヒキュ⌐ーハク(もも引きをはく)。

■もやし【萌やし】《食》

モヤシ⌐[mojaʃi]【名】昔はモヤシという食べ物はなかった。

■もやす【燃やす】《住》

クベル[kuberu]【焼べる】【動】クベ⌐ン，クベ⌐タ，クベマ⌐ス。火の中に入れて燃やす。キュ⌐ー ── (木を燃やす)。

■もらう【貰う】《社会・交通》

モラウ[morau]【動】モラワン，モロータ，モライマ⌐ス。ヒト⌐ニ モノ⌐ー ── (人に物をもらう)。

■もり【森】《天地・季候》

モリ[mori]【名】ハヤシとモリの区別は，はっきりせず，木が茂っている所をモリと言う。神社の森は，オミヤノモリ，オミヤノマツバ⌐ヤシなどと言う。

■もる【盛る】《食》

モル[moru]【動】モラン，モッタ，モリマス。メシュ⌐ー ── (飯を盛る)。ツチュ⌐ー ── (土を盛る)。酒，薬などを飲ませる意味では日常語としては言わない。

■もる【漏る】《時間・空間・数量》

モ⌐ル[moru]【動】モラ⌐ン，モッタ，モリマス。ア⌐メガ ── (雨が漏る)。

■もん【門】《住》

モン[moɴ]【名】

■もんく【文句】《社会・交通》

モン⌐ク[moɴku]【名】モン⌐クー ユー(文句を言う)。

イチャモン[iʧamoɴ]【名】── ツケ⌐ル(文句を言う)。

■もんぺ《衣》

モン⌐ペ[mompe]【名】戦中からはき出した。

や

■や【詠嘆】《助詞・助動詞・その他》
ゾ[zo]【助】文の終わりに下接し，詠嘆を表す。モ¬ー ダレモ オラ¬ンゾ（もう誰もいないや）。

■やおや【八百屋】《職業》
ヤオヤ[jaoja]【名】

■やかん【薬罐】《食》
ヤカン[jakaŋ]【名】

■やぎ【山羊】《動物》
ヤ¬ギ[jagi]【名】

■やく【焼く】《食》《住》《社会・交通》
ヤク[jaku]【動】ヤカン，イェァータ，ヤキマ¬ス。サカナ ──（魚を焼く）。

■やく【役】《職業》
ヤク¬[jaku]【名】

■やくそく【約束】《社会・交通》
ヤクソクスル[jakusokusuru]【約束する】【動】ヤクソクシェン，ヤクソクシタ，ヤクソクシマ¬ス。コドモト ──（子供と約束する）。

■やくにん【役人】《職業》
ヤクニン[jakuɲiŋ]【名】ジェームショ¬ノ ──（税務署の役人）。村役場，市役所などの勤め人にも言う。

■やけど【火傷】《人体》
ヤケト[jaketo]【名】

■やさい【野菜】《植物》《食》《農・林・漁業》
ヤセァー[jasæː]【名】

■やさしい【易しい・優しい】《時間・空間・数量》
ヤシー[jaʃiː]【易い】【形】ヤ¬スーナル，ヤ¬スケリャ。アクセントはヤスーナ¬ルとも。コノモンデーワ ──（この問題は易しい）。

■やしき【屋敷】《住》
ヤシキ¬[jaʃiki]【名】家屋の立っている所も立っていない所も含める。

■やしゃご【玄孫】《人間関係》
ツ¬ルマゴ[tsurumago]【鶴孫】【名】ヤ¬シャゴとも言う（稀）。玄孫の子はシャ¬ハマゴ。⇨そうそふ

■やす【箭】《農・林・漁業》
ヤス[jasu]【名】

■やすむ【休む】《職業》
イップクスル[ippukusuru]【一服する】【動】イップクセン，イップクシタ，イップクシマ¬ス。ツカレタ¬カラ ──（疲れたので休む）。

■やせる【痩せる】《人体》
ヤセル[jaseru]【動】ヤセン，ヤセタ，ヤセマス。ビョーキデ カラダガ ──（病気で体がやせる）。ヤシェルとも。
ヤシェル[jaʃeru]【動】ヤシェン，ヤシェタ，ヤシェマス。ビョーキュー シタ¬カラ ──（病気をしたからやせる）。

■やっかいもの【厄介者】《社会・交通》
ヤッケーモン[jakkeːmon]【名】アノカ¬イエ¬ノ ──ジャ（あの子は家のやっかい者だ）。

■やっつ【八つ】《時間・空間・数量》
ヤ¬ッツ[jattsu]【名】

■やどかり【寄居虫】《動物》
ヤド¬カリ[jadokari]【名】

■やどや【宿屋】《社会・交通》《職業》
ヤドヤ[jadoja]【名】

■やなぎ【柳】《植物》
ヤナギ[janagi]【名】

■やに【脂】《植物》
ヤニ¬[jaɲi]【名】

■やぬし【家主】《職業》
オ¬ーヤ[oːja]【大家】【名】

■やね【屋根】《住》
ヤ¬ネ[jane]【名】

■やのあさって【彌の明後日】《時間・空間・数量》
回答を得ることができなかった。

■やぶ【藪】《天地・季候》
ヤブ[jabu]【名】

■やぶる【破る】《時間・空間・数量》
ヤブ¬ル[jaburu]〖動〗ヤブラ¬ン，ヤブッタ，ヤブリマ¬ス。フスマー ── (ふすまを破る)。
■やぶれる【破れる】《衣》
ヤブケ¬ル[jabukeru]〖動〗ヤブケ¬ン，ヤブケタ，ヤブケマ¬ス。フクガ ──(服が破ける)。
■やま【山】《天地・季候》
ヤマ¬[jama]〖名〗大小にかかわらず，周りより盛り上がった所。
■やまくずれ【山崩れ】《天地・季候》
ドシャク¬ズレ[doʃakuzure]【土砂崩れ】〖名〗
■やまみち【山道】《社会・交通》
ヤマミ¬チ[jamamitʃi]〖名〗
■やめる【止める・辞める】《行動・感情》《職業》
ヤメル[jameru]〖動〗ヤメン，ヤメタ，ヤメマ¬ス。①シゴトー ──(仕事をやめる)。②サケ¬モ　タバコ¬モ ──(酒も煙草もやめる)。③ケァーシャオ ──(会社を辞める)。④リョコーオ ──(旅行をやめる)。
■やもめ【鰥・鰥夫・寡・寡婦・孀】《人間関係》
ヤモメ[jamome]〖名〗未婚者が一生独身で通すこともイッショー　ヤモメデ　トオスと言う。未婚者そのものはヤモメとは言わないが。
■やもり【守宮】《動物》
ヤ¬モリ[jamori]〖名〗
■やら【不確定】《助詞・助動詞・その他》
カ[ka]デー¬カ　キ¬タヨーナ(誰やら来たようだ)。
■やる【遣る】《社会・交通》
アゲル[ageru]【上げる】〖動〗アゲン，アゲタ，アゲマ¬ス。ヒト¬ニ　モノ¬ー ──(人に者をやる)。ヤルとも言うが，アゲルの方が丁寧語。
■やわらかい【柔らかい・軟らかい】《時間・空間・数量》

ヤラカァ¬ー[jarakæː]〖形〗ヤラ¬コーナル，ヤラコ¬ケリャ。モチガ ──(餅がやわらかい)。
ヤウェ¬ー[jaweː]〖形〗ヤウォーナ¬ル，ヤワ¬ケリャ。モチガ ──(餅がやわらかい)。ヤウェ¬ーよりヤラカァ¬ーということの方が多い。

ゆ

■ゆ【湯】《食》
ユ¬[ju]〖名〗ユー　ワカス(湯を沸かす)。
■ゆいのう【結納】《民俗》
ノシイレ[noʃiire]〖名〗
■ゆいのうがえし【結納返し】《民俗》
ユイノーガ¬エシ[juinoːgaeʃi]〖名〗結納金の三分の一に相当する品物をお返しにすること。
■ゆう【結う】《衣》
ユウ[juː]〖動〗ユワン，ユータ，ユイマ¬ス。マルマギョー ──(丸髷を結う)。
■ゆうがた【夕方】《時間・空間・数量》
ヒグレ[higure]【日暮れ】〖名〗
■ゆうだち【夕立】《天地・季候》
ユーダチ[juːdatʃi]〖名〗雷や時刻と関係なく，夏激しく降る雨。
ソバエル[sobaeru]〖動〗小雨がパラパラと降ること。そのような雨をソバエと言う。ソベァーガ　クル(そばえが来る)。
■ゆうひ【夕日】《天地・季候》
ユー¬ヒ[juːçi]〖名〗
■ゆうべ【昨夜】《時間・空間・季候》
ユ¬ーベ[juːbe]〖名〗昔はユ¬ンベとも言った。
キノ¬ーバン[kinoːbaɴ]【昨日晩】〖名〗
■ゆうやけ【夕焼け】《天地・季候》
ユーヤケ[juːjake]〖名〗
アサヤケ[asajake]【朝焼け】〖名〗
■ゆがく【湯掻く】《食》

ユガ｜ク[jugaku]〖動〗ユガカ｜ン，ユガ｜イタ，ユガキマ｜ス。ホーレンソー　——（ほうれん草をゆがく）。ウドン　——（うどんをゆがく）。

■ゆかた【浴衣】《衣》

ユカ｜タ[jukata]〖名〗

■ゆき【雪】《天地・季候》

ユキ｜[juki]〖名〗

ボタン｜ユキ[botaɲjuki]【牡丹雪】〖名〗

コナ｜ユキ[konajuki]【粉雪】〖名〗

■ゆきだるま【雪達磨】《遊戯》

ユキダ｜ルマ[jukidaruma]〖名〗

■ゆげ【湯気】《天地・季候》《食》

ユ｜ゲ[juge]〖名〗①風呂の湯から出る湯気。②やかんの湯から出る湯気。③炊きたてのご飯から出る湯気。

■ゆっくり《行動・感情》

ユック｜リ[jukkuri]副詞。——　アル｜ク（ゆっくり歩く）。

■ゆでる【茹でる】《食》

ユデ｜ル[juderu]〖動〗ユデ｜ン，ユ｜デタ，ユデマ｜ス。タマゴー　——（卵を茹でる）。

■ゆび【指】《人体》

ユビ｜[jubi]〖名〗

■ゆびきり【指切り】《遊戯》

ユビ｜キリ[jubikiri]〖名〗

■ゆびわ【指輪】《衣》

ユビワ[jubiwa]〖名〗ユビワー　スル（指輪をする）。ユビワー　ハメル（指輪をはめる）。

■ゆめ【夢】《人体》《住》

ユメ｜[jume]〖名〗ユミョ｜ー　ミ｜ル（夢を見る）。

■ゆめをみる【夢を見る】《人体》

ユミョ｜ー　ミ｜ル[jumjoː　miru]【夢を見る】

■ゆり【百合】《植物》

ユリ[juri]〖名〗

■ゆるい【緩い】《時間・空間・数量》

グシ｜ー[guʃiː]〖形〗グ｜スーナル，グ｜スケ

リャ。ユリ｜ーとも言う。オ｜ビガ——（帯が緩い）。

■ゆるす【許す】《社会・交通》

コラエ｜ル[koraeru]【堪える】〖動〗コラエ｜ン，コラ｜エタ，コラエマ｜ス。ヒト｜ノ　アヤマチュ｜ー　——（人の過ちを許す）。

よ

■よ【軽い断定】《助詞・助動詞・その他》

終助詞ワに相当する部分が，前接する動詞の終止形の末尾の拍と融合する形で長音化して軽い断定を表す。チョード　ゴジニワクラー（きっと，五時に来るよ）。

■よあけ【夜明け】《時間・空間・数量》

ヨアケ｜[joake]〖名〗

■よい【良い】《社会・交通》《時間・空間・数量》

エ｜ー[eː]〖形〗ヨーナ｜ル・ヨーナル，ヨ｜ケリャー。アノ｜ヒトワ　シェーカクガ　——（あの人は性格が良い）。

■よいっぱり【宵っ張り】《人間関係》

ヨザルヒク[jozaruhiku]〖動〗ヨザルヒカン，ヨザルヒータ，ヨザルヒキマ｜ス。よいっぱりをする。名詞形はない。

■よいのみょうじょう【宵の明星】《天地・季候》

ヨイノミョージョー[joinomjoːʑoː]〖名〗

■よう【酔う】《食》

ヨ｜ウ[jou]〖動〗ヨワ｜ン，ヨ｜ータ，ヨェーマ｜ス。①アルコール分が回る。サケニ——（酒に酔う）。②乗り物や風呂で気分が悪くなる。バ｜スニ　——（バスに酔う）。フロ｜ニ　——（風呂に酔う）。「芝居に酔う」に当たる言い方はない。

シラフ[ʃiraɸu]【素面】〖名〗

■ようすいろ【用水路】《時間・空間・数量》

ヨースュー[joːsyː]【用水】〖名〗用水路。農業用水。

シェキ｜[ʃeki]【堰】〖名〗

ゆかた～よわい　125

タメイケ[tameike]【溜め池】【名】

シミズ[ʃimizu]【清水】【名】

ウチミ￣ズ[utʃimizu]【打ち水】【名】

ノミミ￣ズ[nomimizu]【飲み水】【名】

■ようだ【様態・比況】《助詞・助動詞・その他》

ソーナ[soːna]動詞の連用形に接続し，比況を表す。ボ￣ツボツ　カ￣イガ　ハジマリソ￣ーナ(そろそろ会が始まりそうだ)。終止，連体形ともにソーナである。ソージャとはならない。

ヨーナ[joːna]格助詞「の」に接続し，比況を表す。マルデ　エ￣ノヨーナ(まるで絵のようだ)。終止，連体形ともにヨ￣ーナ。

■ようふく【洋服】《衣》

ヨーフク[joːɸuku]【名】⇨ふく

■よくばり【欲張り】《勤怠・難易・経済》

ヨクバリ[jokubari]【名】

■よけいだ【余計だ】《時間・空間・数量》

ヨケー[jokeː]【余計】【名】――ナコト￣ーユー￣ナ(余計なことを言うな)。イランコト￣ー　ユー￣ナとも言う。

■よこ【横】《天地・季候》《時間・空間・数量》

ヨコ[joko]【名】

■よこになる【横になる】《住》

コロブ[korobu]【転ぶ】【動】コロバン，コロンダ，コロビマ￣ス。ユカニ　――(床に横になる)。

■よそいき【余所行き】《衣》

ヨソイキ￣[josoiki]【名】

■よだれ【涎】《人体》

ヨーダレ[joːdare]【名】ヨーダリョー　ク￣ル(よだれを垂らす)。ヨーダリョー　タラ￣スとも言う。アカンボー　ヨーダリョー　ク￣ル(赤ん坊がよだれを垂らす)。

■よっつ【四つ】《時間・空間・数量》

ヨ￣ッツ[jottsu]【名】

■よっぱらい【酔っ払い】《食》

オートラ[oːtora]【大虎】【名】

■よなか【夜中】《時間・空間・数量》

ヨナカ￣[jonaka]【名】

■よなべ【夜鍋】《職業》

ヨーナベ[joːnabe]【名】

■よぶ【呼ぶ】《社会・交通》

ヨブ[jobu]【動】ヨバン，ヨンダ，ヨビマ￣ス。ヒト￣ー　――(人を呼ぶ)。

■よむ【読む】《教育》

ヨ￣ム[jomu]【動】ヨマ￣ン，ヨンダ，ヨミマ￣ス。ショーシェツー　――(小説を読む)。オキョーオ　――(お経を読む)。カオイロ￣ー　――(顔色を読む)とは稀にしか言わない。

カズエ￣ル[kazueru]【数える】【動】カズエ￣ン，カズ￣エタ，カズエマ￣ス。数を数える。シュッシェキ￣シャノ　カ￣ズー　――(出席者の数を数える)。

■よめ【嫁】《人間関係》

ヨメサン[jomesaɴ]【嫁さん】【名】ヨメとも言うが，サンをつけることが多い。「おたくの～」と言う時はオをつけてオヨメサン。兄嫁はアニ￣ヨメ，弟嫁はオトート￣ヨメ。

■よもぎ【蓬】《植物》

ヨモギ[jomogi]【名】

■よりか【比較】《助詞・助動詞・その他》

ヨリャー[jorjaː]比較を表す。シェーヨ￣リャー　エー￣ノ　ホ￣ーガ　エー(それよりかあの方がいい)。

ター[taː]比較を表す。シェータ￣ー　エー￣ノ　ホ￣ーガ　エー(それよりかあの方がいい)。

■よる【夜】《時間・空間・数量》

バン[baɴ]【晩】【名】

■よろこぶ【喜ぶ】《行動・感情》

ヨロコ￣ブ[jorokobu]【動】ヨロコバン，ヨロコ￣ンダ，ヨロコビマ￣ス。ゴーカクー　――(合格を喜ぶ)。ヨロコ￣ンデ　オテツ￣ダーシマス(喜んでお手伝いします)。

■よわい【弱い】《時間・空間・数量》

ヨウェァ￣ー[joæː]【形】ヨ￣ウォーナル，ヨ￣ワケリャ。アクセントはヨウォーナ￣ルとも。①ヒモガ　――(紐が弱い)。②カゼ

ガ ──(風が弱い)。

ら

■らいげつ【来月】《時間・空間・数量》
レァー⌐ゲツ[ræːgetsu]【名】
■らいねん【来年】《時間・空間・数量》
レァーネン[ræːneŋ]【名】
■らくだ【楽だ】《社会・交通》⇨らく
ラク⌐ジャ[rakuʒa]【楽じゃ】①リョコーワ
キ⌐シャノホーガ ──(旅行は汽車の方が
楽だ)。②カネモ⌐ーケワ ラク⌐ジャー
ネァ⌐ー(金儲けは楽ではない)。③クラシ
ガ ラク⌐ニナ⌐ッタ(暮らしが楽になった)。
④ラク⌐ジャにはさらに次の用法がある。
差し支えない。構わない。ヒト⌐リデ イ
ッテ⌐モ ──(一人で行っても構わない)。
モ⌐ー ハナ⌐ニ ミズ ヤラ⌐ンデモ
──(もう花に水をやらなくてもいい)。
■らしい【伝聞推量】《助詞・助動詞・その他》
ラシー[raʃiː]用言の終止形に接続する。ア
ノ シェンシェーワ キビシーラシ⌐ー(あ
の先生は厳しいらしい)。
■らっかせい【落花生】《植物》《農・林・漁業》
ナンキン⌐マメ[naŋkimmame]【南京豆】
【名】
ラッカ⌐シェー[rakkaʃeː]【名】
■らっきょう【辣韭】《植物》
ラ⌐ッキョー[rakkjoː]【名】
■られない【能力可能の打ち消し・条件可能の打ち
消し】《助詞・助動詞・その他》
ラレン[rareŋ]①動作の能力可能の打ち消
しを表す。トガ キ⌐ツーテ ナカナ⌐カ
アケラレン(戸がきつくてなかなか開けら
れない)。②条件可能の打ち消しを表す。
トガ コワ⌐レトンデ アケラレン(戸が壊
れていて開けられない)。

り

■りく【陸】《天地・季候》
リク[riku]【名】海に対する陸地。
オカ[oka]【陸】【名】「海から陸に上がる」と
いう場合に用いる。
■りこうだ【利口だ】《行動・感情》
リコーナ[rikoːna]【利口な】形容動詞。
■りこん【離婚】《民俗》
メオトワ⌐カレ[meotowakare]【夫婦別れ】
【名】メオトワカレしたことをイ⌐ンダ(嫁が
里へ帰った)とも言う。
フーフワ⌐カレ[Fuːfuwakare]【夫婦別れ】
【名】
■りす【栗鼠】《動物》
リ⌐ス[risu]【名】
■りそく【利息】《勤怠・難易・経済》
リ⌐シ[riʃi]【利子】【名】リ⌐シュー ハラ⌐ウ
(利息を払う)。
■りはつてん【理髪店】《衣》
サンパツヤ[sampatsuja]【散髪屋】【名】
トコヤ[tokoja]【床屋】【名】サンパツヤより
古い語。
■りょう【漁】《農・林・漁業》
リョ⌐ー[rjoː]【名】
■りょうし【漁師】《職業》
リョ⌐ーシ[rjoːʃi]【名】
■りょうり【料理】《食》
リョ⌐ーリ[rjoːri]【名】リョ⌐ーリュースル
(料理をする)。
■りんき【悋気】《社会・交通》
ヤキモ⌐チ[jakimotʃi]【焼き餅】【名】
■りんぎょう【林業】《農・林・漁業》
リ⌐ンギョー[riŋgjoː]【名】
■りんご【林檎】《植物》
リ⌐ンゴ[riŋgo]【名】

らいげつ～わかす　127

る

■**るす【留守】**《社会・交通》
ルス⌐[rusu]〖名〗イョ⌐ー　──ニ　スル(家を留守にする)。

れ

■**れい【礼】**《社会・交通》
レー[reː]〖名〗──オ　ツク⌐ス(礼儀を尽くす)。レ⌐ーオ　スル(お辞儀をする)。──オ　ユー(感謝する。礼を言う)。オ──ニ　カ⌐シュー　オクル(お礼に菓子を贈る)。この時はオをつける。
■**れる・られる【受身・可能・尊敬】**《助詞・助動詞・その他》
レル[reru]①受身。ヒト⌐ニ　ワラワレル(人に笑われる)。②可能。サ⌐ンジマデナラ　ワシ⌐モ　イカレル(三時までなら、私も行かれる)。可能動詞を使う。サ⌐ンジマデナラ　ワシ⌐モ　イケラ⌐ー(三時までなら、僕も行かれる)。③尊敬。コレワ　ア⌐ンタガ　カカ⌐レタンデスカ(これは、あなたが書かれたのですか)。命令形カカ⌐レ(書きなさい)も持ち、親愛表現として使われる。
ラレル[rareru]①受身。コ⌐ートッタ　カナ⌐リヤニ　ニゲラ⌐レタ(飼っていたカナリヤに逃げられた)。②可能。キモナー　ヒト⌐リデ　キラレル(着物は一人で着られる)。ワシャー　ユーガタマ⌐デニャー　モドッテ　コラレ⌐ル(ぼくは夕方までには帰って来られる)。③尊敬。シェンシェーワイツ⌐モ　ゴ⌐ジニャー　オキラレ⌐ル(先生はいつも五時には起きられる)。命令形オ

キラ⌐レ(起きなさい)も持ち、親愛表現に使われる。シェンペァーモ　アリ⌐ーテ　コラ⌐レタ(先輩も歩いて来られた)。命令形コラ⌐レも持つ。
■**れんげ【蓮華】**《植物》
ゴギョー[goɡjoː]〖名〗

ろ

■**ろ【櫓】**《農・林・漁業》
ロ[ro]〖名〗
■**ろうか【廊下】**《住》
ローカ[roːka]〖名〗
■**ろうがん【老眼】**《人体》
ローガン[roːɡaɴ]〖名〗
■**ろうしゃ【聾者】**《人体》
ツン⌐ポー[tsumpoː]〖名〗
■**ろうそく【蠟燭】**《住》
ローソク⌐[roːsoku]〖名〗
■**ろくがつ【六月】**《民俗》
ロクガツ[rokugatsu]〖名〗
■**ろじ【路地・露地】**《住》
ホソヤ[hosoja]〖名〗家と家との間の狭い通路。
ツ⌐ーロ[tsuːro]〖通路〗〖名〗門内・庭の通路。
ロ⌐ジ[roʑi]〖名〗狭い道。

わ

■**わ【輪】**《時間・空間・数量》
ワ⌐[wa]〖名〗
■**わかい【若い】**《人間関係》
ワケ⌐ー[wakeː]〖形〗ワコーナ⌐ル，ワ⌐カケリャー。
■**わかす【沸かす】**《食》
ワカス[wakasu]〖動〗ワカサン，ワカシタ，

ワカシマ｜ス。オチャー ── (お茶を沸か
す)。

■わかめ【若布】《植物》
ワカ｜メ[wakame]〖名〗

■わかる【分かる】《教育》
ワカ｜ル[wakaru]〖動〗ワカラ｜ン，ワカ｜ッ
タ，ワカリマ｜ス。ハナシ｜ガ ── (話が
わかる)。

■わかれる【別れる・分かれる】《社会・交通》《時
間・空間・数量》
ワカレ｜ル[wakareru]〖動〗ワカレ｜ン，ワ
カ｜レタ，ワカレマ｜ス。トモダチト ──
(友達と別れる)。ヒト｜ト ── (人と別れ
る)。

■わき【脇】《人体》
ワキ｜[waki]〖名〗胴の側面でワキノ｜シタの
下辺りから腹部の辺りまでを言う。

■わきばら【脇腹】《人体》
ヨコバラ[jokobara]【横腹】〖名〗ヨコッパラ
とも言う。

■わける【分ける】《時間・空間・数量》
ワケ｜ル[wakeru]〖動〗ワケ｜ン，ワ｜ケタ，
ワケマ｜ス。フタ｜リデ ── (二人で分け
る)。

■わさび【山葵】《植物》《食》
ワサ｜ビ[wasabi]〖名〗

■わざわざ【態態】《行動・感情》
ワザワザ[wazawaza]ついでにするのでは
なく，その事のためにする様子。──
キ｜テクレタ(わざわざ来てくれた)。

ワザ｜ト[wazato]【態と】故意に。── イ
タズラガキ｜ュー スル(わざわざいたずら
書きをする)。

■わし【鷲】《動物》
ワ｜シ[waʃi]〖名〗

■わすれる【忘れる】《教育》
ワスレ｜ル[wasureru]〖動〗ワスレ｜ン，ワスレ
タ，ワスレマ｜ス。シュクダイオ ──(宿
題を忘れる)。

■わた【綿】《植物》《衣》
ワタ｜[wata]〖名〗

■わたいれ【綿入れ】《衣》
タンジェ｜ン[tanʒeɴ]【丹前】〖名〗
ハンテ｜ン[hanteɴ]【半纏】〖名〗ワタイレバ｜
ンテンとも言う。
サルコ[saruko]【猿子】〖名〗袖無し。ちゃん
ちゃんこ。

■わたし【私】《助詞・助動詞・その他》
ワタシ[wataʃi]目上に対する自称。男女と
もに用いる。

■わたしども【私共】《助詞・助動詞・その他》
ワタシラ｜ー[wataʃiraː]【私等】目上に対し
て男女ともに用いる。

■わたす【渡す】《時間・空間・数量》
ワタス[watasu]〖動〗ワタサン，ワテータ，
ワタシマス。テガミ｜ュー ── (手紙を渡
す)。

■わたりどり【渡り鳥】《動物》
ワタリ｜ドリ[wataridori]〖名〗

■わたる【渡る】《社会・交通》
ワタル[wataru]〖動〗ワタラン，ワタッタ，
ワタリマス。カワ｜ ── (川を渡る)。

■わな【罠】《農・林・漁業》
ワ｜ナ[wana]〖名〗

■わびる【詫びる】《社会・交通》
ワビル[wabiru]〖動〗ワビン，ワビタ，ワビ
マ｜ス。オヤ｜ニ ── (親に詫びる)。

■わよ【女性の断定】《助詞・助動詞・その他》
ヨ[jo]文の終わりに下接し，女性の場合の断
定を表す。ソンナコタ｜ー イケン｜ヨ(オ
エン｜ヨ)(そんなこと，いけないわよ)。

■わら【藁】《農・林・漁業》
ワ｜ラ[wara]〖名〗

■わらう【笑う】《人体》《行動・感情》
ワラウ[warau]〖動〗ワラワン，ワロータ，
ワレ｜ーマス。オーゴ｜エデ ── (大声で
笑う)。ヒト｜ノ フコ｜ーオ ワロータ｜ラ
イケン(人の不幸を笑うのはいけない)。
「つぼみが開く」ことを「笑む」とは言わ
ない。

わかめ～を　129

■わらび【蕨】《植物》
ワラ ｢ビ[warabi]〘名〙

■わる【割る】《時間・空間・数量》
ワル[waru]〘動〙ワラン，ワッタ，ワリマス。
① マキュー ── (薪を割る)。② タマゴー
── (卵を割る)。③ ユノミュ ｢ー ── (湯
飲みを割る)。

■わるい【悪い】《社会・交通》《時間・空間・数量》
ワリ ｢ー[wariː]〘形〙ワ ｢ルーナル，ワ ｢ルケ
リャ。アクセントはワルーナ ｢ルとも。

■わるくち【悪口】《社会・交通》
ワル ｢クチ[warukutʃi]〘名〙ヒト ｢ノ　ワル ｢
クチュー　ユー(人の悪口を言う)。

■われる【割れる】《時間・空間・数量》
ワレル[wareru]〘動〙ワレン，ワレタ，ワレ
マス。チャワンガ ── (茶碗が割れる)。

■わん【椀】《食》
オワン[owaɴ]〘御椀〙〘名〙オワンは，普通シ
ルワンをさす。シルワンには，陶器と木製
と両方ある。

を

■を【目的】《助詞・助動詞・その他》
オ[o]目的。サカナー　コータ(魚を買った)。
キュ ｢ー　キ ｢ル(木を切る)。前接語に融合
する。

IV

俚 言

　岡山県下全域には，平成の現在も，多くの俚言が認められる。それらを網羅することはもとより困難な営みである。また，これまで，県内の多くの市町村史の中の「方言」の記述をはじめ，岡山県域内の方言を対象にした多くの方言辞典・方言集の類が刊行されてきた。それらは特定の地域を対象としたものであり，また，収集の時期も，近代以降，近年のものまで，ほぼ，100年近くの時間の幅がある。一口に「岡山の俚言」と言っても，容易には把捉し難く，呈示し難いのが実情である。

　本章には，「21世紀に残したい岡山のことば」として，岡山県下全域の人びとから寄せられた俚言を掲載する。NHK教育テレビが2000年（平成12年）の1年間，全都道府県シリーズで「ふるさと日本のことば」を放映した際，各都道府県NHK放送局が番組制作と併せて，標記の趣旨で視聴者に募集して集まった俚言である。（筆者は同番組の岡山県の監修を担当した。）視聴者みずからが葉書や封書で，「21世紀に残したい岡山のことば」として寄せてきた俚言の数々であり，これらは平成の時代に，岡山県民の深い思いが込められた俚言の数々と言える。

<　凡例　>

1　配列
　見出し語の五十音順によった。
2　記述事項
　ａ．俚言形を見出し語とし，カタカナ表記で示した。
　ｂ．語（俚言）の構成や意味から出自が明らかなものは，漢字仮名混じり表記し，【　】内に示した。
　ｃ．見出し語の品詞などを〖　〗内に示した。略称は以下の通りである。
　　名詞〖名〗，動詞〖動〗，形容詞〖形〗，形容動詞〖形動〗，副詞〖副〗，連体詞〖連〗，接続詞〖接〗，感動詞〖感〗，助詞〖助〗，助動詞〖助動〗，接辞〖接頭／接尾〗，成句〖句〗
　ｄ．意味の説明は簡潔を旨とし，適宜，文例とその共通語訳を示した。
　ｅ．〔　〕内には，意味用法の特記事項や語源等を示した。

あ

アズル〖動〗睡眠中に寝床の上で動き回る。アチーケー　コドモガ　アズッテ　ネビョースル（暑いので子供が蒲団をはねのけて，寝冷えをする）。

アブラ〖名〗別扱いのノーカウントにすること。オメーラァ　カンケリ　ショーエー。ヨーチエンマデワ　――デー（お前たち，缶蹴りをしようよ。幼稚園児までは別扱いだよ）。〔鬼ごっこ，隠れんぼの遊びなどに使用。水には油が混ざらないことからか。仲間はずれの意ではない〕

アマル〖動〗御飯が腐る。ナツァー　ゴハンガ　アマリヤシー（夏は御飯が腐りやすい）。

アリンゴ〖蟻ん子〗〖名〗蟻。

アンゴー〖名・形動〗あほう。馬鹿者。馬鹿な。ソネーナ　――　ユー　モンジャネー（そのようなあほうなことを言うものではない）。ソガン　コトガ　ワカランノカ。――ジャノー（そんなことがわからないのか。ばかだなあ）。

アンバヨー〖按排良く〗〖副〗良い具合に。すっかり。――　マケタ（見事に負けた）。

イガル〖動〗大声で叫ぶ。オーゴエデ　――　ト　ノドガ　カレル（大声で叫ぶと喉がかれる）。

イキンチャイ〖句〗行きなさい。〔主に美作〕

イク〖動〗火事・地震が発生する。カジガ　イキョール（火事で燃えている）。

イヌ〖往ぬ〗〖動〗帰る。ソンナ　コトワ　インデカラ　セラレー（そんなことは帰ってからしなさい）。イヌルとも言う。

イヌル〖往ぬる〗〖動〗帰る。――　トキャー　ヨージンシテ　イニネーヨ（帰る時は用心して帰りなさいよ）。〔古語。ナ行変格活用動詞〕

イヨ〖魚〗〖名〗魚。

インダリュークー〖句〗①うまくいかない。役に立たない。ハツドーキガ　――トル（発動機のエンジンがかかりにくくなった）。②緩んでいる。メガ　――トル（瞼が緩んで眠たくなっている）。

ウズナイー〖形〗やりにくい。面倒でいらいらする。モツレタ　イトー　ホドクナー　――（もつれた糸をほどくのはいらいらする）。

ウッタテ〖名〗①ものごとの初め。ナンデモ　――ガ　デージジャガ（何事も初めが大事だよ）。②（毛筆で）字画の書き始め。――ワ　ムズカシーナー（字画の書き始めは難しいなあ）。

ウッペー〖名〗見栄。恰好。――バー　キニシテカラ（外見ばかり気にして）。

ウラ〖名〗私（自称）。オンシニ　ウラー　ホテリキ　ホレタ（あなたに私は心底惚れた）。

エーアンベージャ〖句〗ちょうど良い具合だ。オフロ　――ケー　ハヨー　イリンセーヨ（お風呂が良い加減だから早くお入りなさい）。

エーシコー〖句〗良い具合に。ソリョート　ラゲタラ　――　トオ　タットケーヨ（それを収めたら良い具合に戸を閉めておけよ）。

エット〖副〗たくさん。コトシャー　マメガ　――　トレタ（今年は豆がたくさんとれた）。〔主に備中〕

エレー〖形〗苦しい。しんどい。エレーァとも言う。モー　――ケー　ヤスマー（もう，しんどいから休もう）。

エロー〖副〗ずいぶん。たいそう。エレーとも言う。アメガ　――　フラナンダ（雨がずいぶん降らなかった）。

オイデンセー〖句〗いらっしゃい。コンダー　ウチー　――（今度は我が家へいらっしゃい）。

オエ〖名〗座敷。ヨー　キタナー，ハヨー

オエー　アガラレー（よく来たねえ，はや
　　く座敷にお上がりなさい）。

オエリャーセン〖句〗だめだ。いけない。ア
　　メガ　フッテ　――ガナー（雨が降ってだ
　　めだよね）。

オエン〖句〗だめだ。いけない。ソガンコト
　　ー　ユーチャ　――（そのようなことを言
　　ってはだめだ）。ムリバー　ショッタラ
　　――ゾナ（無理ばかりしていたらいけない
　　よ）。

オーカマシー〖形〗おおげさな。ホータイシ
　　テ　オーカマシュー　ミエルケン　シトー
　　ナカッタンジャ（包帯をしておおげさに見
　　えるからしたくなかったんだ）。

オケンテーデ〖副〗気兼ねも無しに。平気で。
　　――　イッタリキタリ　ショーリマス（好
　　きなように行ったり来たりしています）。

オシメンセー〖句〗おやすみなさい。

オセ〖名〗大人。一人前。オショー　ニメー
　　ツケー（大人を２枚下さい）。――ニ　ナッ
　　タノ（大人らしくなったねえ）。

オッツァン〖名〗おじさん。年配の男の人。
　　――　ドコナラ　ハットージ（おじさん
　　どこの人　八塔寺）。〔俚謡〕

オテーレ〖名〗餡をまぶした餅。ぼた餅。

オトデー〖名〗兄弟姉妹。ナカノ　エー
　　――ジャ（仲の良いきょうだいだ）。〔古語
　　「おととい」〕

オナクソ〖名〗うなじ。

オナゴ〖名〗夫が他人に妻のことを指す。

オヨダチサマ〖句〗大儀でございました。
　　――デ　ゴザイマス。〔お客さまとして招
　　待された際の挨拶〕

オロ〖名〗雨が小降りになること。アメガ
　　――ン　ナル（雨が小降りになる）。

オンシ〖御主〗〖名〗あなた。――ニ　ウラー
　　ホテリキ　ホレタ（あなたに私は心底惚れ
　　た）。

か

ガイナ〖形動〗丈夫な。強い。

ガイニ〖副〗元気で。丈夫で。ガイデとも言
　　う。――　シトッタン（お変わりないです
　　か）。ヨーモ　マー　コナイ　ガイデ　ド
　　ナイモ　ナシニ　モドリンサッタモンジャ
　　ノー（よくもまあ，こんなに元気で何事も
　　なくお帰りになったものですねえ）。

カサエ　ノセル〖句〗傘に入れる。カセー
　　ノセテ（傘に入れて）。

カサエ　ノル〖句〗傘に入る。カサエ　ノラ
　　レー（傘にお入りなさい）。

カツエル〖動〗飢える。

ガッソー〖兀僧〗〖名〗髪がぼさぼさのさま。
　　――ニシテ　ハズカシーワ（髪がぼさぼさ
　　ではずかしいわ）。

キタケ〖北風〗〖名〗秋から初冬にかけて北風
　　をともなって降る時雨。――ガ　デタナー。
　　カサー　モッテ　イケー（時雨が降り始め
　　たなあ。傘を持って行け）。

キヤクソーガ　ワリー〖句〗不愉快だ。気
　　分が悪い。アンタモ　キヤクソーガ　ワル
　　カローガ　チート　コラエテ　アゲンサイ
　　（あなたも不愉快だろうが少し我慢してあ
　　げなさい）。

キャール〖蛙〗〖名〗蛙。ギャールとも言う。
　　ボッコー　オーキー　――ワ　キョーテー
　　ナー（たいへん大きい蛙は気味悪いなあ）。

キズツネー〖形〗気兼ねな。恐縮する。ソガ
　　ーニ　オレーシテモロータラ　キズツネー
　　ガナ（そのようなお礼をしてもらったら恐
　　縮するよ）。

ギョーサン〖仰山〗〖副〗たくさん。ナンボ
　　ヤシーケ　ユーテ　――　コーチャ　イ
　　ケンデ（いくら安いからといってたくさん
　　買ってはだめだよ）。

キョーテー【気疎い】〖形〗おそろしい。気味悪い。ヨラー　キョートーテ　アルケン（夜はおそろしくて歩けない）。〔古語「けうとし」〕

キョーバン【今日晩】〖名〗きょうの晩。——ロクジハンマデニャ　イナニャ　イケン（きょうの夕方6時半までには帰らないといけない）。

キンベー〖名〗調子に乗ったら採算抜きで本気になること。オマエ　ソレホド　——ダスナ（お前そんなに本気になるな）。

ゲーサンセー〖句〗失礼いたします。〔挨拶〕

ケッパンズク〖動〗つまずく。ソネーニ　セータラ　ケッパンジーテ　コケルデ（そんなに急いだらつまずいて転ぶよ）。

ケナリー【異なり】〖形〗うらやましい。

ケナリガル〖動〗うらやましがる。

ケブテー【煙たい】〖形〗気やすく近づきにくい。ケムテーとも言う。ヤカマシュー　ユート　ミンナガ　ケムタガル（やかましく言うと皆がうちとけにくい）。

コギョーサンニ〖副〗ことさらおおげさに。

コシー〖形〗①けちだ。——　モンガ　カネオ　タメル（けちな者がお金を貯める）。②ずるい。アイツァー　——　コトバース　ル（あいつはずるいことばかりする）。

ゴジャ〖名〗無茶。無茶苦茶。強意のクソを付けてゴジャクソとも言う。オッツァン　ヤチモネー　——ジャガ（おじさんはどうにもならない無茶な人だ）。

ゴジャナ〖形動〗無茶な。でたらめな。強意の表現でゴジャクソナとも言う。

コショウ〖動〗差し支える。ソノ　ヒワ　チョット　——ナー（その日はちょっと差し支えるなあ）。

ゴットン〖名〗泥棒。

コメー〖形〗①小さい。ユーコトガ　——ノー（話のスケールが小さいねえ）。②けちだ。

コラエル〖動〗許す。我慢する。モー　コラエテヤッテ　ツカーサリマセ（もう許してやってくださいませ）。

ゴロゴロ〖名〗雷。ゴロゴロサマとも言う。〔幼児語〕

さ

サバタル【捌く】〖動〗あれこれ批評して良い悪いを決める。世話をやく。ヒトノ　コター　サバタランデモ　エー。ジブンノ　コトー　チャント　セラレー（他人のことはあれこれ言わなくてよい。自分のことをきちんとしなさい）。

サバル〖動〗つかまる。引っ張る。ソゲー　サバンナ（そんなにしがみつくな）。

ジーボー〖名〗食い意地が張っていること。アノ　ヒター　——ジャ（あの人は食い意地が張っている）。

ジナクソ〖名〗わけのわからぬこと。でたらめ。——バー　ユーテ　コマル（わけのわからないことばかり言って困る）。〔「字無候」に由来するか〕

シネー〖句〗しなさい。ハヨー　——（早くしなさい）。〔備中域〕

ジャージャー〖感〗そうそう。その通り。

ショーガツゴ〖名〗正月を機会に新調する着物。

ショーヤク　スル〖動〗手を入れる。（収穫した農産物などを）処理する。フリー　キモノー　——（古い着物を修繕する）。ネブカー　——（葱を調理用に処理する）。

シロミテ【代めて】〖名〗田植えしまいの祝い。〔苗代の苗が無くなり，田植えが終わった時，部落中で祝う慰労の行事〕

シワイ〖形〗①（するめや肉などが）堅くて噛み切りにくい。歯切れが悪い。ヤシー　ニカー　シワェーケー　カメリャー　センガナ（安い肉は堅くて噛み切りにくいよ）。〔石や煎餅の固さとは異なる〕②融通が効か

ない。アノ　ヒター　ニンゲンガ　——
（あの人は融通の効かない人だ）。

シンケー〖神経〗〖名〗精神病。狂人。〔神経病の略〕

シンチャイ〖句〗～しなさい。〔主に美作域〕

スコドン〖名〗まぬけ。のろま。

スッチョーナ〖形動〗ずる賢い。狡い。アイツァー　ニンゲンガ　——（あいつは人間がずる賢い）。

ズド〖副〗たいへん。丁度。てきめんに。
——　チケー　トケー　コンビニガ　デキタ（たいへん近い所にコンビニができた）。オクレテ　イッタラ　——　オコラレタデ（遅れて行ったらぴしゃりと怒られたよ）。

ズドホンボッコー〖副〗すごくほんとにたいへん。〔ものすごく勢いの盛んなさま〕——　オエリャーセンガ（たいへん、たいへん、どうにもだめだよ）。——　デーレー　オモレー　ケージャノー（すごくたいへん面白い会だねえ）。

スバローシー〖形〗①みすぼらしい。貧相だ。——　カッコーバー　スンナ（みすぼらしい格好ばかりするな）。②気分が晴れない。不機嫌な。——　カオ　セラレナ（不機嫌な顔をしなさんな）。

スランコーナ〖形動〗悪賢い。こすい。アノヒター　——　ケ　キューツケニャー　オエン（あの人は狡猾だから気をつけなくてはいけない）。

セージャー〖接〗それでは。

セージャカラ〖接〗それだから。

セージャケー〖接〗それだから。——　ユータロー（それだから言ったでしょう）。

セージャケド〖接〗それだけれど。

セーデモ〖接〗それでも。

セーニ〖接〗それに。スバローシー　コトジャノー。——　サミノ　サムーネーノ（気分が晴れないことだねえ。それに寒いの寒くないのといったら）。

セク〖急く〗〖動〗①急ぐ。ソネーニ　セータ

ラ　ケッパンジーテ　コケルデ（そんなに急いだらつまずいて転ぶよ）。②吠える。

セラウ〖動〗ねたむ。嫉妬する。ヨソノ　イヨー　セローテモ　シカタナカルマー（よその家を嫉妬しても仕方ないだろう）。

セル〖迫る〗〖動〗混む。混み合う。クルマガ　ボッコー　セットルソージャ。（自動車がずいぶん混んでいるそうだ）。

セワーネー〖句〗大丈夫だ。差し支えない。ソノグレーノ　コター　——（そのくらいのことはかまわない）。

ソ〖感〗どうぞ。はいっ。ソッとも言う。〔おやつを差し出したりする際の軽い勧奨の表現〕

ソガン　コト〖句〗そんなこと。——　シチャー　イケンデ（そんなことをしてはだめだよ）。

た

タケシー〖形〗①香りが強い。ミツバー　チート　タケシスギル（三つ葉は少し香りが強過ぎる）。②気性が荒い。アリャー　——　コニ　ナルゾ（あれは気性の荒い子になるぞ）。

タケローシー〖形〗香りが強い。〔野生の独活などの独特の強い香り〕

チーター〖副〗少しは。ハタラクバー　セズニ　——　ヤスマレー（働いてばかりいないで少しはお休みなさい）。

チート〖副〗少し。ちょっと。——　テョーカシテクレー（ちょっと手を貸してくれ）。

チートデ〖副〗少しで。——　エーケー　ネーオ　クレー（少しでいいから苗をくれ）。

チバケル〖動〗ふざける。冗談言う。コリャ　チバケテ　ナニュー　ショールンナラ（こら，ふざけて何をしているんだ）。

チャラガキ〖ちゃら書き〗〖名〗走り書き。

チョーデー〖頂戴〗〖句〗ください。～してください。チート　ワケテ――（少し分けてください）。〔主に県南〕

ツカーサイ〖句〗ください。～してください。ヨー　キンサッタナー。アガッテ――（よくいらっしゃいましたねえ。おあがりください）。〔ツカーサル（くださる）の命令形〕〔主に県北〕

ツケー〖句〗ください。オショー　ニメー――（大人を２枚ください）。〔謙譲表現。ツカーサイの略。下位者にはオクレと言う〕

テーテーテ〖炊いておいて〗〖句〗炊いておいて。ケーカラ　ケールケー　メシュー――（これから帰るから飯を炊いておいて）。〔連語〕

テーテーニ〖大抵に〗〖副〗いいかげんに。――　シテーナー（いいかげんにしてよ）。

デーネー〖大事ない〗〖形〗大丈夫だ。心配ない。ソネーニ　オーケナ　キオ　カチーデ――カ（そんなに大きな木を担いで大丈夫か）。

テーレ〖名〗搗きたての餅に餡をまぶしたもの。

デーレー〖副〗たいへん。たいそう。とても。デーレァーとも言う。――　アチー（とても暑い）。〔ドエライの音変化。デーライ＞デーレァー＞デーリャー〕

デーロー〖副〗非常に。たいへん。フリャフッタデ――　ヨー　フルノー（降れば降ったで，非常によく降るねえ）。

テゴー〖手合〗〖名〗手伝い。テレビバー　ミント　チーター――　シラレー（テレビばかり見ないで少しは手伝いをしなさい）。

テッパラポー〖名〗何も持っていないこと。無一物。

テニ　アワン〖句〗意地が悪い。悪賢い。

デンギ〖練木〗〖名〗すりこぎ。

テンゴー　ユー〖句〗ばかを言う。冗談を言う。ソネーナ　テンゴー　イヨータラ　ヒトニ　ワラワレルデ（そのようなばかを言ったら人に笑われるよ）。

テンゴロヤスー〖副〗簡単に。デーコン　イッポンデモ――ワ　ツクレン（大根一本でもたやすくは作れない）。〔テンゴロヤシー（たやすい）の連用形〕

テンデマンデ〖副〗ばらばらに。おのおの。各自。

トイツイトク〖動〗つかまっている。

トオタツ〖戸を立つ〗〖句〗戸を閉める。トオタテルとも言う。

ドガンヘガン　シトル〖句〗凸凹している。コノ　ミチャー――ケー　ケッパンズカンヨーニ　コラレー。（この道は凸凹しているからつまずかないようにいらっしゃい）。

トコーバレ〖床を張れ〗〖句〗寝なさい。ハヨ――（早く寝なさい）。

ドシャゲル〖動〗突き当たって乗り上げる。クルマガ　ドテニ――（自動車が土手に乗り上げる）。

ドズク〖動〗たたく。グズグズ　ヌカスト――ゾ（ぐずぐず言いやがるとたたくぞ）。

トソンゾクナ〖形動〗軽率な。ウチノ　セガレワ　トソンゾクデ（我が家の倅は軽率で）。

ドネーモ　コネーモ〖句〗どうにもこうにも。

トラゲル〖句〗かたづける。しまう。とっておく。ソリャー　デージニ　トラゲトケ（それは大事にしまっておけ）。ヒキダシニ　トラゲテータ　クスリガ　ミテテシモータケー　ハヨー　コーテケ（引出しにとっておいた薬が無くなってしまったから早く買ってこい）。

な

ナンション〖何しよる〗〖句〗何をしているの。

ナンナラ【何なり】〔句〕何だ。── ソリャ
ー(何だ，それは)。

ニュー　スル【荷をする】〔句〕荷造りをする。
チョット　ココデ　ニュースラー(ちょっ
とここで荷造りをするよ)。

ノフーゾー〔名〕横柄な人。不作法な人。

ノフーゾーナ〔形動〕横柄な。不作法な。ア
イツ　── ヤツジャ(あいつは横柄な奴
だ)。

は

ハー〔副〕はや。もはや。── スンダンカ
(もうすんだのか)。デーレー　ヨーケー
クーケー　── ミテタ(ずいぶんたくさ
ん食べるからもう無くなった)。

バー〔助〕～ばかり。アノ　オトコア　ヒト
ツコト　── ユー(あの男は同じことばか
り言う)。

ハガ　ハシル【歯が走る】〔句〕歯がずきずき
痛む。

ハシル〔動〕ぴりぴり痛む。滲みて痛む。ク
スリュー　ヌッタラ　──(薬を塗ったら
滲みてぴりぴり痛む)。ヤケトーガ　ハシ
ッテ　シカタガ　ナイ(火傷がひりひり痛
くてどうしようもない)。〔すり傷，火傷，
歯痛，薬が滲みこむ痛さ〕

ハットーバリ〔名〕とおせんぼ。オメーラー
── シャーガッテ　コメー　コー　ナケ
ータラ　オエンガナ(お前たち，とおせん
ぼしやがって，小さい子を泣かしたらだめ
だよ)。

ハラー　メグ【腹をめぐ】〔句〕心配する。メ
グは壊すの意。ドガーニ　ショールンカ
オモーテ　ウチャー　──ガ(どうしてい
るのかと思って私は心配するよ)。

ハラビキ〔副〕思いっきり。力いっぱい。一
所懸命。── ヤッテミー(思いっきりや

ってみろ)。

バンジマシタ【晩じました】〔句〕こんばんは。
〔日暮れ時の挨拶〕

ビービー〔名〕ぐみ。

ヒッサ〔副〕久しく。長い間。ボッコー
── アワナンダラ　エレー　オッキュー
ニ　ナッテシモーテ　ビックリシタガナ
モー(ずいぶん長い間，会わなかったらえ
らく大きくなってしまって，びっくりした
よ，もう)。

ヒュー　スル【火をする】〔句〕(火鉢など，
冬の)暖房の用意をする。マー　アンタト
コニャー　ハー　ヒュー　ション(まあ，
あんたのところでは，もう冬の暖をとる用
意をしているの)。

ヒョンナゲナ〔形動〕変な。奇妙な。──
ヤツジャノー(変な奴だなあ)。

ビル〔動〕不合格になる。落第する。シケン
ニ　ビッシモータ(試験に落ちてしまった)。

フーガ　ワリー【風が悪い】〔句〕体裁が悪い。
みっともない。ソネーナ　カッコー　シタ
ラ　──(そんな格好をしたらみっともな
い)。

フーケンダケ〔名〕火吹き竹。

フテル〔動〕むっとする。すねる。ふてくさ
れる。

ヘーチョー【包丁】〔名〕包丁。── ト　マネ
ター　モッテコラレー(包丁とまな板を持
っていらっしゃい)。

ヘーデ〔接〕それで。〔ソレデ＞セーデ＞ヘー
デ〕

ヘラコイ〔形〕ずるい。横着な。

ボーシオ　キル〔句〕帽子をかぶる。ボーシ
オ　カツグとも言う。アツイケン　──ン
デー(暑いから帽子をかぶるのよ)。

ボーチ〔名〕他所。遠い所。〔幼児語〕バーチ
ャン　── イッタ(おばあちゃんはよそ
の家へ行った)。

ホーン〔感〕ふうん。── ソーカ(ふうん，
そうか)。

ボッケー〘形・副〙たいへん。非常に。とても。―― オーキー コトバー イワント マジメニ ハタラカニャー イケンガー（たいへん大きなことばかり言わないで，真面目に働かないとだめだよ）。―― キョーテーノー（とても怖いねえ）。

ボッコー〘副〙たいへん。非常に。甚だ。ガケカラ コケオチテ ―― ケガー シタ（崖から転げ落ちてひどく怪我した）。

ホテリキ〘副〙たいへん。心底。心から。オンシニ ウラー ―― ホレタ（あなたに私は心底惚れた）。

ボニゴ〘名〙お盆に買ってもらう品物（盆に着る衣装や履物）。

ホン〘副〙本当に。―― アンバヨー ムシニ クワレテシモーテ（本当にすっかり虫に食われてしまって）。

ま

マー〘助動〙～ないだろう。コンドノ ワルサー コレーテ クレ――（今度の悪戯は許してくれないだろう）。

マエル〘動〙（水など液体で）埋める。ユガ アチーケー ミズー マエテクレ（湯が熱いから水を埋めてくれ）。

ミテル〘動〙①無くなる。尽きる。デーレー ヨーケー クーケー ハー ミテタ（ずいぶんたくさん食べるからもう無くなった）。②亡くなる。寿命が尽きる。アノ ヒター ミテラレタソーナ（あの人は亡くなられたそうな）。

ムゲー〘惨い〙〘形〙ひどい。悲惨な。コゲン ―― コト シテ カワイソーニナー（こんなひどいことをしてかわいそうになあ）。

メーニチ〘毎日〙〘名〙毎日。アンタ トーイ ノニ ―― キョンカナ（あなた遠いのに毎日来るのかね）。

モットデ〘副〙もう少しで。―― デキル トコジャッタノニナー（もう少しでできるところだったのにねえ）。

モンゲー〘副〙たいそう。甚だ。〔モノスゴイ＞モノスゲー＞モンゲー〕

モンコー〘名〙割勘で美味しいものを食べる集い。〔休みの日などに，気の合った者同士が好物を煮炊きし，酒を酌み交わした。費用は同等に出し合った。〕

や

ヤコー〘助〙～など。～なんか。ヤコとも言う。イヌ ―― カワン（犬など飼わない）。ベンキョー ―― デキリャー シトー ネー（勉強なんかできればしたくない）。

ヤッチモ ネー〘句〙つまらない。ろくでもない。ヤチモネーとも言う。―― コトー ユーチャ オエンガナ（つまらないことを言ってはだめだよ）。ヤチモナイ コトニ シンショー ツカイハテータ（ろくでもないことに財産を使い果たした）。

ヤネケー〘脂こい〙〘形〙面倒な。しつこい。難しい。アノ ヒター ―― ケー キューツケテ モノー イワニャー オエンド（あの人は気難しいから，気をつけてものを言わないとだめだよ）。

ヨーケー〘副〙たくさん。オニギリュー ―― ツクッタ（おにぎりをたくさん作った）。

ヨーサ〘名〙夜。夜間。

ヨーサリ〘夜去り〙〘名〙夜。夜間。

ヨーマー〘名〙余計なこと。要らぬ世話。無駄口。ヨーマ，ヨマとも言う。―― ユーナ（干渉するな）。ヨーマバー ツクナ（無駄口ばかり言うな）。

ヨダツ〘動〙面倒がる。億劫がる。大儀がる。アメガ フルケー イクンガ ――（雨が

降るので行くのが大儀だ)。ヨダタンヨーニ　フダンギデ　オイデクダサイ(面倒の無いように普段着でおいでください)。〔古語「よだけし」に由来〕

ら

ラク【楽】〖名〗差し支えないこと。承知。承諾。アシタ　オ——デシタラ　テツドーテッカーセァ(明日手隙でしたら手伝ってください)。ナニュー　シテモ　——ジャ(何をしてもよろしい)。〔応答詞としてラクジャラクジャ(いいよいいよ)のようにも用いる〕

ラレー〖助動〗尊敬助動詞命令形。イッショニ　コ——(いっしょにいらっしゃい)。ハヨー　セ——(はやくしなさい)。〔五段活用動詞以外に接続する。〕

レー〖助動〗尊敬助動詞命令形。カサー　モッテ　イカ——(傘を持って行きなさい)。〔五段活用動詞に接続する。〕

わ

ワシ〖名〗私。俺。——ニモ　クレンサイ(私にも下さい)。〔主に男性が使う自称詞〕

ワッチ〖名〗私。〔老年女性の自称〕イチゴーギョーサン　——ニ　クレタゾナー(苺をたくさん私にくれたよね)。

ワヤ〖名〗めちゃくちゃ。乱雑なさま。

V

生活の中のことば

岡山県方言にみられる成句表現

　以下には，岡山県小田郡矢掛町方言にみられる成句表現を取り上げる。

　小田郡矢掛町は，備中南部，旧山陽道に沿った所であり，備前や備後の方言との差はあまり見られない。備中北部の方言とは，語彙，アクセントとも若干の違いが認められる。

あ

アオノキザマニ【仰のき様に】 上を向いた拍子に。── オデコニ キノ エダガ アタッテ コブガ デタ（上を向いた拍子におでこに木の枝があたってこぶが出た）。

アジモ スッポモ ネー なんの味もしない。スッポの意味は不明。コノ ミカン ワ ──（このみかんはなんの味もしない）。

アタリガキョー スル 失敗したり叱られたりしたあと，腹いせに物を投げたり蹴ったりする。オトートー イジメテ シカラレタケー ユーテ アタリガキョー スナ（弟をいじめて叱られたからといって，腹いせに物を投げたり蹴ったりするな）。

アッパガオー スル びっくりした顔つきをする。ロボットガ ハナシカケルモンジャケー アッパガオー シテ ミョール（ロボットが話しかけるものだから，びっくりした顔つきをして見ている）。

アテーコッチー スル【後へこっちへする】 あちらへ行ったりこちらへ行ったりする。コドモガ マイゴン ナッタケー サガシテ アテーコッチー シタ（子供が迷子になったから探して，あちらへ行ったりこちらへ行ったりした）。

アテーサカシ【後へ逆し】 逆に。エー オモーテ シテ アゲタノニ ── シカラレタ（良いと思ってしてあげたのに逆に叱られた）。

アテーサキー スル【後へ先へする】 同じ所をあちらへ行ったりこちらへ行ったりする。イヨー サガシタケード ワカランカッタケー アテーサキー シタ（家を探したけれどわからなかったので，同じところをあちらへ行ったりこちらへ行ったりした）。

アテー ハウ【後へ這う】 良いと思ってしたのにそれが報われなくて損をする。エー オモーテ シテ アゲテモ ハンタイニ シカラレタラ ──（良いと思ってしてあげても反対に叱られたら，損をする）。

アバキガ トレン 多すぎてどうすることもできない。始末がつかない。タンボニ クサガ ギョーサン ハエテ ──（田んぼに草がたくさん生えて，多すぎてどうすることもできない）。

岡山県方言にみられる成句表現　　143

アマジャー　ネー【甘ではない】　甘くはない。容易ではない。タンボニ　クサガ　ギョーサン　ハエテ　ソリョー　トロート　オモータラ　──（田んぼに草がたくさん生えて，それを取ろうと思ったら甘くはない）。

アマシュー　クラウ　肩透かしをくう。相手を倒そうとして勢いよく両腕をさし出したとたんにうまくかわされて，前のめりになるというような時に使う。アイテオ　タオソート　シタラ　アマシュー　クローテ　ハンタイニ　コロンダ（相手を倒そうとしたら，肩透かしをくって反対に転んだ）。

イキエァーニ　アウ　急に心臓がどきどきして気分が悪くなる。ユーガタニ　アルキョーテ　イキエァーニ　オーテ　キブンガ　ワルー　ナッタ（夕方に歩いていて，急に心臓がどきどきして気分が悪くなった）。

イキリガ　ツク　勢いがつく。ケーキオ　チョットダケ　タビョート　オモータラ　イキリガ　ツイテ　ゼンブ　タベテシモータ（ケーキをちょっとだけ食べようと思ったら勢いがついて全部食べてしまった）。

イジュー　ユー【意地を言う】　だだをこねる。チーセァー　コガ　オカシュー　コーテクレー　ユーテ　──（小さい子がお菓子を買ってくれと言ってだだをこねる）。

インギョーチンギョー　スル　①積み重ねた稲の束などがきちんと積み重なっていないで出たり入ったりしていたり，物を水平に並べようとしているのに水平になっていないででこぼこになったりしている。ツンダ　イナワラガ　インギョーチンギョーシトル（積み重ねた稲わらが出たり入ったりしている）。②話がちぐはぐする。ウチアワセガ　ワルーテ　──（打ち合わせが悪くて話がちぐはぐする）。

インダリュー　クー　壊れて使い物にならない。インダリオ　クウの音変化か。インダリの意味は不明。コノ　ハカリャー　──トル（このはかりは壊れて使い物にならなくなっている）。

エァーワカリガ　セン　口調がはきはきしていないので何を言おうとしているのかはっきりとわからない。アイワカリガ　センの音変化か。アノ　ヒトガ　ユー　コター　ドーモ　──（あの人が言うことはどうも口調がはきはきしていないので何を言おうとしているのかはっきりとわからない）。

エーキビ　トーキビ　ナンバキビ　いい気味。エーは「良い」，トーキビやナンバ，ナンバキビは「とうもろこし」の意。子ども同士がけんかをした時，「いい気味だ。」と言って相手をののしるときに言う。イタズラー　シタ　ヒトニ　バチガ　アタッタノデ　──ジャ（いたずらをした人にばちがあたったので，いい気味だ）。

エモチュー　スル【家持ちをする】　家を切りまわす。イエモチオ　スルからの音変化か。アノ　ヒター　アソブバー　ショータケード　ケッコンシタラ　チャント　エモチュー　ショール（あの人は遊んでばかりいたけれど結婚したらちゃんと家を切りまわしている）。

オエマスモンカ　うまくいくものですか，だめですよ。オエマスモノカの音変化。オエルモンカより丁寧。反語。オエルは「うまくいく。大丈夫である。承知する」の意。エー　ヤサイガ　デキマシタナー（いい野菜ができましたねえ）。ムシニ　クワレテシモーテ　──（虫に食われてしまって，だめですよ）。

オエリャースマー　だめだろう。ソガン　コトー　シタラ　──（そんなことをしたらだめだろう）。

オエリャーセン だめ。いけない。オエル
に可能の否定形式「リャーセン」が複合し
たもの。さらに音が変化しオエリャーヘン
とも言う。アメバー フッテ ソトデ ア
ソベンケー ――（雨ばかり降って外で遊
べないからだめだ）。コトシャー イネノ
デキャー ――（今年は稲のできはだめだ）。

オエルモンカ うまくいくものか，だめだ。
反語。オエルは「うまくいく。大丈夫であ
る。承知する」の意。テストデ エー テ
ンガ トレタカ（テストでいい点が取れた
か）。――（うまくいくものか，だめだ）。
／エー ヤサイガ デキタナー（いい野菜
ができたなあ）。ムシニ クワレテ シモ
ーテ ――（虫に食われてしまって，うま
くいくものか，だめだ）。

オーマジョー スル【大混ぜをする】 祭
りの大当番や葬式など大きな出来事をする
ことによって家中を大きく混ぜ返す。大き
な出来事をして混ぜ返すので大変だという
気持ちも込められている。マツリノ ダイ
トーバンオ ヒキウケテ オーマジョー
シタ（祭りの大当番を引き受けて大きく混
ぜ返した）。

オショー スル【大人をする】 偉そうにす
る。オセとは「大人」の意。アノ モナー
チョーナイカイデ オショー ショール
（あの者は町内会で偉そうにしている）。

オベー シラット【覚え知らずに】 無意識
に。―― キタネー コトバー ツカヨー
ル（無意識に汚い言葉を使っている）。

オモイリョー ユー 相手の言うことを
聞こうとせずに，自分の思っていることば
かりを言う。オモイレオ イウの音変化。
ハナシュー ショーテモ ワタシノ ハナ
シュー キカズニ ジブンノ オモイレバ
ー ユー（話をしていても私の話を聞かず
に自分の思っていることばかりを言う）。

か

カカリカッポーモ ネー かかわりもな
い。アノ ヒトター ナンノ ――（あの
人とは何のかかわりもない）。

カバチュー ユー 文句を言う。口答えを
する。屁理屈を言う。カバチは「輔。つら
がまち」の意。ユーはキク，タレル，ヒル
とも言う。オーカバチュー ユーで「大文
句を言う」。アノ ヒター ――ノデ ミ
ンナ キロートル（あの人は文句を言うの
でみんな嫌っている）。

カブリュー フル【頭を振る】 頭を左右に
振る。チーサァー コニ ゴハンオ タベ
サショータラ モー エー ユーテ カブ
リュー フリダシタ（小さい子にごはんを
食べさせていたら，もういいといって頭を
左右に振りだした）。ライオンガ カブリ
ュー フッテ ニクオ クイチギリョール
（ライオンが頭を左右に振って肉を食いち
ぎっている）。

キャー（クソ）ガ ワリー 不愉快だ。腹
が立つ。キカイガ エーヨン ウゴカンケ
ー ――（機械がいいように動かないから
不愉快だ）。

ギョーギュー スル【行儀をする】 こら
しめる。ユー コト キカンケー チト
ギョーギュー セニャー オエン（言
うことを聞かないから少しこらしめないと
いけない）。

グスー ネー たやすくない。容易ではな
い。グスク ナイの音変化か。グスクの終
止形グシイは「のろま。ゆるい」の意で，
その否定の言葉か。アメノ ナカー ゴキ
ロモ アルイテ イクナー ――（雨の中
を5キロも歩いて行くのはたやすくない）。

岡山県方言にみられる成句表現　　145

クチュー　アラス【口を荒らす】　声を荒らげる。ジテンシャノ　フタリノリュー　ショータ　チューガクセーニ　チューイオ　シタラ　クチュー　アラシタ（自転車の二人乗りをしていた中学生に注意をしたら声を荒らげた）。

ケッタクソガ　ワリー　不愉快だ。腹が立つ。エー　オモーテ　シテアゲタノニ　オコラレテ　――（いいと思ってしてあげたのに怒られて不愉快だ）。

ゴーガ　ワク【業がわく】　腹が立つ。トナリノ　ヒトガ　イッツモ　タンボノ　サケァーオ　オーテ　クルバー　スルケー　――（隣の人がいつも田んぼの境を侵入してばかりいるから腹が立つ）。

コーベャーガ　キチー【勾配がきつい】　気が強くずるがしこい。アノ　コアー　――ケー　オヤツ　ダシタラ　ヒトノ　ブンマデ　トッテ　タビョール（あの子は気が強くずるがしこいから，おやつを出したら，人の分まで取って食べている）。

コトー　マゼル【事を混ぜる】　集団の中でいざこざを起こし，混ぜ返す。アノ　ヒトー　カイギデ　イラン　コトー　ユーテ　――バー　スル（あの人は会議で，いらないことを言って混ぜ返してばかりいる）。

コワレガ　セン　融通が利かない。コマケー　コトバー　ユーテ　――　オトコジャノー（細かいことばかり言って融通が利かない男だなあ）。

さ

サカトンボー　ツク　①頭を下にして落ちる。イシガケカラ　サカトンボー　ツイタ（石崖から頭を下にして落ちた）。②人のために一生懸命になっている。ヒトノ　セ

ワー　カネニモ　ナランノニ　サカトンボー　ツイテ　ショール（人の世話を金にもならないのに一生懸命になってしている（悪口の言葉））。

サムサムガ　ウク【鳥肌が浮く】　寒い時やこわい思いをした時，鳥肌が立つ。サムサムは「鳥肌」の意でサブサブとも言う。ウクはデルとも言う。ソトエ　デタラ　サミーケー　サムサムガ　ウイタ（外へ出たら寒いので鳥肌が立った）。サブサブガデタとも言う。モー　チョットデ　ジコー　スル　トコロジャッタ。オモイダスト　――（もうちょっとで事故をするところだった。思い出すと鳥肌が立つ）。

サンダンジャー　ネー【算段じゃない】　比べものにならないくらいである。イヌー　イシャエ　ツレテ　イキョータラ　ニンゲンガ　イシャエ　イク　――　オカネガ　イル（犬を医者へ連れて行ったら，人間が医者へ行くのと比べものにならないくらいお金がいる）。

シオー　カラス【塩をからす】　生意気にしている。アノ　コアー　ガッコーデ　シオー　カラショール（あの子は学校で生意気にしている）。

シオガ　カレー【塩が辛い】　生意気である。アノ　コアー　――（あの子は生意気である）。

シキニ　ツク　こげつく。シキは「器や樽などの底」の意。ゴハンガ　シキニ　ツイタ（ごはんがこげついた）。

シコー　フム【四股を踏む】　足を低く上げて速く足踏みをする。トイレに行きたいのをがまんしている時や，小さい子が物をねだる時にする動作。相撲の動作にやや似ていることからきたか。トイレガ　イッパイデ　イキトーテモ　イケンケー　シコー　フミョール（トイレがいっぱいで行きたくても行けないので，足を低く上げて速く足

踏みをしている）。コドモガ オカシュー クレー クレー ユーテ シコー フミョール（子供がお菓子をくれくれと言って，足を低く上げて速く足踏みをしている）。

シゴン ナラン 多すぎてどうすることもできない。始末がつかない。タンボニ クサガ ギョーサン ハエテ ――（たんぼに草がたくさん生えて，始末がつかない）。

シチュー トッタリ ハチュー トッタリ スル 【七を取ったり八を取ったりする】 ひとが言うことにいちいちけちをつける。ワタシガ ユーコトニ イチイチ シチュー トッタリ ハチュー トッタリ スナ（私が言うことにいちいちけちをつけるな）。

シュートミョー スル【姑をする】 姑が嫁にするように嫌がらせをする。たとえば，姑は嫁が気に入らないとでも言わんばかりに，嫁が掃除をした所と同じ所を姑が再び掃除をするなど。ワタシガ ニワオ ハイタ アト マタ ハイテカラニ。シュートミョー センヨーニ（私が庭を掃いた後また掃いて。姑が嫁にするように嫌がらせをしないように）。

ショーネンダマガ イル 懲りる。コーツージコ シテ ショーネンダマガ イッタノデ モー クルマノ ウンテンオ セン コトニ シタ（交通事故をして懲りたのでもう車の運転をしないことにした）。

ショーヤク スル 課題をきちんと処理する。ショーヤクの意味は不明。コンドノ チョーナイカイチョーワ ナガネンノ チョーナイカイノ モンダイオ ショーヤク シタ（今度の町内会長は長年の町内会の問題をきちんと処理した）。

スッペーコッペー ユー なんだかんだと言う。アノ ヒター ――テ ナカナカ スナオニ アヤマチオ ミトメン（あの人は，なんだかんだと言ってなかなかすなお

に過ちを認めない）。

セージャ ユーテ そうは言っても。セージャユーテモとも言う。セージャはソレジャが変化したもの。さらに変化しヘージャとも言う。ユーテ（モ）は言って（も）の意味。エー オンガクカイジャッタデ。イキャー エカッタノニ（いい音楽会だったよ。行けばよかったのに）。―― ネツガ デタケー イカレンカッタンジャガ（そうは言っても，熱が出たので行かれなかったのだよ）。

セーマー フル あれこれといらないおせっかいをする。セーマの意味は不明。トナリノ オバサンガ キテ ――（隣のおばさんが来てあれこれといらないおせっかいをする）。アノ ヒター セーマー フッテ ミンナカラ キラワレル（あの人はいらないおせっかいをしてみんなから嫌われる）。

セワー スル【世話をする】 心配をする。セワは「心配」の意。ショワー スルとも。ナカナカ コンケー ナンカ アッタンカト オモーテ セワー シタ（なかなか来ないから何かあったのかと思って心配をした）。

セワー ネー【世話はない】 心配はない。セワは「心配」の意。ショワー ネーとも言う。ショーショー ネツガ デテモ ――（少々熱が出ても心配はない）。

セワー ヤク【世話を焼く】 がんばる。ショワー ヤクとも言う。シゴトー ヨー セワー ヤキョールナー（仕事をよくがんばっているなあ）。

ソビュー カウ 指などでつついてちょっかいを出す。ソビオ カウの音変化。オニーサンガ オトートニ ソビュー コーテ ケンカオ シカケルバー スル（お兄さんが弟にちょっかいを出してけんかをしかけてばかりいる）。

岡山県方言にみられる成句表現　　147

ゾンゾガ　タツ　寒い時やこわい思いをした時，鳥肌が立つ。ソトエ　デタラ　サミーケー　ゾンゾガ　タッタ（外へ出たら寒いので鳥肌が立った）。モー　チョットデジュー　スル　トコロジャッタ。オモイダスト　――（もうちょっとで事故をするところだった。思い出すと鳥肌が立つ）。

た

タカー　ネー　たいしたことはない。タカーの意味は不明。アルイテ　ゴジカンモ　カカルンナラ　タイヘンジャケード　サンジップンナラ　――（歩いて5時間もかかるのなら大変だけれど30分ならたいしたことはない）。／ヤサイオ　ウエテ　オカネガ　モーカッタカ（野菜を植えてお金が儲かったか）。イーヤ，――（いいえ，たいしたことはない）。

タマエタマエ　タベル　おいしい食べ物の時に，一度に食べてしまうと楽しみがなくなってしまうので，一度に食べてしまわないで，少しずつ何回かに分けて食べる。ミヤゲニ　イタダイタ　メーブツノ　メンタイコー　――（みやげにいただいた名物の明太子を少しずつ何回かに分けて食べる）。

チャクー　スル　いんちきをする。チャクは「いんちき」の意。アノ　ヒトト　イッショニ　スゴロクオ　ショーテモ　――ケー　オモシローネー（あの人と一緒にすごろくをしていてもいんちきをするのでおもしろくない）。

ツクニ　ナル　鉛筆の芯の先がすりへって丸くなる。エンピツガ　――（鉛筆の芯の先がすりへって丸くなる）。

テーゲージャー　ネー【大概ではない】

なかなか簡単にはできない。キクー　ツクルナー　――（菊を作るのはなかなか簡単にはできない）。ケーダケノ　コトー　ショー　オモーテ　ミネー，――デ（これだけのことをしようと思ってみなさい，なかなか簡単にはできないよ）。

テニャーワン【手に合わない】　意地が悪い。アノ　コワ　――（あの子は意地が悪い）。

ドー　ナラン　どうにもならない。なすすべがない。困ったものだ。アノ　ヒターム　ムチャバー　ユーテ　――ナー（あの人はむちゃばかり言って困ったものだなあ）。

ドー　ナリャー　どうなるものか，どうにもならない。反語。オーアメガ　フッテ　タンボガ　ミズニ　ツカッテシモーテ　――（大雨が降って田んぼが水につかってしまってどうなるものか，どうにもならない）。

ドー　ナローニー　どうなろうか，どうにもならない。反語。オーアメガ　フッテ　タンボガ　ミズニ　ツカッテ　シモーテ　――（大雨が降って田んぼが水につかってしまってどうなろうか，どうにもならない）。〔反語の強意表現〕

ドジュー　スル【無茶をする】　無茶をする。アノ　ヒター　サキョー　ノンダラ　――（あの人は酒を飲んだら無茶をする）。ドジに強意のクソを付けドジクソー　スル（無茶くそをする），オードジクソー　スル（大無茶くそをする）とも言う。

ドジュー　ユー【無茶を言う】　無茶を言う。アノ　ヒター　カイギデ　――テ　コマル（あの人は会議で無茶を言って困る）。ドジに強意のクソを付けドジクソー　ユー（無茶くそを言う），オードジクソー　ユー（大無茶くそを言う）とも言う。

トチンパチン　スル　あわてふためく。トチンパチンの意味は不明。ヨソー　シテ　ネー　コトガ　オキテ　――（予想してな

いことが起きてあわてふためく）。

ドヒョーシモ　ネー　とてつもない。キューニ　──　オーキー　コヨー　ダスナ（急にとてつもない大きい声を出すな）。

な

ナニューシン　なんのなんの。ソケー　オランカッタローガ（そこに居なかっただろう）。──，オッターデ（なんのなんの，居たよ）。アンター　エー　フクー　キトルナー。タカカッタジャロー（あなたは良い服を着ているなあ。高かっただろう）。──，バーゲンセールデ　ヤスーニ　コータ　モンジャガ（なんのなんの，バーゲンセールで安く買ったものだよ）。

は

ハブシュー　ムグ【歯ぐきをむく】　歯を食いしばって頑張る。エローテモ　ハブシュー　ムイデ　ガンバル（苦しくても歯を食いしばって頑張る）。

ハラー　シマウ【腹をしまう】　頭を悩ます。ウチノ　タンボワ　イモチニ　ヤラレテ　シモーテ　ハラー　シモータ（うちの田んぼはいもち病にやられてしまって頭を悩ました）。

ハラー　メグ【腹を壊ぐ】　頭を悩ます。ウチノ　タンボワ　イモチニ　ヤラレテ　シモーテ　ハラー　メーダ（うちの田んぼはいもち病にやられてしまって頭を悩ました）。

ハラガ　オキル【腹が起きる】　腹一杯になる。ハラガ　ヘットッタケード　ヤキイモ　タベタラ　ハラガ　オキタ（おなかがすいていたけれど，焼き芋を食べたら腹一杯になった）。

ヒマガ　イル【暇がいる】　時間がかかる。モツレタ　イトー　ホドクノワ　──（もつれた糸をほどくのは時間がかかる。）

ヒョコー　ツク　ヒョコオ　ツクの音変化。ヒョコの意味は不明。①順調にいっていたのに，急に失敗して，面目を失ったり人望を無くしたりする。ミンナノ　タメニ　ヨー　ヤリョータノニ　イラン　コトー　ユータケー　ヒョコー　ツイテ　シモータ（みんなのためによくやっていたのに，いらないことを言ったために人望を無くしてしまった）。②転ぶ。ヒョコー　ツカンヨーニ　ヨージン　シネーヨ（転ばないように用心しなさいよ）。

フーガ　ワリー【風が悪い】　体裁が悪い。「風」は「なり，すがた」の意。ミンナノ　マエデ　シカラレルノワ　──（みんなの前でしかられるのは体裁が悪い）。

フゴー　ウル【畚をうる】　嫁が，嫁ぎ先が嫌になって無断で実家へ逃げ帰る。フゴオ　フル（振る）からフゴオ　ウル（売る）に変わったか。フゴとは，草などをとる時に腰にくくりつける竹製のかごのこと。昔は，嫁ぎ先が嫌になった嫁が，かごを腰につけて田や畑に行き，そのままかごを振りながら無断で実家へ逃げ帰るということがあった。アソコノ　ヨメサンワ　フゴー　ウッタソーナ（あそこの嫁さんは無断で実家へ逃げ帰ったそうだ）。

ヘイヤ　モー　いいえ，どういたしまして。返答の語。アリガトー（ありがとう）。──（いいえ，どういたしまして）。

ヘトモ　ネー　なんともない。シカラレテモ　──　カオー　シトル（叱られてもなんともない顔をしている）。

ヘンガ　ネー【変がない】　期待はずれでつ

岡山県方言にみられる成句表現　149

まらない。キョーノ　キューショカー　オカズガ　スクノーテ　──（今日の給食はおかずが少なくて期待はずれでつまらない）。

ま

マージャテー　おや，まあ，よく言うよ。談話などをしていて，反論するときに言う言葉。アンター　エー　フクー　キトルナー。タカカッタジャロー（あなたはいい服を着ているなあ。高かったでしょう）。──。バーゲンセールデ　コータ　モンジャガ（おや，まあ，よく言うよ。バーゲンセールで買ったものだよ）。

マケズー　ユー【負けずを言う】　負け惜しみを言う。クチゲンカデ　マケタ　モンジャケー　マケズー　イョーラー（ロげんかで負けたものだから，負け惜しみを言っているよ）。

マシャクニ　アワン【間尺に合わない】　間に合わない。ハラガ　ヘットルケー　チーセァー　チャワンジャー　──（おなかがすいているから小さい茶碗では間に合わない）。コガン　チーセァー　スプーンデ　カキマジョータンジャー　──（こんな小さいスプーンでかき混ぜていたのでは間に合わない）。

ミアワセモ　ネー【見合わせもない】　ちょうど良いということを考えない。見合わせることをしない。ダイコンオ　──　ギョーサン　ウエテカラニ。ゼンブ　タベラレモ　センノニ（大根をちょうどよいということを考えないでたくさん植えて。全部食べられもしないのに）。

ミナガ　ユー【皆が言う】　全部包み隠さずに言う。──ト　アノ　ヒトワ　イロイロ　ウワサガ　アッタンヨ（全部包み隠さずに言うと，あの人はいろいろうわさがあったのよ）。

ムサンコーニ　手あたり次第に。闇雲に。ハナカ　クサカ　ヨー　ミズニ　──　ヌク（花か草かよく見ずに手あたり次第に抜く）。

ムテークテーニ　むやみに。ムテーは「無体」か。クテーの意味は不明。チーセァー　コニ　──　オカニョー　モタセタラ　イケン（小さい子にむやみにお金を持たせたらいけない）。

や

ヤゲリアゲル　激しく怒る。ヤゲルは「喉を振り絞って叫ぶ」の意。トーリスガリノ　オジサンガ　リユーモ　ナイノニ　イチャモンオ　ツケテ　キタノデ　ハンタイニ　ヤゲリアゲテ　ヤッタラ　ニゲテ　イッタ（通りすがりのおじさんが理由もなくいちゃもんをつけてきたので反対に激しく怒ってやったら逃げて行った）。

ヤッチモ　ネー　つまらない。ラチモナイ（埒も無い）の音変化。──　コトー　ユー（つまらないことを言う）。

ユーテ　ユーチャルネー【言うて言うてやるね】　～といって言ってやることだよ。うらやましい時やめんどくさい時，やや怒った調子のぞんざいな言い方。ユーチャルネーナとも言う。タカラクジガ　アタッタ　アタッタ　ユーモンジャケー　エーコトー　シタナー　──（宝くじが当たった当たったと言うものだからいいことをしたなあといって言ってやることだよ）。イランコトバー　ユーケー　モー　カエンネー　──（いらないことばかり言うので，もう帰り

なさいといって言ってやることだよ)。

ユーテ ユーネー【言うて言うね】 〜といって言うことだよ。ユーテユーネーナとも言う。タカラクジガ アタッタ アタッタ ユーモンジャケー エーコトー シタナー ── (宝くじが当たった当たったと言うものだから，いいことをしたなあといって言うことだよ)。イラン コトバー ユーケー モー カエンネー ── (いらないことばかり言うので，もう帰りなさいといって言うことだよ)。

ヨーイジャー ネー【容易ではない】 ① なかなかすぐにはできない。時間がかかる。トシヨリジャケー フクー キガエルノモ ── (年寄りだから服を着替えるのもなかなかすぐにはできない。時間がかかる)。②なかなかすぐには来ない。まだ間がある。)ハラガ ヘッター。ヒルゴハンワ マダ ──ナー(おなかがすいた。昼ごはんはまだなかなかすぐには来ないなあ。まだ間があるなあ)。

ヨーマー スル いらないことをする。ヨーマは「いらないこと」の意。ヨーマクソー スルとも言う。キカイガ モー チョットデ ナオル トコロジャッタノニ アンタガ ヨーマー シタノデ ナオリャーセン(機械がもうちょっとでなおるところだったのに，あなたがいらないことをしたのでなおりはしない)。

ヨーマー ユー いらないことを言う。ヨーマクソー ユーとも言う。アノ ヒター カイギデモ ──テ コマル(あの人は会議でもいらないことを言って困る)。

ヨクジョー ユー 文句を言う。ヨクジョーオ イウの音変化。ヨクジョーは「文句」の意。エーヨン シテアゲタノニ ── (いいようにしてあげたのに文句を言う)。

ヨダリョー クル【涎を繰る】 よだれをたらす。ヨーダリョー クルとも言う。チーセー コワ ヨー ── (小さい子はよくよだれをたらす)。

ら・わ

ラッシガ ネー ちらかしている。ラッシャー ネーとも言う。──ケード オアガリクダサイ(ちらかしているけれど，お上がりください)。

レンコン クー【蓮根食う】 先のことをよく見通している。レンコンには穴があいていて向こうが見えることからきたか。アノ ヒター ──トルケー ナンデモ ヨーワカットル(あの人は先のことをよく見通しているからなんでもよくわかっている)。

ワヤー スル 無茶をする。ワヤは「無茶」の意。アノ ヒター サキョー ノンダラ ── (あの人は酒を飲んだら無茶をする)。ワヤクソー スル(無茶くそをする)，オーワヤクソー スル(大無茶くそをする)とも言う。

ワヤー ユー 無茶を言う。ワヤは「無茶」の意。アノ ヒター カイギデ ──テ コマル(あの人は会議で無茶を言って困る)。ワヤクソー ユー(無茶くそを言う)，オーワヤクソー ユー(大無茶くそを言う)とも言う。

ワンワン スル 人出が多くてわいわいとにぎわう。キョネンノ マツリャー ヒトデガ スクナカッタケード コトシャー ワンワン ショール(去年の祭りは人出が少なかったけれど，今年は人出が多くてわいわいとにぎわっている)。

ことわざの中の岡山弁

凡例　1　岡山弁の部分を太字で示した。
　　　2　ことわざに含まれる俚言の五十音順に掲出した。
　　　3　それぞれのことわざの表記は，依拠した文献に従った。
　　　4　当該のことわざの収録地がわかる場合は（　　）内に示した。
　　　5　それぞれの俚言について，下段に共通語訳を示した。

・蛍が**あまだ**に上がれば大水が出る
　　　　あまだ＝囲炉裏の上の棚
・寝小便たれを**いなし**て寝糞たれを貰う（久世町）
　　　　いなす＝帰らす
・**おぞやきょうとや**他人と闇は（加茂町）
　　　　おぞや＝ぞっとする　　きょうとや＝怖ろしい
・雪は豊年の花　雪に**ガシン**はない（阿哲郡神郷町）
　　　　ガシン＝凶作，飢饉
・鬼の留守に豆を炒って**かましょ**（新見市）
　　　　かましょ＝食べよう
・**カワ女房**は買うても持て　**一枚ガワ**がよい
　　　　カワ女房＝年上の女房　　一枚ガワ＝一歳年上
・大神楽は見たし　獅子は**きょうとし**（哲西町）
　　　　きょうとし＝おそろしい
・**グイビ**が赤くなったら籾を蒔け
　　　　グイビ＝ナツグミ
・金儲けと死に病は**ぐすうなぇ**（哲西町）
　　　　ぐすうなぇ＝難儀で苦しい
・夏畑を打つより素茶を飲む方が**ぐすうなぇ**（哲西町）
　　　　ぐすうなぇ＝同上（この場合，飲みにくい）
・**くちゃめ**は万病に効く

くちゃめ＝腹

・こもう生んで大きゅう育てえ(哲西町)

　　　こもう＝小さく

・さかぐれは親不孝

　　　さかぐれ＝さかむけ，ささくれ

・若い者はジゲの油(蒜山)

　　　ジゲ＝地下(自分の住んでいる集落)

・しぼしぼ雨と親のばちは当たらんようであたる(加茂町)

　　　しぼしぼ雨＝しとしと雨

・親類遠のきゃシラメが近寄る(津山市)

　　　シラメ＝虱

・危ないところへのぞかねばずくしは食えぬ(賀陽町)

　　　ずくし＝熟柿

・炭と旦那は立てらかせ

　　　立てらかせ＝立てるようにする

・親の代から大工でも人の口には戸はたたぬ(鏡野町)

　　　戸はたたぬ＝戸は閉められない

・ナマメ筋にゃ家は建てられん

　　　ナマメ筋＝動物や妖怪の通り道として恐れられている道筋

・後腹がにがる

　　　にがる＝痛む(出産後の痛み，事後の出費に苦しむ)

・生まれるのはハチゴミチの潮がよい(笠岡市大飛島，真鍋島)

　　　ハチゴミチ＝八五満ち，満潮になりかけた満ち潮

・ヒイゴが来りゃ運がええ

　　　ヒイゴ＝家燕

・ひいるに塩(哲西町)

　　　ひいる＝蛭

・ホンソウ子　婆さん子は　三文安い

　　　ホンソウ子＝「ホンソ　ホンソ(ほんにいい児，ほんにいい児！)。」と頭を
　　　　撫でられて大切に育てられた子，「ホンソ」は幼児の頭をなでる時に唱え
　　　　る言葉

・豆のまーごは倉が建つ　夏作のまーごは倉が建つ　秋作のまーごは墓屋敷になる
　(高梁)

　　　まーご＝曲がって種を蒔くこと

・アズキで目べエトオをおとす

　　目べエトオ＝麦粒腫，ものもらい

・トラオオカミより**モル**が怖い

　　モル＝古い家の雨漏りのこと

・履物は**ようさり**おろすな朝おろせ

　　ようさり＝夜

・あきないは牛の**ようだれ**（加茂川町）

　　ようだれ＝涎（よだれ）

・**ようなべ**にはボロ**洗濯**

　　ようなべ＝夜なべ，夜の仕事　　　洗濯＝衣類を繕うこと

・**横座**に座るは猫か馬鹿（真庭郡川上村）

　　横座＝囲炉裏の正面の座，主人か特別の客しか座らない

・**夜ざるひき**の朝ぶせり

　　夜ざるひき＝夜遅くまで寝ないで起きていること

参考文献

　岡山県史編纂委員会編(1983)『岡山県史　第16巻　民俗Ⅱ』山陽新聞社

　佐藤米司ほか(1987)『岡山のことわざ』岡山文庫130　日本文教出版

　哲西町文化財保護委員会編(1989)『哲西の方言とことわざ』哲西町教育委員会

　立石憲利(1991)『岡山のことわざ12か月』山陽新聞社

民謡の中の岡山弁

凡例　1　岡山弁の部分を太字で示した。
　　　2　それぞれの民謡の詞章の表記は，依拠した文献に従った。
　　　3　岡山弁の部分について，適宜，共通語訳を右側に示した。

■下津井節(倉敷市下津井)

下津井港はヨー
入りよて出よてヨー
まともまきよて　　　　　　　　　まとも巻く＝追い風をまともに受けて走る
まぎりよてヨー　　　　　　　　　まぎる＝向かい風に向かってジグザグに船
　　トコハイ　トノエ　　　　　　　　を進める
　　ナノエ　ソレ　ソレ

■麦搗き唄(笠岡市真鍋島)

麦の**おえん**のは　　　　　　　　　おえん＝(麦が)精白できない
混ぜよのからよ　　　　　　　　　混ぜよのから＝混ぜかたのせい
搗くに　サヨー
おろかはあるものか　　　　　　　おろか＝横着

■綿打ち唄(倉敷市)

辛い連島で綿打ちしょまにゃ
去んで豊島の石を割ろ　　　　　　去んで＝帰って

百目綿打ちゃ十三文
酒を一杯飲みゃ**てっぱらこ**　　　　てっぱらこ＝すっからかん

■真田組み歌(総社市)

真田組んでも　**めょうと口**ゃ食える　めょうと口＝夫婦の食い扶持

主が**けん**とりゃ　**うち**が組む 　　主＝主人，夫　　けん＝剣　　うち＝私
話ゃ**ごめんなれ**　歌ならおいで 　　ごめんなれ＝ご無用だ
歌は仕事のまぎれ草
むこうの山見りゃ　**いにとて**ならん 　　いにとて＝帰りたくて
小松林を親と見て

■鉱山唄(川上郡成羽町)
テゴじゃ**テゴ**じゃと見下げてくれな 　　テゴ＝手伝い
抗夫**けんらん**もとは**テゴ** 　　けんらん＝

■田の草取り唄(浅口郡船穂町)
暑や　**ほかる**や　ヨーイヨイ 　　ほかる＝ほてる
手のごい　ヤーイ　**ほうし**　ヤイ 　　手のごい＝手拭い　　ほうし＝欲しい
ヤレー　**ぬし**の浴衣のきれ**ほし**の 　　ぬし＝愛しい人　　ほし＝欲しい
　ヤーヨイヨイ

■正月迎えの唄(邑久郡長船町)
お正月はどこまで
地頭どんの藪まで
削り箸に**ばぶう**刺して 　　ばぶう＝餅を
かぶるかぶるおいでじゃ 　　かぶるかぶる＝食べ食べ

■亥の子歌(旭町)
亥の子亥の子　亥の子の**ようさ** 　　ようさ＝夜
餅ぅつかん者は 　　餅ぅ＝餅を
鬼ぅ生め　蛇生め 　　鬼ぅ＝鬼を
角の生えた子を生め
天下の餅と大坂の餅と較べてみたら
天下の餅が**ちっくし**大きゅうて 　　ちっくし＝ちょっと
エートエート

■盆踊り唄(英田郡西粟倉村)
八頭吉川榎負いが
岸野の橋からばったりしゃと

てちゃだけ　　　　　　　　　　　てちゃだけ＝落ちた
村の若い衆にゃご苦労かけ
アラお礼にゃ五升樽
　ヨシサアヨシ

参考文献

　稲田浩二・新井久爾夫(1957)『ふるさとの歌　岡山の民謡』日本文教出版

　野上義臣・山陽新聞社(1979)『おかやまの民謡』山陽新聞社

　岡山県史編纂委員会編(1983)『岡山県史　第16巻　民俗Ⅱ』山陽新聞社

　岡山県教育委員会編(1989)『岡山県の民謡―岡山県民謡緊急調査報告書―』岡山県教育委
　員会

わらべ歌の中の岡山弁

凡例　1　岡山弁の部分を太字で示した。
　　　2　それぞれのわらべ歌の詞章の表記は，依拠した文献に従った。
　　　3　岡山弁の部分について，適宜，共通語訳を右側に示した。

■子守り唄

・邑久郡邑久町

ねんねん　ころいち
ねんねのもりゃ　**どけいた**　　　　　　　どけいた＝どこへ行った
山あ　けえて　さていた　　　　　　　山あ　けえて　さていた
里のみやげに　**なにゅもろた**　　　　　　　＝山を越えて里へ行った
でんでん太鼓に　笙の笛　　　　　　　なにゅ＝何を
なるかならぬか　**ふぃてみい**　　　　　ふぃてみい＝(笛を)吹いてみよ
ねんねんせ　ねんねんせ

・浅口郡

ねんねんねんよ　ねんねんよ
ねんねんしたまに　**ばぶ搗いて**　　　　　ばぶ＝餅(幼児語)
ばぶを搗いてさまして
ようよの子に負わして　　　　　　　ようよの子＝牛の子
駈けらかしてみせるぞ

・津山市

お月さんなんぼ　十三　七つ
そりゃまだ若いな
紅つけ　かねをつけ
庄屋の**おかか**に　なろかいな　　　　　おかか＝妻

158

■手まり唄

・阿哲郡哲西町

チンバラてんてんてんまる　てんまるさん

手まりと手まりが　**こちおうて**　　　　　　こちおうて＝ぶつかりあって

一つの手まりが　いうにゃ

こっちいごんせい　奉公しょう　　　　　　こっちいごんせい＝こっちへ来なさい

奉公どこで　いたします

三次の奥の長者さま

三次の奥の長者さまはどこですか

三次の奥の長者さまと　尋ねて行けば

すぐわかる　すぐわかる

・和気郡佐伯町

一の丸**こいて**　二の丸**こいて**　　　　　　こいて＝越えて

三の丸屋敷の　お姫さんは

今朝結た髪を　はや**チンバラ**に　　　　　　チンバラ＝ざんばら髪

はや**ドンバラ**に　**くしこうがい**を　　　　ドンバラ＝ざんばら髪

はよもって**ごんせ**　おそもって**ごんせ**　　くしこうがい＝笄

あんまりおそうて　やれ恥ずかしや　　　　　ごんせ＝来なさい

恥ずかしなかに　この子ができて

もめるを着しょか　**はねる**を着しょか　　もめる＝桃色か　　はねる＝花色か

もめるもいらぬ　はねるもいらぬ

もめるもいらぬ　はねるもいらぬ

ザンザラザーと　浴衣を着せて

おんばに抱かせて　宮まいり　宮まいり　　おんば＝乳母

・真庭郡勝山町

山の**ちょちょぎす**なぜ泣くの　　　　　　　ちょちょぎす＝きりぎりす

たった一人の坊ちゃんが

山からころんでどうしょう

でんぎでみそ豆こうこうづき　　　　　　　でんぎ＝すりこぎ（練木）

人がちょっと見りゃちょっとかくす

■鬼遊び唄（柵原町）

なかのなかの小坊主
なんで背が低かりゃ　　　　　　　　　なんで背が低かりゃ＝どうして低いのか
ののさんのまま食うて　　　　　　　　ののさん＝ほとけさま　　まま＝御飯
じんじんと大きうなれよ　　　　　　　じんじんと＝ずんずん（早く）

参考文献

稲田浩二・新井久爾夫（1957）『ふるさとの歌　岡山の民謡』日本文教出版

野上義臣・山陽新聞社（1979）『おかやまの民謡』山陽新聞社

稲田和子・奥山勝太郎（1985）『岡山のわらべ歌』（日本わらべ歌全集 18 下）　柳原書店

井戸和秀・杉山知子・山田美那子（2007）『津山のわらべうた』津山わらべうた保存会

VI

岡山県方言と文学

文学作品に現れた岡山県方言

「日本の近代文学は，総体として言うと，日本の多様な方言をかなりよくとらえて，表現にのせている。」（磯貝英夫 1981）との指摘を踏まえ，近現代の文学作品に現れた岡山県方言について一瞥する。

岡山県にゆかりのある作家の岡山県方言を含む作品を一つ取り上げ，それぞれの作品から例文を抽出する。配列は作家の生年順とし，各例文の岡山県方言に関わる事象のうち特徴的なものを太字で示して，適宜，下段に共通語訳を示した。

正宗白鳥　（明 12　和気郡穂波村出身）－「牛部屋の臭ひ」（大 5）
　　「お前はこの頃もまださう言ふことを考へとるん**ぢや**な。興醒めたこつちや。
　　もう**そがいな**ことは**云はんす**な。聞きともないから」お夏は腹立しげに云つた。
　　　　ぢや＝だ（断定の助動詞）　　そがいな＝そんな　　云はんす＝おっしゃる

谷崎潤一郎　（明 19　東京都出身，戦時中，津山市に疎開）－「越冬記」（昭 20）
　　「今日までに覚えたる此の地方の方言二三を記す。／**けうとい**／…」
　　　　けうとい＝怖い（古語「気疎し」に由来する）
　　　　※昭和 20 年 12 月 19 日の日記に，津山地方の方言が 20 語，挙げられている。

内田百閒　（明 22　岡山市出身）－「春光山陽特別阿房列車」（昭 27）
　　「覚えとらん。そう云うたかな」
　　「云うたから，知っとるん**じゃがな**。それ**見られえ**。ちゃんと乗って来とらあ」
　　　　じゃがな＝だよね　　見られえ＝ご覧なさい

坪田譲治　（明 23　御野郡石井村島田出身）－「正太樹をめぐる」（大 15）
　　「無え？　無うなったんなら，何か**つかあさい**」
　　「何か云うて，**何がありゃ**」
　　「それでも，さつま芋がないんじゃもの，何か**つかあさい**」

つかあさい＝ください　　何がありゃ＝何があるか(疑問・反語)

横溝正史　(明35　兵庫県出身，戦時中に吉備郡岡田村へ疎開)
　　　　　　　　　　　　　　　　　　　　　　―「悪魔の手毬唄」(昭32)
「お客さんは，里ちゃんのことを**そねえに心配おしんさり**ますけえど，お客さんこそ，このような田舎へ**おいでんさって**，よくまあ毎日**退屈おしんさりません**なあ。」
　　　そねえに＝そんなに　　心配おしんさりますけえど＝心配なさいますけど
　　　おいでんさって＝おいでになって(来られて)　　退屈おしんさりません＝
　　　退屈なさいません

木山捷平　(明37　小田郡新山村出身)―「尋三の春」(昭10)
「蜜柑水**じゃ**？　**そがんな**もん，貧乏人が買うもんと違う**じゃなえ**か？　―戻して来い。―そがんな心掛**じゃけん**，学校で**丙ばあ**取る**んじゃ**！」
　　　そがんな＝そんな　　じゃなえ＝ではない　　じゃけん＝だから　　丙ば
　　　あ＝丙ばかり(「ばあ」は副助詞)

石川達三　(明38　秋田県出身，小中学期を上房郡高梁町)―「心猿」(昭10)
「お前，今の**話う**聞いたか」
「へえ。大方聞きました」と彼は言った。
「そりゃお前の子**じゃろういうて**栄さんは**言うとってじゃ**が，**どうなら**？」
　　　話う＝話を(hanaʃi＋o＞hanaʃuː)　　じゃろういうて＝だろうと言って
　　　(「と抜け」の表現)　　言うとってじゃが＝おっしゃっていたけど　　ど
　　　うなら＝どうなんだ(問いかけ)

小山祐士　(明39　広島県出身，戦時中に玉島町へ疎開)―「蟹の町」(昭25)
「小さい町**じゃ**し，また噂がたつから**いうて**，**うち**は，**ぼっこう**ひきとめたん**じゃんすけど**」
　　　うち＝私(女性の自称)　　ぼっこう＝たいそう

宮脇紀雄　(明40　川上郡吹屋町出身)―「山のおんごく物語」(昭44)
「うん，ここへはいったにちがいない**んじゃ**が，どうしたん**じゃろう**なあ」
「**ああやん**，ばけてにげてしもうたん**じゃろう**か」
　　　じゃが＝だが　　じゃろう＝だろう　　ああやん＝兄さん

棟田博 （明41　津山市出身）－「美作ノ国吉井川」（昭46）

「千両箱をみつけた**けん**。すぐ**来てつかあさいな**」庄右衛門はおどろかなかった。「これ，里ん。**わやく**をいうもんじゃないぞ」

　　けん＝から　　来てつかあさい＝来てください（「つかあさい」は尊敬の補助動詞）　　わやく＝冗談・いたずら

あさのあつこ　（昭29　英田郡美作町出身）－「バッテリー」（平8）

「おまえと豪のキャッチボールを**見とった**ときの目がな，**えかった**な。ボールにずっと集中して，きらきら**しとった**。ああいう目をした子は，うまくなるん**じゃがな**」

　　見とった，しとった＝見ていた，していた（過去の動作・状態の継続表現）
　　えかった＝良かった　　じゃがな＝だよね

重松清　（昭38　久米郡久米町出身）－「半パン・デイズ」（平11）

「親と一つ屋根の下に住めるいうて，わしゃあ，これ以上の幸せは**ねえ思う**がのう。違うんじゃのう，子供の考えは。**ほんま**，身勝手なもんじゃ」

　　ねえ思う＝無いと思う（「と抜け」の表現）　　のう＝ねえ（老年層男性の文末詞）　　ほんま＝本当に（副詞）

岩井志麻子　（昭39　和気郡和気町出身）－「ぼっけえ，きょうてえ」（平11）

「**うち**の家は**ほんまは**ぼっけえ**分限者**なんじゃ。世が世ならお姫さんなんじゃ」が口癖で。必ずその後，「そんならなんでここに居る」て虐められよったわ。

　　うち＝私（女性の自称）　　ほんまは＝本当は　　ぼっけえ＝たいそう
　　分限者＝金持ち

　　※本作品は，全編が岡山弁で書かれており，「地の文までを方言でつづるといった作品はない。」（磯貝英夫　1981）という通説を覆す画期的な文体の小説の出現と言える。

参考文献

　磯貝英夫(1981)「日本近代文学と方言」『方言学論叢Ⅱ』三省堂

　相原和邦(1981)「近代文学に現れた全国方言－中国－」『方言学論叢Ⅱ』三省堂

　日笠博之(1996)「文学作品と岡山の方言」『岡山県風土記』旺文社

横溝正史の「岡山もの」に みられる岡山弁の諸相

　探偵小説家・横溝正史が生み出した「日本一の名探偵」金田一耕助。彼の活躍を描いた小説は 77 編を数えるが，約 6 分の 1 にあたる 13 編（長編 6，短編 7）が岡山県内を舞台にしている。東北生まれで東京在住の金田一探偵が，なぜこれほど多く岡山の事件に関わったのかといえば，彼と岡山を結びつける二人のキーパーソンがいたからだ。岡山の農園主の久保銀造と，岡山県警の磯川常次郎警部である。

　久保銀造は，アメリカ西海岸で放浪中の金田一青年と知り合い，才能を見込んで学費を援助，帰国後に東京で探偵事務所を開く際の資金まで提供した人物。その大恩人である銀造の姪が新婚初夜に惨殺されたため，銀造の依頼を受けて金田一青年は初めて岡山を訪れた。名探偵・金田一耕助がデビューしたこの『本陣殺人事件』で，岡山県警の磯川警部と知り合いになり，探偵と警部の交友は最後の『悪霊島』事件まで 30 年間も続く。東京での事件に疲れた金田一探偵が，骨休めの目的で岡山の磯川警部や久保銀造を訪ねると，そのたびに事件に出くわしたのである。

　岡山を舞台に金田一探偵が活躍する作品を総称して「岡山もの」という。これら「岡山もの」の作中人物たちは，岡山弁をきちんと話しているだろうか。これまでの映画や TV ドラマの「岡山もの」ではおおむね岡山弁が用いられているが，原作の小説の中で岡山弁はどのように表現されているのか。本節では長編 6 作品を発表順に検討してみる。

　なお，岡山県方言に関わる事象は太字で表記し，適宜，共通語訳を注として施し，末尾に一括して示した。

■『本陣殺人事件』の場合

　昭和 20 年（1945 年）8 月 15 日，疎開先の岡山県岡田村で終戦の玉音放送を聴いた横溝正史は，心の奥で「これでまた探偵小説が書ける！」と叫んだという。そして戦争中の鬱屈を吹き飛ばす勢いで，翌年の昭和 21 年（1946 年）4 月号から 12 月号まで雑誌『宝石』に連載したのが，戦後初の本格探偵小説『本陣殺人事件』であった。金田一耕助が読者の前に初めて姿を現した作品である。

　事件が起きたのは戦前（昭和 12 年秋）の岡山県南部の農村地帯。ぼかして表記し

てあるものの，正史が疎開していた岡田村そのものが舞台と考えてよい。さて岡山弁の使われ方だが，時代といい場所といい，まさに岡山弁の宝庫だったであろうに，不思議なことにすべての登場人物のセリフが共通語で書かれている。作品中の最初の会話は，役場の真向かいの一膳飯屋に立ち寄った怪しげな３本指の男と，そこにいた地元役場の吏員との間で交わされたものだった。

　　「ちょっとおたずね致しますが，一柳さんのお屋敷へ行くにはどういったらいいのでしょうか」

　　「一柳さん？　一柳さんならこの向こうだが，君，一柳さんに何か用事があるのかい？」

　二人とも実にみごとな共通語である。岡山弁のかけらもない。もっとも，３本指の男（のちに岡山人と判明）は道をたずねるため，ていねいな言葉づかいになったのだろうし，役場の吏員は相手を地元の人間でないとみなし，初対面の人に対してあらたまった言葉づかいで応えたのだろうから，岡山弁が出なかったとしても不自然ではない。初対面の人にていねいな応対をする時や，あらたまった場面では，方言ではなく共通語を用いるのはよくあることである。しかし，そのあとの場面，一柳家の当主が一同の前を通り過ぎたあと，飯屋のおかみさんと役場の吏員と馬方たち三人の噂話は次のようである。

　　「お主婦さん，一柳の旦那がお嫁さんを貰うというのはほんとかい」

　　「ほんとうとも，明後日が婚礼だってさ」

　　「へえ？　それはまた恐ろしく急な話だな」

　この場面は気心の知れた仲間うちのくだけた会話なのだから，本来なら岡山弁全開モードのはずではなかったか。さらに，岡山県警の磯川警部と木村刑事の会話もまた次のように共通語であるという点には，かなりの違和感がある。

　　「どうもいやな事件だな。気味の悪い事件だな。俺も長いことこの職業をして来たから，どんな凶暴な血まみれ事件にだって，滅多に驚かんほうだが，この事件ばかりは考えるほどいやになる。薄ッ気味が悪いのだ。ねえ，木村君，犯人の入った跡はあるが，出た跡はないというのは一体どういうんだ」

　　「警部さん，その事についちゃもっと簡単に考えたらどうでしょう」

　　「簡単にというと？」

　仕事仲間の上司と部下との日常会話なら，もっとくだけた口調の岡山弁になるはずではないだろうか。こうして『本陣殺人事件』を眺めてみると，横溝正史が初めて書いた「岡山もの」の会話部分は，すべて共通語で書かれていることがわかる。

　地方色を出し臨場感を盛り上げるのに，会話を土地の言葉にするのは，もっとも効果的な手法のひとつだろう。正史の疎開宅には復員してきた地元青年たちが入り

びたっていたのだから，岡山弁のレクチャーを受けようと思えば簡単に受けられた
はずだ。正史自身は神戸の生まれ育ちとはいえ，両親はともに岡山人だったのだか
ら，自分の頭の中にある岡山弁を書こうと思えば書けたはずだ。なのになぜ，正史
はセリフを共通語にしてしまったのか。

　大胆な想像を許してもらえるなら次のような理由が考えられる。岡山弁を発音どお
りに表記すると怪奇性が雲散霧消して滑稽芝居になってしまうだろうと判断して，
あえて採用しなかったのか。あるいは，「終戦でやっと書きたいものが書ける！」
と張り切り，トリックやプロットやストーリー展開が脳裏に渦巻き，あふれ出し，
ペンを持つ手が追いつかないほどの勢いで書き進めていた時だけに，会話表現にま
でエネルギーが注入できなかったのか。それとも，戦時中に読みふけった海外の本
格探偵小説の向こうを張って，「やるぞ！」という意気込みから，正史の目が東京
さらには欧米を向いていたため，地方色豊かな方言を無意識のうちに切り捨ててし
まったのだろうか。

■ 『獄門島』の場合

　『本陣殺人事件』の想像以上の反響(探偵小説ファンからも作家仲間からも)に，
大いに自信をもった横溝正史は，満を持して次作の執筆に取りかかった。もともと
岡山県を疎開先に選んだのも，いつか瀬戸内海の孤島を舞台に重厚な本格探偵小説
を書きたいと思っていた…というのが理由のひとつだったので，ますます気合いが
入っていた。『本陣殺人事件』に続き昭和22年(1947年)1月号から翌年10月号に
かけて雑誌『宝石』に連載されたのが，わが国の本格探偵小説の最高傑作と今も讃
えられ，圧倒的な人気を持つ『獄門島』である。

　横溝正史がこの作品を書くにあたり，1作目の『本陣殺人事件』よりも，いっそ
う風土性・地方色を醸し出そうと心がけたことは間違いない。それは島民同士(岡
山人同士)の会話はもちろん，島民と金田一耕助(岡山人と他県人)の会話にも，セ
リフの中に岡山弁らしさが加味されていることからも容易に推察できる。たとえば
島へ向かう船の上で，了然和尚が金田一耕助に自分の寺を指差し教える場面。
　　　「ほら，あの高いところに見えるのがわしの寺じゃ。それからその下に，大き
　　　な白壁の家が見えるじゃろ。あれがこれから，おまえさんの訪ねていこうとい
　　　う鬼頭の本家じゃ」

　了然和尚は共通語ベースに岡山弁をちりばめながら話している。もしも岡山弁全
開モードだったら
　　　「ほりゃ，あのたけえとこに見えるんがわしの寺じゃ。せえからそのしてえ，
　　　大けな白壁の家が見えるじゃろ。ええがけえから，おめえさんの訪ねていこう

^(注4)
　ゆう鬼頭の本家じゃ」

のようになっただろう。実際は了然和尚がこのような全開モードの岡山弁をしゃべっていたとしても，そのまま再現するとたぶん読者がついてこられないと判断し，作者がゆるめにアレンジしたのかもしれない。地方色を出すために作品中に方言を取り入れる場合，実際の発音どおりに表記すると，かえって読者に不親切になってしまう。すらすら読めない，発音できない，理解できない。そんな事態を避けるため，当該地方「らしさ」を加味する程度にとどめたと思われる。

　作品に登場する獄門島で暮らす男性はおおむね，ほどほどモードの岡山弁を使っている。村長の荒木も，漢方医の幸庵も，潮つくりの竹蔵も，中高年男性は皆，読んで理解できるレベルの岡山弁を会話に用いているのだ。

　こうして『獄門島』を概観してみると，正史はこの作品で初めて，会話に方言を取り入れることの有効性を自覚したと推定される。しかし岡山弁の使用者は，島の中高年男性だけに限られていた。女性たちは岡山弁を話していない。島の住民すべてが岡山弁を話しているわけではないのだ。

■『夜歩く』の場合

　足かけ4年におよんだ岡山県岡田村での疎開生活を切り上げて，横溝一家が東京へ向かったのは昭和23年（1948年）7月31日だった。疎開中の昭和23年（1948年）2月号から帰京後の昭和24年（1949年）12月号まで，雑誌『男女』から『大衆小説界』へと書き継いだ作品が『夜歩く』である。

　作中の会話部分についてみると，前半の舞台となった東京の場面はともかく，後半の岡山県鬼首村に移ってからも，まったく岡山弁が出てこない。東京から赴いた主人公たちが共通語を話すのは当然として，地元の古神家の人々も尼さんも警察官も誰もかれも，みごとな共通語を使っている。かろうじて唯一，お喜多という老婆になんとなく岡山弁らしき趣のセリフがないことはない。

　　「それみろ，わたしのいうたとおり**じゃ**。^{(注1)再揭}守衛さんを殺したのは直記と八千代
　　だったの**じゃ**。ふたりがぐるになって可哀そうな守衛さんを殺したの**じゃ**。
　　　（中略）これ，お巡りさん，なぜこの男をひっくくらんの**じゃ**。（後略）」

　しかし，これとて岡山弁というよりも，「じゃ」という語尾で地方らしさや高齢者らしさを出しただけ，とも考えられる。お喜多婆さんの「じゃ」以外はほとんど共通語であり，岡山弁を意識的に取り込んだふしは無い。つまり『夜歩く』の中に岡山弁は皆無同然ということになる。前作の『獄門島』で方言をあれほど意識的に取り入れ始めた正史が，なぜこの作品で方言ゼロの『本陣殺人事件』レベル近くまで逆行してしまったのであろうか。

連載の途中で岡山から東京へ住まいを移した慌ただしさ，気ぜわしさと関係があるのか。奇想天外なトリックと挑戦的なプロットに神経を磨り減らし，会話表現にまで力がおよばなかったのか。それともあの『本陣殺人事件』の場合と同じ理由なのか…などとあれこれ考えているうちに，はたと気づいたことがある。

もしかしたら，この『夜歩く』という小説に岡山弁がまったく使われなかったのは，正史が意識的に行っていることかもしれない。その理由がひとつ考えられる。この小説は「私」という一人称視点で書かれているのだが，この場合「私」とは著者・横溝正史ではなく，登場人物である探偵作家・屋代寅太なのだ。言い換えれば『夜歩く』の大部分を執筆したのは横溝正史というよりも屋代寅太だということになる。屋代は岡山弁に関する知識を持っていない。従って，屋代寅太が書いた（ことになっている）『夜歩く』に岡山弁が出てこなくても不思議ではない，と考えられるのである。

■『八つ墓村』の場合

岡山から帰京した翌年，雑誌『新青年』の昭和24年（1949年）3月号から翌年3月号まで，さらに『宝石』の昭和25年（1950年）11月号と翌年の1月号にわたって書き続けられたのが『八つ墓村』である。この作品全体を眺め渡してみると，岡山弁を話す人物が実に少ないことが分かる。久野おじも典子も，梅幸尼も春代も，英泉も共通語。中国山地の山奥の閉ざされた村とは思えないほどの開明ぶりなのである。

作品の中で岡山弁を話す役どころは，かなりの高齢者に割り当てられている。彼らの岡山弁は，例によってほどほどモードとはいうものの，かなり雰囲気を出している。たとえば双生児の老婆の小梅と小竹。

「肺病じゃがな^(注5)。辰弥や，だからおまえにしっかりしてもらわにゃならん。春代も腎臓が悪うてな^(注6)，子供をうめるあてはないのじゃえ^(注7)。それでかたづいていた先から戻されたのじゃけん，おまえがしっかりしてくれぬと，この家はつぶれてしまうがな^(注8)」

「でも，小梅さん，もう大丈夫じゃえなあ^(注9)。こんな立派な子供がかえって来たのじゃけん，跡取りの心配はもうのうなった^(注10)。どこやらで大当てちがいをしてるやつがあるじゃろ^{(注2)再掲}。よい気味えなあ，ほっほっ！」

「ほんに小竹さんのいうとおりじゃ^{(注1)再掲}。これでようようわたしも安心出来る^(注11)。ほっほっ！」

あるいは麻呂尾寺の老住職である長英。

「辰弥や，わしの話というのはこの英泉のことじゃが^(注12)，聞けば英泉とおまえは，

妙ないきがかりから変なことになっとるそうだが，ここはひとつ水に流してな。この英泉というのは，おまえにとっても縁のふかい男じゃけん」^{(注7)再掲}

『八つ墓村』の中の岡山弁は，ひとことで言えば，村の長老たちが担当していると言っていいだろう。この作品は主人公の青年・寺田辰弥の書いた手記という形をとっている。前作の『夜歩く』を書いた屋代寅太は岡山弁をほとんど再現できなかったが，『八つ墓村』の手記を書いた辰弥は，寅太より幾分か上手に岡山弁を取り入れている。それが彼らそれぞれの生来の言語感覚・言語能力なのか，それとも村に滞在した日数，つまり方言に親しむ時間の長さに比例するのか。

手記を書いたとされる屋代寅太も寺田辰弥も，もともと著者・横溝正史の筆から生まれた人物に過ぎない。したがって『夜歩く』と『八つ墓村』の中に再現された岡山弁の多寡と巧拙の要因は，やはり正史自身に求めるべきだということか。難しい問題である。正史は『夜歩く』ではなぜか岡山弁を用いなかったが，執筆期間が部分的に重なる『八つ墓村』では少しだけ意識して岡山弁を用いている。

■ 『悪魔の手毬唄』の場合

この作品は雑誌『宝石』の昭和32年(1957年)8月号から昭和34年(1959年)1月号まで連載された。正史が前作の『八つ墓村』を完結させて以来6年半ぶりに書いた「岡山もの」の長編である。

『八つ墓村』から『悪魔の手毬唄』に至るまでのいつかある時期，正史は登場人物の会話に岡山弁を取り入れることがいかに重要であるかを再認識したと推定される。前作『八つ墓村』に比べてこの作品では圧倒的に岡山弁の使用頻度が高いのである。作中に「このへんの言葉は純粋の岡山言葉ともちがっていて，たぶんに播州なまりがまじっている。播州なまりは兵庫神戸あたりの言葉に似ている」という記述があることからも，雰囲気づくりのため積極的かつ意欲的に方言を導入したことがうかがえる。

静養先に岡山県を選んだ金田一耕助が，何はともあれ県警本部に勤務する磯川警部のもとを訪ねた。殺風景な応接室で再会したときの磯川警部の第一声が，意外なことに，彼が発した岡山弁の最初なのである。磯川警部は『悪魔の手毬唄』の中で初めて岡山弁をしゃべったのだ。

「どうしたんです。金田一さん，いつ<ruby>おいで<rt>(注13)</rt></ruby>んさったんです」

『本陣殺人事件』から『獄門島』を経て『八つ墓村』まで，共通語しか用いてこなかった磯川警部だが，金田一耕助の訪問が意外だったのと，久しぶりの再会がうれしかったのとが相俟って，つい岡山弁が出てしまったのだろう。さらに，鬼首村に滞在し，事件の渦中に巻き込まれてからの磯川警部は，従来とはうって変わって岡

山弁を多発するようになる。なにしろこれまでの事件現場の島や村とは違って，鬼首村の住人たちは老若男女を問わず，ほぼ例外なく岡山弁を用いている。磯川警部も，この言語環境と興奮のあまり，ついつい手軽で気楽な岡山弁モードに切り替えてしまったのであろう。

多々羅放庵が殺されたあと，興奮した磯川警部が共通語モードから岡山弁モードへと無意識のうちに切り替えた瞬間，その表現上の劇的瞬間を横溝正史はきちんと描写している。

「『それじゃ……それじゃ……この村のだれかが，こっそり内緒で放庵さんに，みついでいたのではないかと**おいいんさる**のか』磯川警部は思わずお国言葉を吐きだした」[注14]

他にも鬼首村の住人の岡山弁使用例をいくつか挙げれば，まず亀の湯の女中のお幹のセリフ。

「でも，男ゆうたらみんなそうしたもんですなあ。歌名雄さんみたいなおひとまで，**あねえなおなご**に夢中に**おなりんさって**，やれ，歓迎会やの，やれのどじまんのゆうて騒いで**おいでんさる**。**ほんまにまあ**，**きょうとや**，**きょうとや**」[注15][注16][注13再掲][注17][注18]

なかなか達者な岡山弁である。正史は「きょうと」に「怖いの意」と注をつけているが，代表的な岡山弁のひとつに挙げられる単語だ。あるいは仁礼家の当主・嘉平が亀の湯の風呂の中で金田一耕助に向かって言うセリフ。[注1再掲][注19]

「わたしゃ先生のお名前をカネダイチと読む**じゃ**と**ばあ**思うとりました」

嘉平は助詞の「〜ばかり」を岡山弁で「〜ばあ」と使っている。高齢者だけでなく青年男女らも，八つ墓村の若者たちとは違い，鬼首村では岡山弁をしっかり使用している。

なお，スターになって帰郷した大空ゆかりの言葉づかいについて，正史は「あまりあざやかな標準語をあやつることが，村のひとたちの反感をまねくであろうということを彼女はよくわきまえているのである。だから歌名雄にむかってつかっている標準語のなかにも，ちょっぴり方言をまじえることをわすれない」と記している。この記述こそ，横溝正史がこの『悪魔の手毬唄』という作品の中で，方言をいかに意図的に自覚的に用いていたかを物語る，何よりの証左ではあるまいか。

■『悪霊島』の場合

横溝正史が亡くなったのは昭和56年(1981年)12月28日だった。享年79歳。その前年まで，すなわち昭和54年(1979年)1月号から翌年5月号まで，雑誌『野性時代』に連載されたのが，最後の長編となった『悪霊島』である。およそ20年ぶ

りの「岡山もの」であり，これが最後の「岡山もの」となった。

　事件の冒頭場面は昭和42年(1967年)の鷲羽山展望台。瀬戸の島々を眺めながら磯川警部が金田一探偵に事件の説明を始める。たくさんの島影のうちのひとつが，作品の舞台である刑部島である。

> 「…それで**すけん**偽名を使うにしても，苗字だけは変えるわけには**いかなんだ** (注20)
> **ろうちゅう**ことになっとるんです。これがその指輪**ですけえ**どな」 (注21) (注22)

　最初からなかなか流暢な岡山弁になっている。長いつきあいのおかげで，すっかりうちとけたのだろう。細君を亡くした磯川警部は兄嫁の家に寄寓しているのだが，彼女のセリフも鮮やかな岡山弁だ。さらに，事件の説明をする磯川警部について，正史は「話がこみいってくると警部はお国言葉まるだしになる」とも書いている。もともと磯川警部の言葉は共通語混じりの岡山弁なのだが，興奮すると岡山弁の度合いが増すらしい。

> 「それにしても，金田一さん，あんたさっき保養も保養**じゃけえど**，なにか越 (注23)
> 智氏に頼まれたことが**あるいうておいでんさった**が，それ**どげえ**なこと？」 (注24) (注13)再掲 (注25)

　この作品の序盤では共通語の金田一探偵と岡山弁の磯川警部とのかけあいをたっぷり堪能することができる。警察関係者の言葉も，たとえば児島警察署下津井駐在所の原田巡査の「それは警部さんご自身でたしかめて**つかあさい**」とか，岡山県警 (注26)
の広瀬警部補の「金田一先生はこの謎をなんと**お解きんさる**」など，自然な感じの (注27)
岡山弁である。

　刑部島へ渡る汽船発着所の待合室で，金田一探偵は島へ帰る住民たちの会話に耳を傾ける。40歳前後の男性たちと25歳の若者だ。ほどほどモードではあるが，岡山弁らしさのただよう会話である。

> 「…**そうじゃけえど**本家のこんどのやりかたは，少し大げさすぎると，吉やん， (注28)
> あんたそう思わんかい」
> 「さあ…松つぁんにそういわれたかとて，わしらみたいなもんには，**あねぇに** (注29)
> **偉うおなりんさった**お人の気持ちなどわかろうはずがない**けえど**…」 (注16)再掲 (注22)再掲
> 「**ほんなら**，松蔵のおじさん，本家がわれわれみたいなもんにまで，**ぎょうさ** (注30)
> **ん**な日当を奮発して，刑部神社の祭りにかりだそう**ちゅうのん**には，なにかわ (注31)
> けがあると**おいいんさるんで**…？」 (注14)再掲

『悪霊島』のセリフの引用はここまでとしよう。この作品の中では，金田一耕助や三津木五郎，越智竜平など特定の人物以外は，老いも若きも，ほぼすべての登場人物が岡山弁を使っていることが観察できる。

横溝正史の「岡山もの」にみられる岡山弁の諸相　173

■「岡山もの」6作品中の岡山弁出現度

　さて,『本陣殺人事件』から『悪霊島』まで,「岡山もの」の長編6作品の岡山弁を検討してきたが, 岡山弁の出現度が, 作品ごとにこれほど異なるとは想像だにしていなかった。どの作品でも岡山人のセリフは当然に岡山弁で書かれているだろうと考えていたのだ。

　そこで, 筆者の主観的な印象によるものではあるが, 岡山弁の使用状態という観点から, 各作品ごとに岡山弁出現度を大胆に採点してみることにする。

　①『本陣殺人事件』では岡山弁を話す人物は皆無だった。したがって岡山弁出現度0点。

　②『獄門島』では中高年以上の男性(磯川警部と床屋を除く)が岡山弁をしゃべっていた。岡山弁出現度50点。

　③『夜歩く』は0点でもよいところだが, お喜多婆さんの文末の「じゃ」を考慮して岡山弁出現度5点。

　④『八つ墓村』では岡山弁を話すのは高齢者たちに限られていたので, 岡山弁出現度25点。

　⑤『悪魔の手毬唄』では, 関西なまりを一部含むものの, 老若男女ほとんどすべての村人と, ついに磯川警部までもが岡山弁をしゃべっていた。作者の方言に関する言説も盛り込まれており, 岡山弁出現度90点。

　⑥『悪霊島』でも岡山弁は多用され, 手馴れてはいるのだが, 前作よりは言葉に躍動感が弱いように思えて, 岡山弁出現度85点。

　以上は, あくまで印象にもとづくものとはいえ, 岡山弁出現度の採点結果である。0点→50点→5点→25点→90点→85点と, 激しく上下に変動した理由を, どのように考えれば良いだろうか。

　横溝正史は最初の『本陣殺人事件』では岡山弁の導入にまで気がまわらなかった。そんな余裕がなかったのである。しかし5作目の『悪魔の手毬唄』と最後の『悪霊島』では, 作品の雰囲気づくりのため意識的・意図的に岡山弁を多用するようになっていた。問題となるのは, 2作目の『獄門島』で岡山弁をセリフに加味してかなり効果を発揮し, 充分な手ごたえを感じたはずなのに, なぜ3作目の『夜歩く』と4作目の『八つ墓村』では逆行してしまったのかという点である。作品の発表順に岡山弁出現度が右肩上がりにならなかった理由はどこにあるのか。『獄門島』執筆と『夜歩く』『八つ墓村』執筆との間に, 正史にどのような心境の変化があったのか。

　ひとつの仮説を立ててみた。この間に疎開先の岡山から東京へ戻ったことと関係があるのではないか。『獄門島』を書き上げるまでは, 作者の周辺に岡山弁スピー

カーがたくさん存在していた。ところが東京へ帰って周囲がほとんど共通語スピーカーばかりになったため，岡山弁と縁が切れ，岡山弁を作品中に多用することに対して不安を感じたのではなかったか。

　たとえば岡山弁では老若男女を問わず，断定の助動詞「〜だ」が「〜じゃ」になる。若い女性でも「今日はええ天気じゃ」と言う。このセリフだけ読めば，高齢男性の言葉と区別がつかない。こういった不都合を正史は避けようとしたのではないか。したがって『八つ墓村』の場合，登場人物のうち高齢者以外にはみな共通語をしゃべらせたのではないか，と想像されるのである。

　その後，東京生活を続けるにつれ，正史はあらためて共通語と岡山弁の差異について考察を深めたはずだ。そして，今後「岡山もの」を書くことがあれば，その際には，読者に作品世界のイメージを確固たるものにするため，地域性・土着性を遺憾なく漂わせる岡山弁をあえて積極的に多用しようと考えたのに相違ない。やろうと思えば，自分自身の脳裏に岡山弁を再現することは可能であり，それを原稿用紙に書き写せばいいのだ。こうして『悪魔の手毬唄』の舞台となった鬼首村に燦然と岡山弁の花が咲き開いたのであろう。

　そして『悪魔の手毬唄』から20年，社会派ミステリーの台頭のため一時は筆を折っていた正史だったが，ふたたび不死鳥のようによみがえり，最後に残した長編，最後の「岡山もの」として発表した『悪霊島』では，20年間の空白が嘘のように舞台となった刑部島に岡山弁が飛び交った。島の住人のほとんどすべてのセリフが岡山弁である。ただ筆者には，刑部島の彼らの言葉は鬼首村の人々の言葉に比べ，ほんのかすかにではあるが，躍動感が弱いように感じられるのだ。それが『悪魔の手毬唄』が90点で『悪霊島』が85点と，微妙な点数の差をつけた理由のひとつでもある。

　疎開先から帰京して9年後に書き始められた『悪魔の手毬唄』と，そこからさらに20年後（帰京から29年後）に書き始められた『悪霊島』という，東京暮らしの時間の差が，正史の岡山弁の再現力に微妙な影響をおよぼしたと言えるかもしれない。

＜付記＞本稿は岡山ペンクラブ編（2009）『岡山人じゃが2009』（吉備人出版）に掲載された「横溝正史はどこまで岡山弁に堪能だったか？　金田一耕助の「岡山もの」から探る」を大幅に改稿したものである。

《注》

　1　じゃ＝だ（断定の助動詞）。

　2　じゃろ＝だろう（推量の助動詞）。

横溝正史の「岡山もの」にみられる岡山弁の諸相　175

3　せえから＝それから（接続語）。

4　いこうゆう＝「と抜け」の表現。原文は「訪ねていこうという」とあり，「と抜け」表現ではない。cf. 24

5　じゃがな＝だよね。

6　じゃえ＝だね。「え」はやわらかく言いかける文末詞。女性に多く用いられる。

7　じゃけん＝だから。

8　がな＝よね。

9　じゃえなあ＝だよね。

10　のうなった＝無くなった。「ウ音便」による語形。

11　ようよう＝ようやく。やっと。

12　じゃが＝だが（接続助詞）。

13　おいでんさった＝おいでなさった＝いらっしゃった。

14　おいいんさる＝お言いなさる＝おっしゃる。

15　あねえな＝あのような。

16　おなりんさって＝おなりになって。

17　ほんまに＝本当に。

18　きょうとや＝「きょうとい」（おそろしい）に由来する感嘆詞的表現。「きょうとや，きょうとや」＝こわい，こわい。

19　ばあ＝ばかり（副助詞）。「読むんじゃとばあ思うとりました」＝読むのだとばかり思っておりました。

20　ですけん＝ですから。

21　いかなんだろう＝いかなかったろう。

22　ですけえど＝ですけれど。

23　じゃけえど＝だけれど。

24　あるいうて＝「あるというて」の「と抜け」表現。cf. 4

25　どげえな＝どがいな＝どのような。

26　つかあさい＝～してください。尊敬の補助動詞。

27　お解きんさる＝お解きなさる。

28　そうじゃけえど＝そうだけれど（接続語）。

29　あねえに＝あのように。

30　ほんなら＝それなら。

31　ぎょうさんな＝たくさんの。数量の多いことの形容。

参考文献(刊行順)

虫明吉治郎(1954)『岡山県のアクセント』山陽図書出版

虫明吉治郎(1961)「方言の実態と共通語化の問題点　岡山・広島」遠藤嘉基ほか編『方言学講座』3　東京堂

広戸惇(1965)『中国地方五県言語地図』風間書房

十河直樹(1973)『岡山の方言』岡山文庫56　日本文教出版

鏡味明克(1975)「中国方言」平山輝男他編『現代日本語の音声と方言』新・日本語講座3　汐文社

桂又三郎(1976)『岡山県方言集』(全国方言資料集成)国書刊行会

藤原与一(1976)『昭和日本語の方言』3　(岡山県笠岡市真鍋島本浦方言の記述　所収)三弥井書店

藤原与一(1977)『昭和日本語の方言』4　(岡山県真庭郡旧二川村方言の記述　所収)三弥井書店

虫明吉治郎(1978)『岡山弁あれこれ』研文館

Alan Talbot(1979)『岡山の日本語』自家版

鏡味明克(1979)「地域別方言の特色－岡山方言」平山輝男編『全国方言基礎語彙の研究序説』明治書院

山陽新聞社(1980)『岡山県大百科事典』

鏡味明克(1980)「方言区画」『岡山県大百科事典』山陽新聞社

日本放送出版協会(1981)『カセットテープ全国方言資料』5　(岡山県真庭郡勝山町神代方言の談話資料　所収)

虫明吉治郎(1982)「岡山県の方言」虫明吉治郎　飯豊毅一他編『講座方言学8　中国・四国地方の方言』国書刊行会

長尾人志(1990)『岡山県小田郡矢掛町横谷方言集』自家版

鏡味明克(1992)「岡山県方言」平山輝男他編『現代日本語方言大辞典』1　明治書院

虫明吉治郎(1993)『岡山弁あれこれ　Part2』研文館

青山融(1998)『岡山弁JAGA！』アス

日本放送協会(1999)『CD-ROM版全国方言資料5　中国・四国編』日本放送出版協会

今石元久(2000)『岡山言葉の地図』岡山文庫208　日本文教出版

国立国語研究所(2007)『日本のふるさとことば集成』14　(岡山県小田郡矢掛町方言の談話資料　所収)　国書刊行会

青山融(2014)『岡山弁JARO？』ビザビリレーションズ

あとがき

　本書は，岡山に暮らす人びとや岡山にゆかりのある人たちが，岡山のことばについて興味関心をもった時に，まず手にしていただけるようにとの思いを込めてまとめました。

　岡山県方言の体系的記述や地域差に関しては，すでにそうとうの学術的な研究成果が公表されています。それらについては，巻末の参考文献を手がかりに，いっそう詳しく繙（ひもと）かれるようおすすめします。

　岡山の俚言に関しては，近代以降，多くの市町村史誌類に収載されたものをはじめ，夥（おびただ）しい記録収集があります。それらが岡山県の俚言として，いずれ集大成されることの意義は大きいと思います。本書では，広く現代の岡山県民が，とりたてて意識にのぼるような俚言に焦点を当てて呈示してみました。

　地域の方言ともかかわりをもつ口承資料として，ことわざや民謡やわらべ歌などがあります。それぞれ，岡山県でもすでに多くの書物にまとまるほどの記録収集があります。本書では，とくにそれらの詞章の一部に俚言形や音訛形を含むものをピックアップして例示してみました。

　「岡山県方言にみられる成句表現」（長尾人志）と「横溝正史の「岡山もの」にみられる岡山弁の諸相」（青山融）の2篇は，その独創性に注目して，とくに掲載をお願いしたものです。いずれも岡山県方言に関する貴重な記述と言えます。

　参考文献は，基本的なものを挙げています。ほとんどは公立の図書館等で参照できるものです。

　なお，本書が成るまでには，明治書院編集部の久保奈苗氏のご協力をいただきました。記してお礼申し上げます。

　本書が，岡山のことばへの関心と愛着を喚起し，岡山のことばの継承と再生の一助となれば幸いです。

2018年6月　　　編者

俚言索引

1) 「Ⅳ 俚言」「Ⅴ 岡山県方言にみられる成句表現」のすべての見出し語を掲出した。
2) 「Ⅲ 方言基礎語彙」の中から俚言形の語を掲出した。

あ

アーサン	31
アーヤン	31
アオノキザマニ	142
アガリハナ	28
アク	29
アシタリ	29
アシノコブ	58
アジモ スッポモ ネー	142
アズル	132
アタマガ ワリー	30, 75
アタリガキョー スル	142
アタル	67
アッコ	30
アッパガオー スル	142
アテーコッチー スル	142
アテーサカシ	142
アテーサキー スル	142
アテー ハウ	142
アトマツリ	114
アネー	28
アネーナ	33
アノメー	28, 31
アノメーラー	28, 31
アバキガ トレン	142
アブラ	132
アブラムシ	31, 61
アマゲー	32

アマコ	31
アマジャー ネー	143
アマシュー クラウ	143
アマチャ	53
アマル	132
アリンゴ	32, 132
アンゴー	132
アンタ	44, 54
アンタラー	44, 54
アンバヨー	132

い

イーツケ	44
イーヤ	33
イカ	82
イカキ	67
イガル	66, 132
イキエァーニ アウ	143
イキリガ ツク	143
イキンチャイ	132
イク	132
イケァーコト	82
イケン	84
イゴク	38
イジー ユー	118
イジマシー	100
イシャダオシ	60
イジュー ユー	143

俚言索引　179

イッケ ……………………………… 74
イトトリ …………………………… 32
イヌ ……………………………… 132
イヌル …………………………… 47, 132
イネコギ …………………………… 36
イマゴロ …………………………… 63
イヨ ……………………………… 132
イラ ……………………………… 60
イラウ …………………………… 67
イランシェワ …………………… 42, 71
イリボシ …………………………… 97
インギョーチンギョー　スル ……… 143
インダリュー　クー …………… 132, 143

う

ウシンガ …………………………… 113
ウズク ……………………………… 34
ウズナイー ………………………… 132
ウタウ …………………………… 101
ウチ …………………………… 45, 111
ウチハライ ………………………… 102
ウチラ …………………………… 45, 112
ウッタテ …………………………… 132
ウッペー …………………………… 132
ウマレ ……………………………… 55
ウマレザト ………………………… 55
ウムス …………………………… 108, 118
ウラ ……………………………… 132

え

エァーマチ ………………………… 59
エァーワカリガ　セン …………… 143

エー …………………………… 28, 31, 52
エーアンベージャ ………………… 132
エーキビ　トーキビ　ナンバキビ … 143
エーシコー ………………………… 132
エーツ ………………………… 28, 31, 52
エーツラー …………………… 28, 52
エーマツリ ………………………… 114
エーラー ……………………… 28, 32, 52
エグイ …………………………… 40, 51
エット …………………………… 132
エボ ………………………………… 40
エモチュー　スル ………………… 143
エレー …………………………… 132
エレァー …………………………… 86
エロー …………………………… 132
エンダ ……………………………… 40

お

オイコ ……………………………… 98
オイデンセー ……………………… 132
オエ ……………………………… 132
オエコ ……………………………… 99
オエマスモンカ …………………… 143
オエリャースマー ………………… 143
オエリャーセン …………… 133, 144
オエルモンカ ……………………… 144
オエン ………………………… 84, 133
オーカマシー ……………………… 133
オーキーオジーサン ……………… 78
オーキーオバーサン ……………… 78
オーキニ …………………………… 32
オーコ ……………………………… 90
オーツモゴリ ………………… 60, 92

オートラ	125	オドリコ	107
オーハラ	97	オトン	85
オーマジョー　スル	144	オトンボ	74
オカ	126	オナクソ	133
オカン	103	オナゴ	46, 133
オクニ	55	オニゴク	44
オケンテーデ	133	オニシェンビキ	36
オコシ	62	オヒナ	121
オコス	82	オヒマチ	35
オゴル	68	オベー　シラット	144
オシェ	43	オメー	44, 54
オシェラシー	43	オメーラー	44, 54
オシコミ	42	オモイリョー　ユー	144
オシメンセー	133	オヤスミンセァー	45
オジュージ	79	オヤッサン	107
オジュッチャン	79	オヤッチャン	107
オショー　スル	144	オヨダチサマ	133
オショーニン	79	オリ	53
オスワリ	47	オル	37
オセ	133	オロ	133
オソソ	73	オロタエル	32
オタナ	51	オン	42
オチマツバ	114	オンシ	133
オチャズ	45	オンツ	42
オチョコ	65		
オツ	73		
オツーヤ	88		か	
オッツァン	133		
オツトメ	87	ガ	78
オテーレ	133	カイ	113
オテンコ	43	ガイナ	133
オトゴ	74	ガイニ	133
オトデー	55, 133	カガシ	47
オトドシ	43	カガト	47
		カカリアウ	60

俚言索引　181

カカリカッポーモ　ネー ……………… 144

カク …………………………………… 49

カクサン ……………………………… 103

カクレゴク …………………………… 48

カクレゴト …………………………… 48

カケリキョーソー …………………… 48

カケル ………………………………… 102

カザ …………………………………… 96

カサエ　ノセル ……………………… 133

カサエ　ノル ………………………… 133

カザガ　スル ………………………… 47

カサニ　ノセル ……………………… 48

カサニ　ノル ………………………… 48

カザム ………………………………… 47

カズエル ………………………… 48, 125

カタグ ………………………………… 49

カタクマ ……………………………… 49

カタビラ ……………………………… 77

カツエル ……………………………… 133

ガッソー ……………………………… 133

ガッテンノーサマ …………………… 86

ガテラニ ……………………………… 50

カド …………………………………… 97

カナグワ ……………………………… 59

ガニ …………………………………… 50

カバチュー　ユー …………………… 144

カブリュー　フル …………………… 144

カブル ………………………………… 48

カマギ ………………………………… 50

カミュー　ツム ……………………… 52

カラゲシ ……………………………… 59

カラツ ………………………………… 91

カル …………………………………… 52

カワ …………………………………… 106

カンボコ ……………………………… 51

き

キズツネー …………………………… 133

キタケ ………………………………… 133

キチー ………………………………… 54

キツネバナ …………………………… 105

キノーバン …………………………… 123

キビシ ………………………………… 47

キャークソガ　ワリー ………… 133, 144

キャール ……………………………… 133

ギヤマ ………………………………… 52

ギョーギュー　スル ………………… 144

ギョーサン ………………… 35, 82, 133

ギョーシェン ………………………… 32

キョーテー ……………………… 42, 134

キョーバン ……………………… 65, 134

ギリ …………………………………… 55

ギリギリ ……………………………… 88

キリゴ ………………………………… 61

キリバ ………………………………… 115

キンカ ………………………………… 101

キンベー ……………………………… 134

く

グ ……………………………………… 116

クギル ………………………………… 62

クサギ ………………………………… 91

グシー ………………………………… 124

グスー　ネー ………………………… 144

クタブレナオシ ……………………… 37

クタブレル …………………………… 86

182

クチナワ …………………………… 110
クチュー　アラス ………………… 145
クツグル …………………………… 56
クツバイー ………………………… 56
クツワイー ………………………… 56
クド ………………………………… 50
クマーデ …………………………… 57
クムシ ……………………………… 64
クラウ ……………………………… 56
クルズク …………………………… 39
グルリ ……………………………… 115
クロタマ …………………………… 106
クロボシ …………………………… 106

け

ゲ …………………………………… 100
ケー ………………………… 60, 63
ゲーサンセー ……………………… 134
ケーツ ……………………… 60, 63
ケーツラー ………………………… 61
ケーラー …………………………… 61
ゲシ ………………………………… 53
ケッタクソガ　ワリー …………… 145
ゲッチョ …………………………… 44
ケッパンズク ……………………… 134
ケツマズク ………………………… 88
ケナリー …………………………… 134
ケナリガル ………………………… 134
ケブテー …………………………… 134
ゲン ………………………………… 40
ケンケン …………………………… 49

こ

コエル ……………………………… 109
ゴーガ　ワク ……………………… 145
コーコ ……………………………… 82
コージンサマ ……………………… 91
コーベァーガ　キチー …………… 145
ゴーヘーダ ………………………… 77
ゴギョー …………………………… 127
コギョーサンニ …………………… 134
コグラミノ ………………………… 49
コケル ……………………………… 64
コシー ……………………… 76, 134
ゴジャ ……………………………… 134
ゴジャナ …………………………… 134
コショウ …………………………… 134
コショーガツ ……………………… 35
コシラエ …………………………… 69
コズク ……………………………… 77
コチ ………………………………… 48
コッテー …………………………… 41
コッテーウジ ……………………… 41
ゴットン …………………………… 134
コトー　マゼル …………………… 145
コニワ ……………………………… 97
ゴネル ……………………………… 70
コノメー …………………… 60, 63
コノメーラー ……………………… 61
コブ ………………………………… 65
コマムスビ ………………………… 63
ゴメ ………………………………… 62
コメァー …………………… 63, 85
コメァート ………………………… 119
コメー ……………………………… 134

俚言索引　　183

ゴメンセァー ……………………………… 64
ゴモク ………………………………… 114
コラエッツカーセァー ………………… 64
コラエル ……………………… 124, 134
ゴロー ………………………………… 30
ゴロゴロ ……………………………… 134
コロブ ………………………………… 125
コワレガ　セン ……………………… 145
ゴンセァー …………………………… 119

さ

サエル ………………………………… 61
サカトンボー　ツク ………………… 145
サカル ………………………………… 61
サシ …………………………… 116, 121
サシヤウ ……………………………… 49
サバタル ……………………………… 134
サバル ………………………………… 134
サビル ………………………………… 107
サムサムガ　ウク …………………… 145
サルコ ………………………………… 128
サンダンジャー　ネー ……………… 145

し

シアギムギ …………………………… 117
ジーボー ……………………………… 134
シウェァー …………………………… 49
シオー　カラス ……………………… 145
シオガ　カレー ……………………… 145
シキニ　ツク ………………………… 145
シキビ ………………………………… 68
シコー　フム ………………………… 145

シゴン　ナラン ……………………… 146
シジメ ………………………………… 68
ジシンガ　イク ……………………… 68
シタラ　イケン ……………………… 69
シタラ　オエン ……………………… 69
シチュー　トッタリ　ハチュー
　　トッタリ　スル ………………… 146
シツェェー …………………………… 53
ジナクソ ……………………………… 134
シヌル ………………………………… 70
シネー ………………………………… 134
シモゴエ ……………………………… 64
ジャ …………………………………… 81
ジャージャー ………………………… 134
シャクシェン ………………………… 71
ジャケード …………………………… 60
ジャッテ ……………………………… 83
シャハジーサン ……………………… 78
シャハバーサン ……………………… 78
シャハマゴ …………………………… 122
シャリキ ……………………………… 97
ジューゴンチゲァー ………………… 35
シュートミョー　スル ……………… 146
シェク …………………………… 77, 111
シェナ …………………………… 76, 77
シェル ………………………………… 63
シェンドマンド ……………………… 112
シェンバ ……………………………… 72
ショーガツゴ ………………………… 134
ジョージュー ………………………… 36
ショーズト …………………………… 108
ジョーセキ …………………………… 50
ショーネンダマガ　イル …………… 146
ショーヤク　スル ………………… 134, 146

ジョーラク	29		**せ**	
シラ	73			
ジリー	69		セー	78, 80
シリカラゲ	73		セージャー	135
シリコブ	73		セージャカラ	135
シリコブタ	73		セージャケー	135
シリタブ	73		セージャケド	135
シロカキ	73		セージャ　ユーテ	146
シロミテ	66, 134		セーツ	78, 80
シワイ	134		セーツラー	78
シンケー	135		セーデモ	135
シンチャイ	135		セーニ	135
シンヤ	110		セーマー　フル	146
			セーラー	78, 80
す			セク	135
			セゴモ	49
スカ	74		セラウ	69, 135
スギー	81		セル	135
スキーダマ	84		セワー　スル	146
スクモ	121		セワー　ネー	135, 146
スケル	99		セワー　ヤク	146
スコドン	135		センキョー	66, 113
ススキノ　カラマツ	103			
スッチョーナ	135		**そ**	
スッペーコッペー　ユー	146			
ズド	135		ソ	135
ズドホンボッコー	135		ソーケ	67
スネ	75, 105		ゾーゾー	73
スネノサラ	75		ソーナ	125
スネボーズ	75		ソーリョー	86
スバビル	69		ソーリョームスコ	86
スバローシー	135		ソーリョームスメ	86
スミ	45		ソガン　コト	135
スランコーナ	135		ソゲ	91

俚言索引　185

ソコエ　ツク	……………… 62	チスジ	……………………… 85
ソノメー	…………… 78, 79, 80	チバケル	……… 43, 108, 135
ソノメーラー	………………… 78	チビル	…………………… 110
ソバエ	…………………… 123	チマメ	……………………… 85
ソバエル	…………………… 123	チャクー　スル	…………… 147
ソビュー　カウ	…………… 146	チャチャ	…………………… 85
ソン	……………………… 119	チャラガキ	………………… 135
ゾンゾガ　タツ	…………… 147	チョーケル	………………… 71
		チョーズ	…………………… 110

た

		チョーデー	………………… 136
		チョコマ	……………………… 85
ターラ	……………………… 84	チョロマカス	……………… 63
タウ	………………………… 92	チンショー	………………… 33
タカー　ネー	……………… 147		
タカタカユビ	……………… 94		

つ

タカタカユビ	……………… 94		
ダキ	………………………… 82		
タケ	………………………… 54	ツカーサイ	………………… 136
タケシー	…………………… 135	ツガウ	……………………… 61
タケローシー	……………… 135	ツクニ　ナル	……………… 147
タコーラバチ	……………… 48	ツクリ	……………………… 66
タジョー	…………………… 85	ツクワム	…………………… 70
タダゴメ	…………………… 40	ツケー	……………………… 136
タテル	………………… 83, 108	ツッキリ	…………………… 86
タマエタマエ　タベル	……… 147	ツバクロ	…………………… 88
ダマクラカス	……………… 84	ツメル	……………………… 87
タル	………………………… 92	ツモゴリ	…………………… 60
タワ	………………………… 91	ツルジーサン	……………… 78
タンボー　ツカウ	………… 81	ツルバーサン	……………… 78
		ツルマゴ	…………………… 122

ち

		ツレナウ	…………………… 66
		ツレノーテ	………………… 35
チーター	…………………… 135	ツレノーテ　イク	………… 86
チート	…………… 74, 86, 135	ツンボー	…………………… 127
チートデ	…………………… 135		

て

デ	78
テーゲージャー　ネー	147
デーツ	90, 92
デーツラー	90
テーテーテ	136
テーテーニ	136
デーネー	136
デーラー	90
テーレ	136
デーレー	136
デーロー	136
テゴ	89
テゴー	136
デコボコ	57
デショ	55
テッパラポー	136
テッポーウチ	52
テッポーダマ	32
テニ　アワン	136
テニャーワン	147
テヌギー	89
デモノ	89
デンガク	43
デンギ	76, 136
テンゴー　ユー	136
テンゴロヤスー	136
テンデマンデ	136
デンデンムシ	49
テンマル	115

と

トイツイトク	136
トーグワ	59
トーシ	109
ドージリ	84
トオタツ	136
トーナス	50
ドー　ナラン	147
ドー　ナリャー	147
ドー　ナローニー	147
トーニ	91
ドーランビキ	105
トカケ	50, 91
トガラス	91
ドガンヘガン　シトル	136
トギー	91
トキーガオ	91
トコーバレ	136
ドシャゲル	136
ドジュー　スル	147
ドジュー　ユー	147
ドズク	136
トソンゾクナ	136
トチンパチン　スル	147
トッサキ	65
ドネーモ　コネーモ	136
ドノメー	90, 92
ドノメーラー	90
トバン	61
トバンケシ	61
ドヒョーシモ　ネー	148
ドビン	54
ドョーボシ	118

俚言索引 187

トラゲル …………………………… 136
トリツキ …………………………… 102
トル ………………………………… 89
トンド …………………………… 35, 82
トンビ ……………………………… 111

な

ナ …………………………………… 94
ナイショガネ ……………………… 110
ナオス ……………………………… 70
ナカオエ …………………………… 114
ナカホドニン ……………………… 95
ナガムシ …………………………… 110
ナガヤ ……………………………… 95
ナキミソ …………………………… 94
ナニューシン ……………………… 148
ナメクチ …………………………… 95
ナラ ………………………………… 46
ナリ ………………………………… 62
ナンキン …………………………… 50
ナンション ………………………… 136
ナンド ……………………………… 115
ナンナラ …………………………… 137
ナンバ ……………………………… 91
ナンボー …………………………… 34

に

ニオウ ……………………………… 47
ニガル ……………………………… 34
ニッテンノーサマ ………………… 81
ニュー ……………………………… 119
ニュー　スル ……………………… 137

ニワアゲ …………………………… 71

ぬ

ヌカス ……………………………… 33
ヌキー ……………………………… 30
ヌレエン …………………………… 40

ね

ネコグルマ ………………………… 97
ネズミトリ ………………………… 28
ネブカ ……………………………… 98
ネブル …………………………… 71, 95

の

ノーノーサン ……………………… 112
ノシイレ …………………………… 123
ノス ………………………………… 99
ノノサン ………………………… 51, 112
ノフーゾー ………………………… 137
ノフーゾーナ ……………………… 137
ノミノミ …………………………… 94
ノンノサン ……………………… 51, 112

は

ハー ……………………… 91, 120, 137
バー ………………… 58, 100, 112, 137
ハガ　ハシル ……………………… 137
ハキャー …………………………… 68
ハシカイー ………………………… 51
ハジシ ……………………………… 101

ハシリ	94	ヒッサ	137
ハシル	34, 137	ヒトカエリ	35
ハスケァー	95	ヒナエル	68, 69
ハタハタ	103	ヒナカ	104
ハッタイコ	117	ヒノマル	60
パッチン	119	ヒマガ イル	148
ハットーバリ	91, 137	ヒモートシ	69
ハデシャ	103	ヒヤ	115
ハナジリ	103	ヒュー スル	137
ハナドリ	103	ヒョーキン	71
バブ	120	ヒョコー ツク	148
ハブシュー ムグ	148	ヒョンナゲナ	137
ハミ	115	ヒル	52
ハラー サゲル	57, 64, 66, 104	ビル	137
ハラー シマウ	148	ヒンマゴ	106
ハラー メグ	137, 148		
ハラガ オキル	148		
ハラガ ニガル	34	**ふ**	
ハラサゲ	60		
ハラビキ	137	フーガ ワリー	102, 137, 148
ハリガサ	48	フーケンダケ	137
バンジマシタ	137	ブゲンシャ	50
		フゴ	48
		フゴー ウル	90, 148
ひ		ブセークナ	117
		フソクー ユー	109
ヒ	76	フタイトコ	36
ヒーゴ	88	フチカタ	104
ビービー	137	ブッタ	119
ヒーマゴ	106	フデツツ	109
ヒキ	46, 53	フテル	137
ヒキマワシ	111	ブト	109
ヒキンド	47	フトージ	38
ヒズル	101		
ヒチヤ	69		

俚言索引　189

へ

ヘイヤ　モー ……………………… 148
ヘーチョー …………………………… 137
ヘーデ ………………………………… 137
ヘート ………………………………… 121
ペケ …………………………………… 103
ヘタル ………………………………… 76
ベック ………………………………… 107
ベットコ ……………………………… 107
ヘトモ　ネー ………………………… 148
ベニサシユビ ………………………… 57
ヘラコイ ……………………………… 137
ヘリ …………………………………… 80
ベロ …………………………………… 69
ヘンガ　ネー ………………………… 148
ヘンコツモン ………………………… 53
ベンベン ……………………………… 85

ほ

ホェート ……………………………… 121
ホーグ ………………………………… 63
ホーシ ………………………………… 87
ボーシオ　キル ……………………… 137
ボーシュー　キル …………………… 111
ホーダカバチ ………………………… 39
ホーダマ ……………………………… 111
ボーチ ………………………………… 137
ホール ………………………………… 95
ホーン ………………………………… 137
ホザク ………………………………… 33
ホソヤ ………………………………… 127
ボッケー ……………………………… 137

ボッコー ……………………… 35, 82, 138
ホテリキ ……………………………… 138
ホトケサマ …………………………… 106
ボニ …………………………………… 112
ボニゴ ………………………………… 138
ホリ …………………………………… 34
ホン …………………………………… 138
ホンケ ………………………………… 45
ホンマ ………………………………… 113

ま

マー ……………………………… 113, 138
マージャテー ………………………… 149
マエル ………………………………… 138
マケズー　ユー ……………………… 149
マジ …………………………………… 48
マシャクニ　アワン ………………… 149
マッカク ……………………………… 68
マツゴ ………………………………… 114
マッスギー …………………………… 114
マドウ ………………………………… 110
マバイー ……………………………… 115
マヒゲ ………………………………… 115
ママカクサン ………………………… 115
マヤゴエ ……………………………… 64
マン …………………………………… 40
マンガ ………………………………… 113

み

ミアワセモ　ネー …………………… 149
ミイトコ ……………………………… 36
ミオシ ………………………………… 110

ミソカ	116
ミチ	116
ミツメグワ	59
ミテル	51, 138
ミナガ　ユー	149
ミミンズ	117

む

ムカワリ	35
ムグ	118
ムゲー	138
ムゲル	118
ムサンコーニ	149
ムス	119
ムツキ	42
ムテークテーニ	149
ムネアゲ	37

め

メーニチ	138
メオトワカレ	126
メグ	64
メノホシ	106
メン	119
メンウシ	119
メンツ	119
メンドー	77

も

モクロ	120
モッテ	94

モットデ	138
モトール	71
モトヤ	112
モモタブラ	121
モンゲー	138
モンコー	138

や

ヤウェー	123
ヤキバ	48
ヤケト	122
ヤゲリアゲル	149
ヤコー	96, 138
ヤタテ	31
ヤッカム	69
ヤッチモ　ネー	138, 149
ヤネケー	138
ヤブケル	123
ヤマガモノ	36
ヤラケァー	123
ヤレボー	35

ゆ

ユーテ　ユーチャルネー	149
ユーテ　ユーネー	150
ユカズ	106
ユカズゴケ	106
ユモジ	62

よ

ヨイトコ	36

俚言索引　191

ヨーイジャー　ネー ……………… 150	
ヨーケ …………………………… 82	
ヨーケー ………………………… 138	
ヨーサ …………………………… 138	
ヨーサリ ………………………… 138	
ヨーダレ ………………………… 125	
ヨーダレカケ …………………… 113	
ヨーナベ ………………………… 125	
ヨーマー ………………………… 138	
ヨーマー　スル ………………… 150	
ヨーマー　ユー ………………… 150	
ヨール …………………………… 89	
ヨキ ……………………………… 44	
ヨクジョー　ユー ……………… 150	
ヨコバラ ………………………… 128	
ヨザルヒク ……………………… 124	
ヨダツ …………………………… 138	
ヨダリョー　クル ……………… 150	
ヨツアシ ………………………… 60	
ヨツメグワ ……………………… 59	
ヨリ ……………………………… 55	

ら

ラク …………………………… 139
ラクジャ ……………………… 126
ラッシガ　ネー ……………… 150
ラレー ………………………… 139
ラレル ………………………… 127

れ

レー …………………………… 139
レル …………………………… 127
レンコン　クー ……………… 150

ろ

ローガ ………………………… 71

わ

ワシ ………………… 45, 111, 139
ワシラ ………………… 45, 111
ワッチ ……………… 45, 111, 139
ワッチラ ……………… 45, 112
ワヤ …………………………… 139
ワヤー　スル ………………… 150
ワヤー　ユー ………………… 150
ワラグロ ……………………… 36
ワリキ ………………………… 82
ワルサ ………………………… 34
ワンワン　スル ……………… 150

ん

ンモル ………………………… 39

編集委員		編　者		
平 山 輝 男 （東京都立大学名誉教授・文学博士）		吉田則夫 （岡山大学名誉教授）		
大 島 一 郎 （東京都立大学名誉教授）		執 筆 者		
大 野 眞 男 （岩手大学教授）		Ⅰ	吉田則夫	
久 野　眞 （高知大学名誉教授）		Ⅱ	吉田則夫	
久 野 マリ子 （國學院大學教授・文学博士）		Ⅲ	鏡味明克 （元岡山大学教授・三重大学名誉教授）	
杉 村 孝 夫 （福岡教育大学名誉教授）		Ⅳ	吉田則夫	
		Ⅴ	長尾人志 （元倉敷市立中学校教諭）	
			吉田則夫	
		Ⅵ	吉田則夫	
			青山　融 （岡山弁協会会長）	

※Ⅲは平山輝男他編『現代日本語方言大辞典』(明治書院) より再編集のうえ掲載

表紙　　　　モモ （提供：岡山県）
写真 （口絵）　岡山県，公益社団法人岡山県観光連盟，
　　　　　　　公益社団法人おかやま観光コンベンション協会

日本のことばシリーズ　33
岡山県のことば

平成 30 年 10 月 10 日　初版発行

編集委員代表　　平　山　輝　男
編　　者　　　吉　田　則　夫
発 行 者　株式会社 明 治 書 院
　　　　　　代表者 三 樹 蘭
印 刷 者　大日本法令印刷株式会社
　　　　　　代表者 山 上 哲 生
製 本 者　大日本法令印刷株式会社
　　　　　　代表者 山 上 哲 生

発 行 所　　　株式会社　明　治　書　院
東京都新宿区大久保 1－1－7　　郵便番号 169-0072
電話 (03)5292-0117(代)　振替口座 00130-7-4991

Ⓒ Teruo Hirayama, Norio Yoshida 2018　　　　Printed in Japan
ISBN978-4-625-62450-6

●実地調査に基づく、各県版方言辞典!!

日本のことばシリーズ 全48巻

編集委員代表 平山輝男

Ａ５・カバー装 各巻平均二四〇ページ ＊白ぬき数字は既刊です

▽全て臨地調査により方言を採集、発音・アクセントも明記
▽その地域に特徴的なことばである俚言（りげん）を多く収録
▽諺・民話・民謡なども資料として掲載・地域性・生活習慣を重視

全巻の構成・編者

- ❶北海道のことば 小野米一
- ❷青森県のことば 佐藤和之
- ❸岩手県のことば 齋藤孝滋
- ❹宮城県のことば
- ❺秋田県のことば
- ❻山形県のことば 遠藤仁
- ❼福島県のことば
- ❽茨城県のことば
- ❾栃木県のことば 森下喜一
- ❿群馬県のことば 古瀬順一
- ⓫埼玉県のことば
- ⓬千葉県のことば 佐々木英樹
- ⓭東京都のことば 秋永一枝
- ⓮神奈川県のことば 田中ゆかり
- ⓯新潟県のことば 小林隆
- ⓰富山県のことば 真田信治
- ⓱石川県のことば

- ⓲福井県のことば
- ⓳山梨県のことば
- ⓴長野県のことば
- ㉑岐阜県のことば 下野雅昭
- ㉒静岡県のことば 中田敏夫
- ㉓愛知県のことば 江端義夫
- ㉔三重県のことば 丹羽一彌
- ㉕滋賀県のことば
- ㉖京都府のことば 中井幸比古
- ㉗大阪府のことば 郡史郎
- ㉘兵庫県のことば
- ㉙奈良県のことば 中井精一
- ㉚和歌山県のことば 室山敏昭
- ㉛鳥取県のことば 友定賢治
- ㉜島根県のことば 吉田則夫
- ㉝岡山県のことば
- ㉞広島県のことば 神鳥武彦

- ㉟山口県のことば 有元光彦
- ㊱徳島県のことば 上野和昭
- ㊲香川県のことば
- ㊳愛媛県のことば
- ㊴高知県のことば
- ㊵福岡県のことば 陣内正敬
- ㊶佐賀県のことば 藤田勝良
- ㊷長崎県のことば 坂口至
- ㊸熊本県のことば
- ㊹大分県のことば
- ㊺宮崎県のことば
- ㊻鹿児島県のことば 木部暢子
- ㊼沖縄県のことば（北琉球）野原三義
- ㊽沖縄県のことば（南琉球）

明治書院